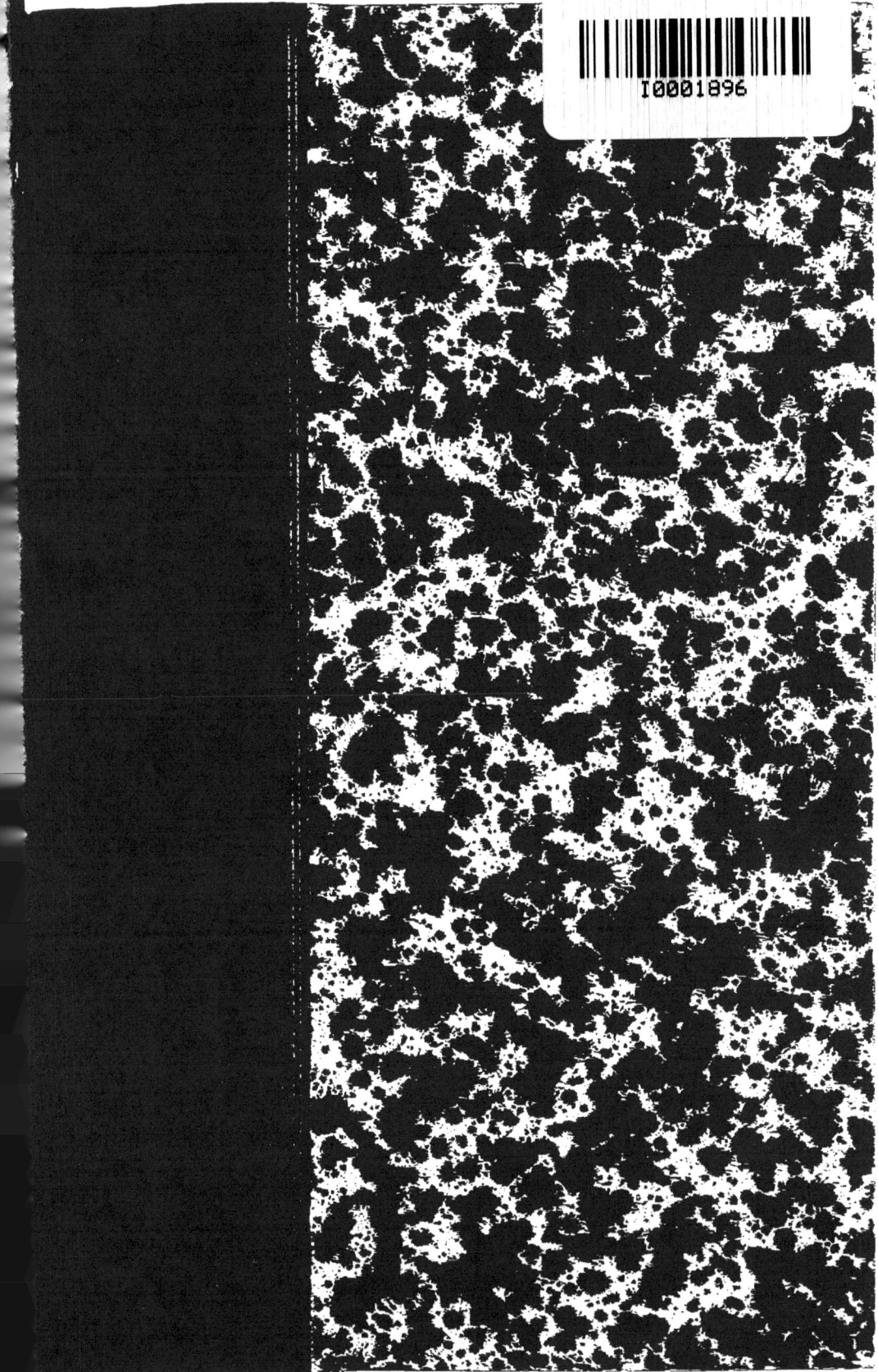

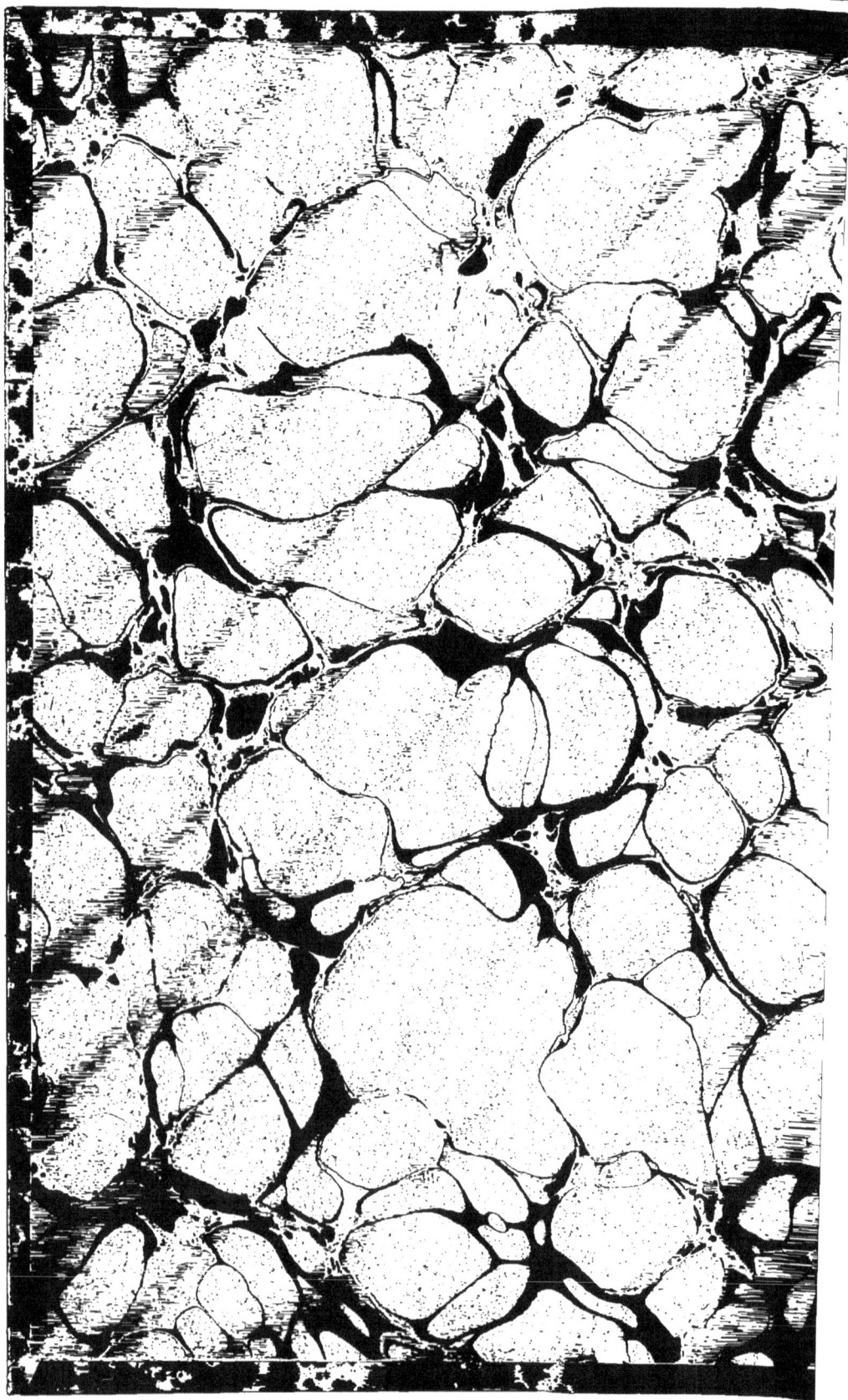

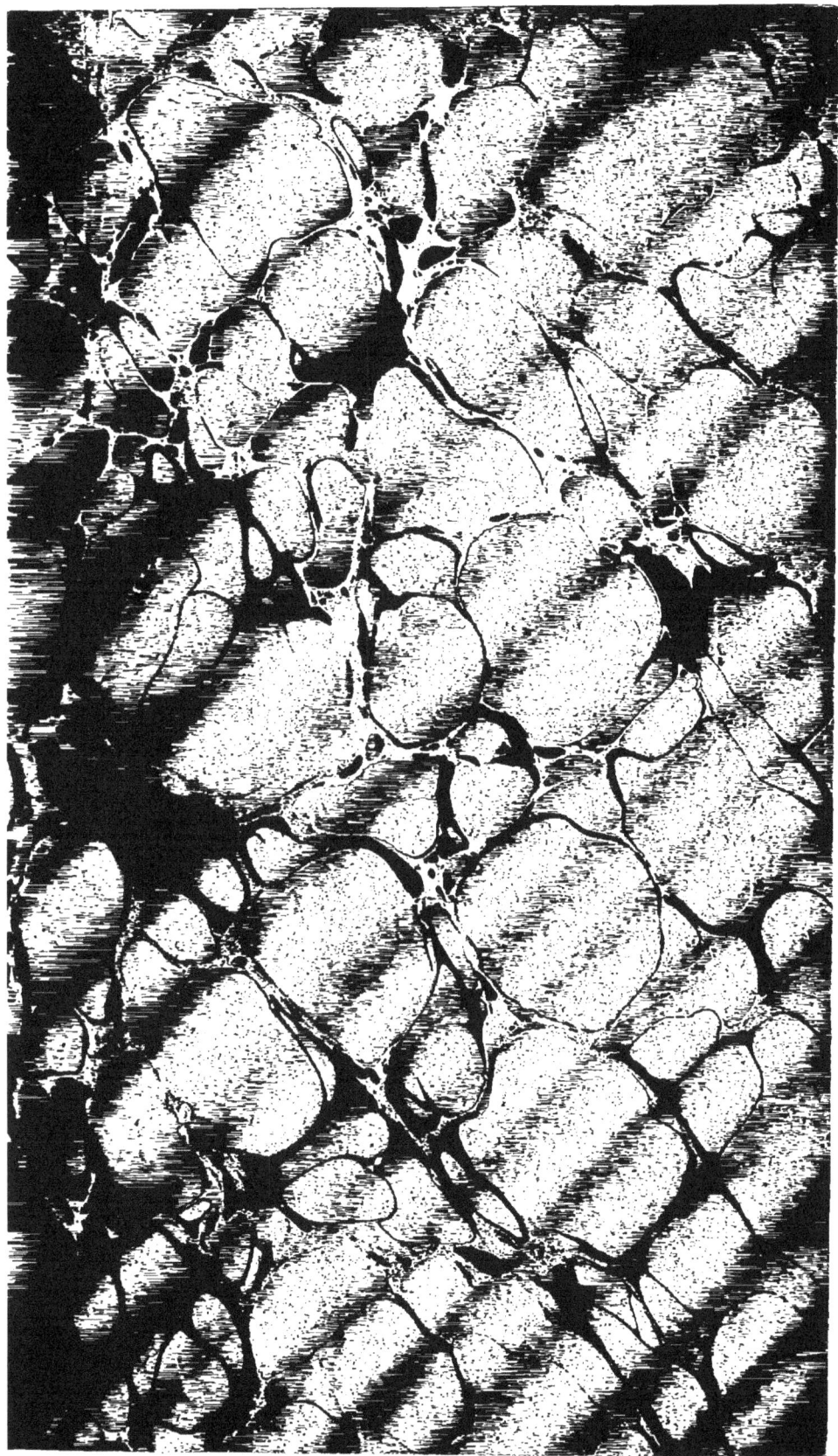

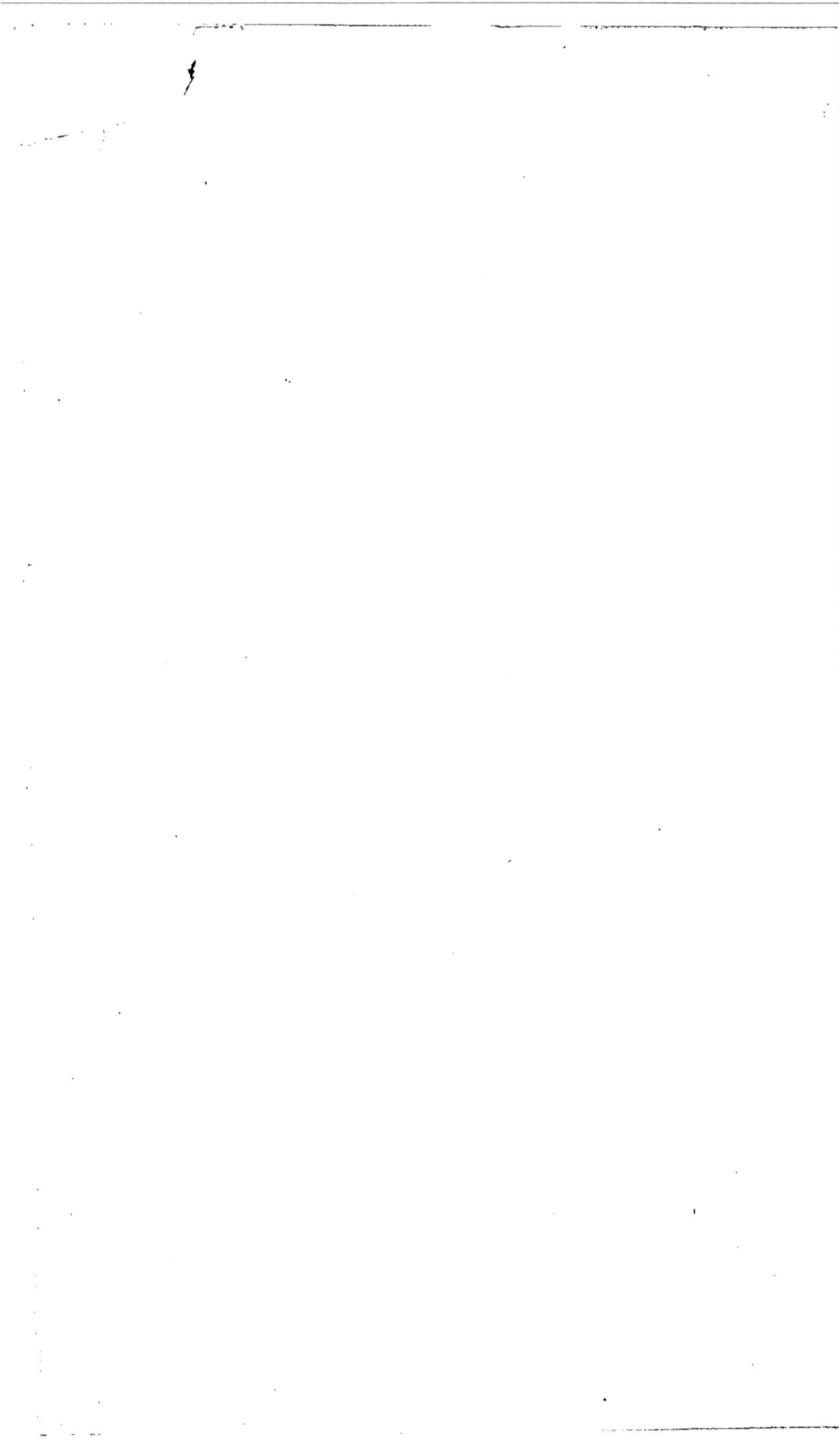

TRAITÉ

DE LA GARANTIE

DES

MATIÈRES ET OUVRAGES

D'OR ET D'ARGENT.

42330

L'auteur se réserve de poursuivre les contrefacteurs.
Tout exemplaire, qui ne porterait pas sa signature au
bas de la planche n° VIII, devra être considéré comme
contrefait.

Prix : 4 fr. 50 c. à Paris, 5 fr. 50 c. franc de port
dans les départemens.

IMPRIMERIE DE J. SMITH,
Rue Montmorency, n. 16.

TRAITÉ
DE LA GARANTIE

DES

MATIÈRES ET OUVRAGES

D'OR ET D'ARGENT,

Contenant les lois et ordonnances qui ont été rendues sur le Commerce de l'Orfèvrerie, depuis l'établissement du poinçon de maître jusqu'à nos jours, avec les instructions relatives au service de la Garantie et de l'Argue, et à la surveillance de la fausse monnaie; les arrêts de la cour de cassation sur ces matières; un exposé du contentieux, et précédé d'une introduction sur l'origine de l'Orfèvrerie et les droits de marque d'or et d'argent;

Par B. L. RAIBAUD,

CONTRÔLEUR DE LA GARANTIE A MARSEILLE.

L'homme en place, qui vit pour le public, doit se rendre affable et accessible à tout le monde, excepté à ceux qui ne l'abordent que pour chercher à le corrompre.

Mém. de Sully.

PARIS,

Chez {

M. Carrière, ancien Contrôleur principal, rue S.-Martin, 94.
Smith, rue Montmorency, n° 16.
Renard, Libraire, rue Sainte-Anne, n° 71.
Delaunay, Libraire, Palais-Royal, galerie de bois.

A MARSEILLE, chez l'Auteur, rue Sainte, n° 60.

Dans les principales villes de France, chez MM. les Contrôleurs de la Garantie.

ᴗᴗᴗᴗᴗᴗᴗᴗ
1825.

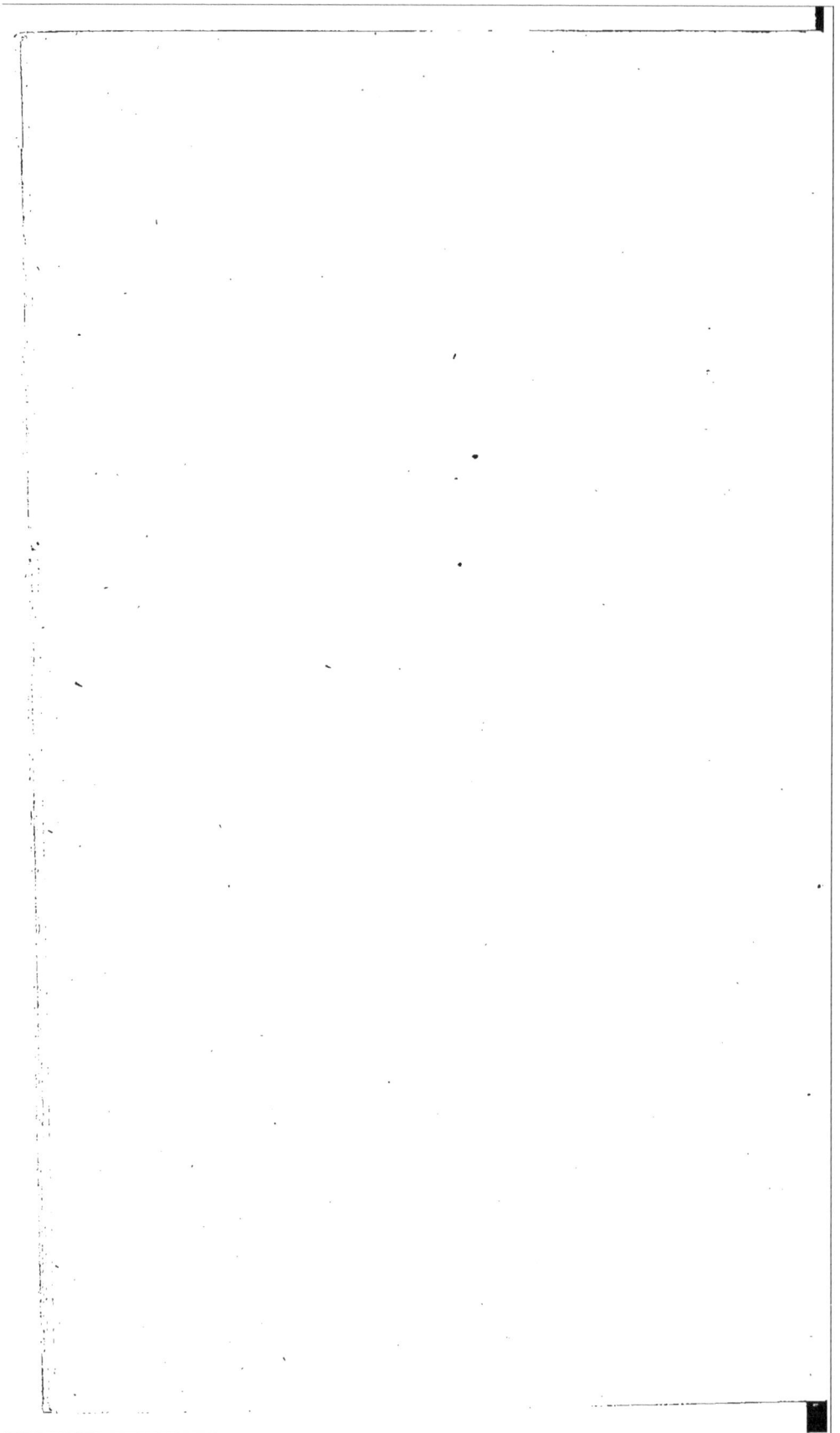

AVERTISSEMENT.

La jurisprudence, le commerce, les contributions directes et indirectes ont des traités où l'on peut puiser les connaissances qui leur sont propres. On s'étonne que la Garantie des matières et ouvrages d'or et d'argent qui fait, dans le royaume, l'occupation et l'état de tant de personnes recommandables, soit dépourvue de ce secours d'autant plus nécessaire, qu'il importe aux agens de l'administration comme aux redevables de s'instruire sur les objets relatifs à leur emploi ou à leur profession.

L'auteur d'un *Manuel* imprimé en 1813 avait cherché à faciliter l'instruction des employés de la Garantie; mais les changemens survenus depuis cette époque rendent cet ouvrage presque inutile aujourd'hui. D'ailleurs, il n'embrasse que le contentieux, et, par ce motif, il est étranger à la partie d'art qui est très-compliquée sur la marque d'or et d'argent. Ainsi, ce Manuel, réimprimé et mis au courant des nouvelles ordonnances et décisions, n'aurait d'autre

utilité que celle de faire connaître la jurisprudence des tribunaux ; mais le lecteur ne
serait qu'imparfaitement satisfait de ses recherches, et n'aurait aucune idée du travail
intérieur du bureau; il ne se pénétrerait
point des connaissances qu'il doit appro-
fondir pour bien distinguer les nuances qui
caractérisent les diverses contraventions; il
y chercherait vainement les formes multipliées et trompeuses que la fraude prépare
à loisir pour mieux échapper à la surveillance ; et, manquant des secours nécessaires
à son instruction, le préposé, nouvellement
chargé du service de la Garantie, pourrait
laisser introduire de nouveaux abus dans la
fabrication et dans la vente des ouvrages d'or
et d'argent, ou interpréter la loi au préjudice des orfévres. Dans le premier cas, il
s'exposerait aux reproches de ses supérieurs;
et, dans le second, il donnerait lieu à des
plaintes qui tendraient à lui faire perdre
l'estime et l'appui toujours indispensable
des autorités locales.

J'ai pensé qu'un chef de service laborieux,
instruit dabord par l'expérience dans la pratique de l'art, et ensuite par l'habitude des

exercices journaliers, dans les principales villes de fabrique, pouvait entreprendre un ouvrage qui deviendrait utile aux employés comme aux redevables, et qu'il serait accueilli des deux Administrations qui régissent la Garantie.

J'ai balancé quelque temps sur la distribution que je devais donner à mon ouvrage; celle d'un *Dictionnaire*, à l'imitation de celui de M. Abot-de-Bazinghen, sur les monnaies et l'orfévrerie; celle d'un *Manuel* semblable à celui de M. Girard, sur les contributions indirectes, et celle d'un *Traité méthodique*, divisé par chapitres, suivant la nature et le rapport des matières entre elles, avaient chacune leur avantage; mais j'ai choisi la dernière comme plus propre à jeter la lumière sur les objets qu'il faut que j'embrasse, et en général comme la meilleure pour traiter du service de la Garantie et de l'Argue.

Je commence par expliquer les avantages qui résultent de l'établissement des bureaux de garantie, dans toutes les villes où les besoins du commerce peuvent l'exiger; et, après avoir fait la comparaison de l'ancienne et de la nouvelle législation sur l'orfévrerie, je parle de la direction du service et des employés responsables, j'entre dans tous les détails sur l'art des essais, depuis son origine, et je rapporte les décisions qui ont été rendues sur cette partie essentielle de la garantie publique.

A la suite des diverses opérations de l'essayeur et des documens qui font apprécier l'importance du laboratoire des essais, je classe toutes les instructions relatives à la manutention des poinçons et à leur application sur les ouvrages d'orfévrerie, et je mentionne encore ce qui concerne le personnel et le réglement des dépenses.

La connaissance des marques apposées sur les ouvrages d'or et d'argent, de toute sorte, étant le principal mobile de la surveillance du titre et de la perception du droit de contrôle, je donne le dessein de tous les poinçons qui ont été mis en usage depuis le régime des communautés d'orfévres jusqu'à ce jour, et je complète le livre troisième en établissant une distinction entre les ouvrages admissibles à la marque, et ceux qui doivent être saisis, même lorsqu'ils sont présentés au bureau de garantie.

La quatrième partie de cet ouvrage traite spécialement des visites de surveillance dans les magasins d'orfévrerie, et de la vérification des bijoux colportés par les marchands ambulans ou venant s'établir en foire, ainsi que des exercices chez les horlogers, couteliers, graveurs, opticiens, quincailliers et autres faisant le commerce des matières et ouvrages d'or et d'argent. On y trouve aussi les instructions relatives à la surveillance des tireurs d'or, et les lois anciennes non abrogées qui ont établi des peines contre les possesseurs de fausses argues, ou ceux qui en feraient usage.

Les exercices chez les fabricans de bijoux exigeant, de la part des employés, certaines connaissances dans la pratique de l'art, j'ai profité de l'expérience que j'ai acquise en travaillant sur les métaux précieux, pour signaler quelques abus qui pourraient s'introduire dans la confection des menus ouvrages d'or, et notamment des parties creuses ou celles qui sont composées de plusieurs pièces réunies ensemble par des soudures.

J'entre dans les plus grands détails sur les devoirs prescrits aux orfévres par les lois auxquelles ils sont soumis et dont ils ne peuvent s'écarter qu'en s'exposant aux peines qu'elles prononcent. Quelquefois je rapporte les anciennes ordonnances, lorsqu'il s'agit de connaître l'origine du sujet que je traite; mais, pour éviter la confusion et procurer plus de facilité aux préposés qui voudront se rappeler ces lois et aux orfévres qui voudront s'en instruire, je les ai placées tour à tour dans les chapitres qui leur sont propres, afin d'entrer, autant que possible, dans l'esprit de leurs dispositions; d'en démontrer l'application, suivant les circonstances, et de former un corps d'ouvrage utile aux employés comme aux redevables assujettis aux exercices de la Garantie, et même aux jurisconsultes qui seraient chargés des affaires litigieuses sur cette matière.

La fabrication et la vente des galons, tissus, broderies et autres ouvrages en fil d'or et d'argent, étant également sous la surveillance des employés de la Garantie et des contributions indirectes, je donne la description de l'argue, et je fais connaître le procédé en usage pour dorer les bâtons d'argent, ainsi que la manière de tirer ce métal jusqu'à la moindre épaisseur connue. Le plan que je me suis proposé étant celui d'embrasser généralement tout ce qui est relatif à l'emploi des métaux précieux, je traiterai aussi des ateliers monétaires, de la surveillance de la fausse monnaie et de ce qui peut faire distinguer les fausses pièces d'avec les bonnes.

La discussion des procès-verbaux de saisie et de contravention aux lois de la Garantie, le mode de diriger les poursuites judiciaires composent la sixième et dernière partie de mon ouvrage. On y trouve encore toutes les décisions de la cour de cassation, sur cette matière, ainsi que les articles du Code pénal et d'instruction criminelle qui ont quelque connexité avec le sujet que je traite.

J'ai pensé que, dans un ouvrage de cette nature, il n'était point essentiel de rapporter les circulaires de l'administration des monnaies et des contributions indirectes sur la garantie ; mais j'en ai fait l'analyse, lorsque je m'y suis vu amené par la discussion, et j'ai même fait usage de ce que j'ai trouvé ailleurs de sagement pensé, dans l'intention de me rendre plus utile à mes collègues et aux employés qui sont appelés à concourir aux exercices des orfévres, quoique chargés d'autres fonctions spéciales. Heureux si j'ai pu rendre le chemin plus facile aux uns et aux autres, ou soulager la mémoire de ceux qui sont déjà instruits !

C'est en effet rendre un service bien essentiel que de chercher à former les employés appelés à la surveillance de la fabrication et de la vente des ouvrages d'or et d'argent, puisque cette surveillance, en même temps qu'elle intéresse la garantie publique, justifie la confiance que l'étranger ne cesse d'accorder à l'orfévrerie française. En outre, les personnes qui se livrent à ce commerce étant, par la nature et l'objet de leurs spéculations, des redevables d'une classe particulière, je m'attache à faire comprendre aux préposés de ne se livrer à la recherche de la fraude, et de ne la constater dans les formes prescrites par la loi, qu'avec les ménagemens qu'exige ce genre d'impôt.

Puisse cet ouvrage rendre l'altération du titre de l'or et de l'argent moins praticable, en dévoilant au public les divers genres de fraude, et favoriser la perception du droit de garantie, en mettant à même les employés de s'instruire dans tout ce qui est relatif à l'exercice de leurs fonctions!

Nota. En cas de nouvelles recenses, cet ouvrage est disposé de manière à recevoir les planches des poinçons qui seraient substitués à ceux du service courant.

INTRODUCTION.

Origine de l'Orfévrerie.

L'ORFÉVRERIE est, de tous les arts qui ont rapport au dessin, celui qui semble avoir été le plus
cultivé chez les anciens. Dès que l'or et l'argent
furent connus, des artistes se formèrent pour
employer ces précieux métaux. L'énumération
de tous les faits qui prouvent combien les ouvrages d'orfévrerie étaient communs dans les premiers siècles, engagerait dans des détails infinis.
Pour donner une idée des divers genres d'ouvrages d'or et d'argent qui existaient dès-lors en
Égypte, il nous suffira de dire qu'on doit rapporter à cette vaste contrée la grande quantité
de bijoux dont les Hébreux étaient pourvus dans
le désert : il est dit qu'ils offrirent, pour la fabrication des ouvrages destinés au culte divin,
leurs bracelets, leurs pendans d'oreille, leurs
bagues, leurs agrafes, sans compter les vases d'or
et d'argent (1). Moïse fit fondre tous ces bijoux,
et les convertit en différens ouvrages propres au
culte divin.

L'orfévrerie était aussi cultivée en Asie que
dans l'Égypte. L'histoire profane fournit assez
de témoignages qui prouvent que plusieurs peu-

_____

(1) Exod., chap. xii.

ples de l'Asie avaient fait de grands progrès dans 'a gravure, dans la ciselure, et généralement dans tout ce qui concerne le travail des métaux (1). La plupart des ouvrages vantés par Homère venaient de l'Asie ; on y remarque des armures, des vases d'un dessin fort élégant et d'un goût très-agréable.

L'art de travailler l'or et l'argent passa de l'Asie en Europe, chez les Grecs, et plus tard chez les Romains ; il fut en honneur chez les empereurs de Rome et de Constantinople, puisqu'au rapport d'Anastase la seule basilique de Latran reçut de Constantin diverses pièces d'orfévrerie qu'on peut évaluer à plusieurs millions de francs, d'après leur poids considérable.

L'invasion des deux empires par les Barbares laissa bientôt les arts sans asile ; mais ensuite les progrès de la civilisation ramenèrent le luxe, qui favorisa l'orfévrerie et fit naître successivement les arts de tireur et de batteur d'or et d'argent, ceux du doreur et de l'argenteur, et insensiblement l'industrie humaine les porta au degré de perfection où nous les voyons aujourd'hui.

C'est au concours des sciences que l'orfévrerie française doit ses nouveaux succès. Les Fauconnier, les Odiot et leurs dignes émules, quoique nés avec le génie de leur art, ne sont parvenus à donner de belles formes et de justes proportions

(1) Iliad., liv. II et XXXIII. Odyss., liv. IV.

à leurs ouvrages, qu'en étudiant le dessin, l'architecture et la perspective. C'est alors qu'ils ont fait sortir de leurs mains ces productions savantes qui embellissent leur patrie, ornent les cours étrangères, consacrent la réputation de *l'orfévrerie de Paris*, et décident de plus en plus de sa supériorité sur les ouvrages de même genre exécutés chez les autres peuples.

Origine des Droits de marque sur les ouvrages d'Orfévrerie.

Nous devons rapporter l'origine de ces droits au quinzième siècle, sous le règne d'Henri III. Ce monarque, par un édit de 1579, avait créé un droit sur les ouvrages d'orfévrerie, appelé droit de remède (1). Ce droit fut ainsi nommé, parce qu'il devait rendre à l'or et à l'argent, dont ces ouvrages étaient composés, le prix que leur ôtait l'alliage ou remède. Cet édit, sans avoir eu son exécution, fut révoqué sous Louis XIII par un autre du mois d'octobre 1631, qui créa en même temps, pour tenir lieu de droit de remède, un droit de 3 sous par once d'orfévrerie, dont les premiers produits furent affectés au rétablisment de la Sainte-Chapelle, au Palais (2). Il ne paraît pas que cet édit ait eu plus d'effet que le

---

(1) Le *remède* est l'alliage que les orfèvres mettent dans les ouvrages pour les rendre plus lians et les travailler plus facilement.

(2) Labellande, *Traité général des aides.*

premier; on ne trouve après lui aucun vestige
de la perception du droit de 3 sous : il n'en est
fait aucune mention dans la déclaration du dernier mars 1672 (1). Les droits de marque et de
contrôle établis par cette déclaration, furent
doublés par celle du 17 février 1674, et tarifés
par un titre particulier de l'ordonnance du mois
de juillet 1681 ; mais ils furent encore augmentés
par ceux des officiers essayeurs et contrôleurs
réunis à la ferme de la marque d'or, par les édits
d'août 1718 et mai 1723. Leur quotité, accrue de
sous pour livre établis postérieurement, fut enfin
fixée à 6 livres 6 sous par once d'or, et à 10 sous 6 deniers par once d'argent. Ces droits furent appelés
indifféremment droit de seigneuriage et droit de
marque d'or; mais ils conservèrent cette dernière dénomination, tant qu'ils furent adminis-
trés par les fermiers généraux ; et remis ensuite
à la régie générale des aides, dans les attributions de laquelle ils se trouvaient lors de la loi du

(1) Cette déclaration abrogea les lois somptuaires de Philippe-le-
Bel et de ses successeurs ; mais elle fixa le poids des gros ouvrages
dont la fabrication fut permise, et insensiblement on laissa un libre
cours au commerce de l'orfèvrerie. Cette tolérance fut la conséquence naturelle de la multiplication des matières d'or et d'argent
occasionnée par la découverte des mines du Nouveau-Monde, dont
l'Europe s'est enrichie depuis deux siècles. On conçoit que l'abondance des métaux précieux ne pouvait qu'être avantageuse à l'industrie et au commerce, et qu'elle devait augmenter, par un effet
tout naturel, le luxe ou superflu, lequel n'est qu'un contre-échange
nécessaire de l'argent, qui, sans cela, demeurerait inutile aux
hommes.

mois d'avril 1791, qui abolit tous les impôts indirects.

On ne tarda pas à s'apercevoir des inconvéniens de cette abolition. On sentit que le réta-
blissement de a surveillance et de la garantie
des matières et des ouvrages d'or et d'argent,
n'intéressait pas moins le commerce intérieur
que celui de l'étranger, et que le trésor public
avait été privé d'une ressource, d'autant plus
précieuse, que le droit ne pouvait porter sur la
classe indigente.

Ces motifs déterminèrent le gouvernement à
faire fabriquer de nouveaux poinçons, et à créer
un droit de garantie, qui fut fixé à 20 francs par
hectogramme d'or, et à 1 franc par hectogramme
d'argent, indépendamment du droit d'essai fixé
par les articles 62, 63 et 64 de la loi du 19 brumaire an 6, qui fait la base de la législation actuelle de la garantie. Enfin, une nouvelle loi sur
les finances, à la date du 28 avril 1816, maintient le droit de garantie, ainsi que celui du dé-
cime par franc sur tous les impôts indirects.

La loi de brumaire précitée avait chargé la
régie de l'enregistrement de surveiller les bureaux de garantie, relativement aux droits à percevoir; mais une autre loi du 5 ventôse an 12,
article 80, a confié à l'administration des droits
réunis (aujourd'hui des contributions indirectes),
la perception du droit sur les ouvrages d'or et
d'argent, en laissant à l'administration des mon-

naies la surveillance des bureaux de garantie,
relativement à la partie d'art. Ces dispositions,
et principalement celles du décret du 28 floréal
an 13, ont fait naître quelques difficultés sur la
part que doivent prendre les divers employés de
ces deux administrations dans le service de la
garantie; mais l'ordonnance du 5 mai 1820 a
réglé définitivement leurs attributions respec-
tives dans cette matière.

Ainsi, depuis cette ordonnance royale, l'administration des contributions indirectes est
chargée de la direction du service, de la surveillance des redevables, de la perception du droit
et du réglement des dépenses en matière de garantie. Celle des monnaies conserve la surveillance sur l'exactitude des essais, la confection,
l'envoi et l'application des poinçons, c'est-à-dire
tout ce qui se rattache à la partie d'art.

TRAITÉ
DE LA GARANTIE

DES

MATIÈRES ET OUVRAGES

D'OR ET D'ARGENT.

~~~~~~

CHAPITRE PRÉLIMINAIRE.

Des avantages qui résultent de la nouvelle législation sur le commerce de l'Orfévrerie.

La garantie des matières d'or et d'argent est établie pour assurer le titre ou la qualité des ouvrages fabriqués avec ces métaux : elle est annoncée par l'empreinte d'un poinçon qu'on n'appose sur les ouvrages qu'après un scrupuleux examen. Dans tous les temps, les orfévres et les fabricans de métaux ont été assujettis à cette formalité, si ce n'est qu'en 1790 et années suivantes, le commerce de l'orfévrerie s'est affranchi de la surveillance du titre (1); mais la loi organique du

---

(1) Malgré la loi du 31 mars 1791, et le décret du 21 brumaire an 5, portant exécution des anciens règlemens sur le commerce de l'orfévrerie, il n'est pas moins vrai, par le fait, qu'il n'y avait plus de règle certaine relativement à l'alliage des matières destinées à la confection des ouvrages d'orfévrerie.

19 brumaire an 6, en ordonnant l'établissement des bureaux de garantie, a fait cesser les abus qui s'étaient introduits dans ce commerce ; elle a tracé les devoirs et les droits des redevables, des employés et des officiers ministériels, et elle a détruit de grands abus en retirant aux orfévres le droit qu'ils avaient de faire les essais et la vérification du titre, les uns des autres alternativement, et en transportant ce pouvoir à des essayeurs en titre, placés sous la direction de l'administration des monnaies. La surveillance des fabricans se trouve même simplifiée par la loi nouvelle, puisqu'ils étaient obligés auparavant d'apposer un poinçon de *charge* sur les ouvrages en fabrication, ou de faire la déclaration, au bureau du fermier, de toutes les pièces qui ne pouvaient supporter ce poinçon, ainsi qu'on le voit dans les articles 8 et 9 de la déclaration du Roi du 26 janvier 1749. L'art. 12 obligeait encore les maîtres orfévres de faire une nouvelle déclaration au bureau, toutes les fois qu'ils voulaient changer la destination des ouvrages commencés, le tout à peine de confiscation et de 100 livres d'amende pour *chacune des pièces auxquelles ils auraient travaillé.* On conçoit aisément qu'une pareille mesure suffisait pour retarder le perfectionnement de l'art : elle provoqua même une désobéissance de la part des orfévres de Noyon et de Blois, contre lesquels le conseil rendit un arrêté particulier, le 20 juin 1769, pour contraindre ces redevables à se con-

former aux lois et règlemens sur la marque d'or,
à la plupart desquels ils avaient refusé d'obéir
en vertu de leurs délibérations. Cependant, l'exercice des orfévres en *charge* et *décharge* pouvait
encore s'exécuter à cette époque, parce que les
ouvrages matériels qu'ils fabriquaient alors ne
présentaient pas les mêmes inconvéniens que la
plupart de ceux d'aujourd'hui, relativement à
leur confection. Le législateur, en rétablissant le
droit de marque sur l'or et sur l'argent, n'a pas
fait mention de l'exercice en charge, parce qu'il
a pensé, sans doute, que toute la prudence humaine se trouve en défaut, lorsqu'il s'agit de cor-
riger ce qui est l'ouvrage du temps et de l'expérience, et souvent de la nature même des choses.

LIVRE PREMIER.

Des employés de la Garantie et de leurs attributions.

CHAPITRE PREMIER.

Organisation générale.

Le personnel de la garantie appartient à l'administration des contributions indirectes, pour ce qui est des receveurs, des contrôleurs, sous-contrôleurs et commis aux exercices. Les inspecteurs et les essayeurs sont placés sous la direction immédiate de l'administration des monnaies.

Les inspecteurs sont nommés par le ministre secrétaire d'état des finances, sur la présentation de l'administration des monnaies. Ces employés supérieurs sont chargés de surveiller l'exécution des lois et règlemens sur le titre des matières d'or et d'argent. *Ordonnance du 5 mai 1820, article 7.*

Les inspecteurs, dans leurs tournées, se font représenter les registres des divers employés des bureaux de garantie et les poinçons de chaque bureau. Ils constatent toutes les infractions aux lois et aux règlemens qui viennent à leur connaissance. Ils peuvent, au besoin, requérir, auprès du directeur des contributions indirectes de l'arrondissement, la suspension des agens de la garantie. *Ibid., art.* 8.

Les rapports des inspecteurs de la garantie sont transmis au ministre des finances par l'administration des monnaies, qui les accompagne de ses observations. *Même article.*

L'essayeur de chaque bureau de garantie est nommé par le préfet du département où ce bureau est placé; mais il ne peut en exercer les fonctions qu'après avoir obtenu, de l'administration des monnaies, un certifi- de capacité, conformément à l'article 59 de la loi du 19 brumaire an 6, et à l'article 2 de la loi du 13 germinal suivant. *Même ordonnance, art.* 1.

Les essayeurs sont révocables par le préfet, sauf l'approbation du ministre des finances. Ils sont placés sous les ordres de l'administration des monnaies, et correspondent directement avec elle. *Ibid., articles* 5 *et* 6.

Le receveur de chaque bureau de garantie continue d'être nommé par l'administration des contributions indirectes, et peut être chargé d'autres parties du service de cette administration. Les receveurs de la garantie sont révocables par l'administration des contributions indirectes. *Ibid., art.* 4 *et* 5.

Les contrôleurs et autres employés des bureaux de garantie sont nommés par le ministre des finances, sur une présentation concertée entre le directeur-général des contributions indirectes et l'administration des monnaies. Ces employés font partie des contributions indirectes; ils peuvent être chargés par elle d'autres parties du service général, lorsque cette cumulation n'est pas nuisible au service de la garantie. *Ibid., art.* 5 *et* 4.

Les contrôleurs et autres employés de la garantie

sont révocables par le ministre des finances, sur la proposition de l'administration, qui reconnaît que cette mesure est utile au bien du service. *Ibid., art.* 5.

~~~~~~

CHAPITRE II.

Des employés et de leurs attributions particulières.

Quoique la nomination des divers employés attachés au service de la garantie soit, comme on vient de le voir, répartie entre trois autorités administratives, les attributions de ces employés consistent également dans le maintien de l'exactitude du titre des ouvrages d'or et d'argent, dans la perception du droit de marque et dans l'exécution des mesures prises pour assurer ce même titre et ce même droit, soit en veillant à l'observation, de la part des fabricans et marchands, des obligations et formalités qui leur sont prescrites par la loi, soit en constatant, par des procès-verbaux, les fraudes ou contraventions qu'ils sont dans le cas de découvrir.

Ainsi, les inspecteurs représentent l'administration des monnaies, dans les départemens qu'ils sont chargés de parcourir; les receveurs agissent dans l'intérêt des contributions indirectes, et les essayeurs dans celui du public. Quant aux contrôleurs, aux sous-contrôleurs et aux commis aux exercices, ils embrassent toutes les parties du service de la garantie, et sont chargés exclusivement de l'application des poinçons sur les ouvrages d'or et d'argent. Nous traiterons, dans ce chapitre, des attributions spéciales données à chacun de ces emplois, ainsi que de la responsabilité et des obligations qui leur sont imposées par la loi du 19 brumaire an 6, ou par l'ordonnance royale du 5 mai 1820, relative à la nouvelle organisation de la garantie.

TITRE PREMIER.

Des inspecteurs.

Conformément à l'ordonnance du 5 mai 1820, les inspecteurs de la garantie sont chargés de surveiller l'exécution des lois sur le commerce de l'orfévrerie, en tout ce qui concerne l'art et le titre. Ces employés, exécutent les ordres de l'administration des monnaies, qui demeure chargée, par la même ordonnance, de donner toutes les instructions relatives à l'exactitude des essais, et de diriger la confection, l'envoi et la vérification des poinçons.

Les fonctions des inspecteurs sont essentiellement actives ; en conséquence, ils ne peuvent donner des ordres ni recueillir des renseignemens, relativement au service de la garantie, qu'en personne et pendant le cours de leurs tournées. Ces ordres doivent être consignés sur des registres à ce destinés.

Chaque fois qu'un employé de la garantie se trouve dans le cas de destitution, comme prévaricateur, ou pour tout autre motif d'inconduite, l'inspecteur, en vertu de l'art. 8 de l'ordonnance précitée, peut requérir, auprès du directeur des contributions indirectes, la suspension de cet employé, et *donner son avis sur celui qui doit remplir l'intérim de la place vacante.*

Dans le cours de leurs tournées, les inspecteurs doivent se faire représenter tous les poinçons de titre, de garantie, ainsi que les bigornes gravées, avec les planches aux inculpations, et les feuilles de situation et de service, afin de s'assurer s'il n'existe aucune infraction à la loi ou aux règlemens sur cette partie essentielle de la garantie. Ces employés ne doivent pas négliger non plus de s'assurer si les clefs du coffre aux poinçons existent bien dans les mains des préposés que la loi en rend dépositaires, si ce coffre est construit et placé de manière à donner toute sécurité pour la garde des poinçons, si les trois clefs n'ont aucun rapport entre elles; et, dans le cas où il existerait quelque vice de construction dans le coffre à trois serrures, l'inspecteur réclamerait, auprès du directeur des contributions indirectes, les réparations nécessaires à cet égard (1). Indépendamment de la vérification des poinçons et autres objets contenus dans le coffre à trois serrures, l'inspecteur se fait représenter les registres de la garantie; il en vérifie la régularité et constate l'examen qu'il en a fait par des *visa* datés et signés. La discussion du registre d'ordre, en ce qui concerne l'administration des monnaies, doit être pour lui le moyen de relever tous les vices de travail, de ramener l'attention sur les parties négligées, de suggérer des opérations plus utiles, et de donner enfin à la marche des employés une direction mieux accommodée aux besoins du service.

(1) Dans une circulaire du 8 octobre 1822, M. le directeur général recommande aux directeurs de vérifier fréquemment la situation du matériel de la garantie, et de s'assurer du nombre et de l'état des poinçons. Ces vérifications du directeur de chaque arrondissement et celles des inspecteurs de la garantie ne peuvent qu'être favorables à la conservation tant des poinçons simples que des bigornes gravées.

La conduite privée des employés doit fixer l'attention des inspecteurs de la garantie; et, comme il est de leur devoir de préparer par leur témoignage, à ceux qui s'en sont rendus dignes, les avancemens auxquels ils ont droit de prétendre, ils doivent, par le même principe d'équité, ne rien céler de ce qu'ils trouvent de répréhensible.

TITRE II.

Des employés chargés de la garde des poinçons.

Les employés responsables auxquels la loi a confié la garde des poinçons de titre, de garantie et de contre-marque, sont le contrôleur, le receveur et l'essayeur. Ils ont chacun une clef du coffre à trois serrures, et ne peuvent faire usage de ces poinçons, sans observer les formalités prescrites, ainsi qu'il sera dit ci-après.

SECTION 1re. — *Des Contrôleurs.*

Les contrôleurs des bureaux de garantie, comme tous ceux de la régie, sont installés dans leurs fonctions le lendemain du jour de leur arrivée de la résidence; ils jouissent du traitement de leur emploi, à compter du jour de leur installation, dont l'avis doit être adressé par le titulaire à l'administration des monnaies, et à celle des contributions indirectes par le directeur du département,

Les contrôleurs de la garantie ont le rang de contrôleur de ville; mais étant chargés d'un service spécial, ils ne peuvent passer dans le service général qu'avec ce grade, et suivant la nature de leurs services antérieurs. *Arrêté du ministre des finances du 9 novembre 1820, art. 2.*

Les contrôleurs, nouvellement commissionnés, sont tenus de prêter serment devant le tribunal de première instance de leur arrondissement (1); ils sont installés par le directeur, et reçoivent le service de leurs prédécesseurs; ils dressent ensemble un inventaire, en présence de l'essayeur et du receveur, de tous les meubles, ustensiles et poinçons, et enfin de tout ce qui appartient au bureau de garantie. Cet acte doit être rédigé triple, signé des trois employés et du contrôleur remplacé. Une de ces copies est remise au contrôleur qui cesse ses fonctions, pour sa décharge; une deuxième reste entre les mains du nouveau contrôleur; et la troisième est envoyée au directeur de l'arrondissement (2).

_____

(1) *Loi du 15 août 1792, et décret du 1er germinal an 13*, pour les préposés des contributions indirectes. Pour être admis au serment, les employés n'ont pas besoin de recourir au ministère d'un avoué; il suffit qu'ils représentent au tribunal leur commission, sur laquelle l'acte de cette prestation sera transcrit, sans autre frais que ceux d'enregistrement et de greffe.

Par ces expressions, *frais d'enregistrement et de greffe*, on ne doit entendre que les droits appartenant au gouvernement, tels qu'ils sont perçus par la régie de l'enregistrement. Il n'est dû aucune vacation ou salaire au juge qui reçoit le serment, ni au greffier qui transcrit l'acte sur la commission. Dans le cas où les employés changeraient de résidence, la prestation de serment n'a pas besoin d'être réitérée, ni même d'être enregistrée au greffe du tribunal du nouvel arrondissement; la loi ne le prescrit pas, et il n'y a que l'omission des formules prescrites qui puisse emporter peine de nullité.

Le droit d'enregistrement dû pour la prestation de serment des employés, est de 15 fr. *Loi du 22 frimaire an 7.*

(2) Une circulaire de la régie, à la date du 16 avril 1825, prescrit la remise d'un nouvel inventaire, dans le courant de janvier de *chaque année.* Cette circulaire ordonne en outre la remise par trimestre d'un état récapitulatif des droits de garantie.

Les contrôleurs de la garantie sont chargés , comme par le passé , de surveiller toutes les opérations de l'essayeur (1), même de reconnaître au besoin le titre des ouvrages d'or et d'argent présentés à la marque (2) ; ils surveillent de même la perception, et sont chargés en outre de la tenue et police du bureau. Enfin , les contrôleurs appliquent les poinçons, et dirigent les exercices. chez les orfèvres , horlogers et autres , faisant le commerce des matières et ouvrages d'or et d'argent.

Chaque contrôleur de la garantie adresse , tous les mois, à l'administration des monnaies , le bordereau des produits, et un extrait de son registre d'ordre. Cet employé est aussi chargé de remettre au directeur de l'arrondissement un journal qui doit être tenu conformément au modèle tracé dans la circulaire du 27 février 1824, n° 11. La remise de ce journal doit avoir lieu dans les premiers jours du mois qui suit l'expiration de chaque trimestre. Dans la première partie , il rend compte de ses opérations journalières , dans la seconde , il explique les causes d'augmentation ou de diminution des produits, et développe celles

(1) Le contrôleur tient cette attribution de l'article 2 de l'arrêté du 13 prairial an 7, lequel est ainsi conçu : « Il surveille l'essayeur, tant pour ce qui concerne la fixation du titre des lingots et ouvrages, que pour la perception du prix des essais, conformément à la loi précitée (du 19 brumaire an 6.) »
Le contrôleur surveille de même la perception , et s'assure qu'elle se fait légalement. *Même arrêté, art.* 5. Pour ce qui est de la tenue et police du bureau, voyez ce qui est dit Liv. II, Chap. 1.

(2) Les contrôleurs de la garantie étant les principaux agens de la surveillance du titre des ouvrages d'or et d'argent, doivent s'occuper des moyens d'instruction qui puissent les mettre en état de faire des vérifications exactes des titres des matières , et d'en reconnaître l'altération, voyez Liv. II , Chap. 11.

d'amélioration ou du dépérissement du commerce et de la fabrication des ouvrages d'or et d'argent ; il entre aussi dans quelques détails sur l'existence et la répression de la fraude. Indépendamment du registre d'ordre dont il est parlé ci-dessus, le contrôleur tient un registre coté et paraphé, comme ceux de l'essayeur et du receveur, pour y transcrire l'extrait du registre ou bulletin accompagnant les pièces à marquer. *Loi du 19 brumaire an 6, art. 55.*

SECTION II. — *Du Receveur.*

Les attributions du receveur de la garantie consistent à percevoir les droits établis sur les matières et ouvrages d'or et d'argent ; à être toujours présent à l'ouverture du coffre à trois serrures, comme à la réintégration des poinçons dans ledit coffre, après en avoir reconnu l'espèce et le nombre. Le receveur reste dépositaire de l'une des clefs ; et, en cas d'absence du receveur, le directeur délègue un employé pour en remplir les fonctions.

Le receveur de la garantie pèse les ouvrages qui lui sont transmis avec un extrait du registre de l'essayeur, et perçoit le droit conformément à la loi (1). Il fait ensuite mention sur un registre qui est coté et paraphé, comme celui de l'essayeur, de la nature des ouvrages, de leur titre, de leurs poids et de la somme qui en a été payée ; enfin, il inscrit, sur l'extrait du registre de l'essayeur, le poids des ouvrages, la mention de l'acquittement du droit, et remet le tout au contrôleur. *Loi du 19 brumaire an 6, art. 54.*

---

(1) Voir les art. 21, 23 et suiv. de la loi du 19 brumaire an 6, pour ce qui est de la quotité du droit de garantie.

Mais pour faire exactement la perception du droit de garantie, il ne suffit pas de connaître la balance et de faire un simple calcul arithmétique, d'après le poids des ouvrages; il est nécessaire encore de défalquer, *le plus justement possible*, les corps étrangers dont la plupart des bijoux sont garnis, ainsi que le porte une circulaire de M. le directeur général, à la date du 20 mai 1823. Cette circulaire dit en outre qu'il ne sera plus accordé d'autre déduction sur le poids des ouvrages présentés au contrôle, n'importe leur degré de confection, que celle qui résulte du jeu de la balance, lorsque le poids faible est au-dessous *d'un demi-décagramme pour l'argent, ou d'une fraction de gramme pour l'or.* L'évaluation du poids des perles fines ou fausses, des cristaux ou tout autre corps étranger doit être faite de gré à gré entre les fabricans d'une part, et le receveur et le contrôleur de la garantie de l'autre, sauf à en appeler, en cas de contestation, au directeur du lieu où est situé le bureau de garantie. Cet appel, indiqué par la circulaire précitée montre suffisamment qu'il est impossible d'établir une règle certaine à l'égard de la défalcation de ces corps étrangers montés sur des ouvrages dont la forme et le poids varient à l'infini, suivant l'idée de l'ouvrier ou le caprice de la mode.

Il est inutile d'observer ici que les employés ne doivent se rapporter au poids désigné sur la note du fabricant, qu'après un examen particulier des objets soumis au droit de garantie, et, conséquemment, lorsqu'il est bien démontré que le redevable accuse le poids juste de la matière employée aux ouvrages garnis de métaux précieux. Toutefois, dans l'incertitude, il est permis de pencher en faveur du contribuable; car le législateur, en traçant aux employés la ligne de leurs devoirs, n'a pas entendu gêner l'industrie, ni exiger l'impôt sur des quantités qui n'existeraient pas réellement. C'est donc à l'équité des agens de l'administration que les redevables doivent se rapporter, afin de ne pas recourir au moyen extrême de démonter quelques pièces pour en reconnaître le poids réel.

SECTION III. — *De l'Essayeur.*

Les fonctions d'essayeur dans un bureau de garantie ne peuvent, en aucun cas, être remplies par une personne exerçant la profession de fabricant d'ouvrages d'or et d'argent. *Loi du 13 germinal an 6, art.* 4 (1).

Lorsqu'il y a lieu à la nomination d'un essayeur pour un bureau de garantie, le contrôleur peut inviter le préfet à donner la préférence à un pharmacien; ils conviennent mieux à ces places que qui que ce soit, lorsqu'ils veulent bien en remplir les fonctions. *Circ. de l'ad. des mon. du 11 février* 1811.

En cas de mort ou de destitution d'un essayeur, le contrôleur pourra le représenter, en se conformant aux dispositions de l'art. 3 de la loi de germinal an 6, lequel est ainsi conçu :

« Lorsqu'il ne sera pas présenté pour un bureau de garantie d'essayeur assez instruit, le contrôleur en tiendra lieu, et procédera de la manière suivante :

---

(1) Indépendamment des essayeurs de la garantie, il peut y avoir, dans chaque ville, un nombre indéterminé d'essayeurs publics, qui obtiennent également le certificat de capacité, après avoir passé leur examen dans le laboratoire de l'inspecteur des essais. L'art. 114 de la loi de brumaire an 6 fait mention d'un essayeur *public*, autre que celui qui doit juger des lingots affinés. Cet essayeur public prend ordinairement la qualité *d'essayeur du commerce.*

3

» 1° Il fera l'essai au *touchau* des pièces qui devaient être soumises à cet essai ;

» 2° Il formera des prises d'essai des autres pièces, et les enverra, sous son cachet et sous celui du fabricant, au bureau de garantie le plus voisin qui sera pourvu d'un essayeur : celui-ci fera les essais et enverra la déclaration des résultats.

» 3° Cette déclaration reçue, le contrôleur et le receveur apposeront les poinçons en conformité de la loi du 19 brumaire an 6. »

Depuis la promulgation de la loi de germinal précitée, l'administration des monnaies a reconnu la nécessité, en ce qui concerne les principales villes de fabrique, de charger spécialement l'un des employés aux exercices, ou le contrôleur lui-même, de faire les essais *à la coupelle* comme ceux au touchau, attendu que la fabrication et le service se trouveraient interrompus, s'il fallait envoyer ailleurs les prises d'essai qu'on lève *journellement* sur les nombreux ouvrages présentés dans les bureaux de garantie de première classe. L'employé que l'administration désigne pour remplir *l'intérim* de la place d'essayeur reçoit une commission spéciale, dont la durée cesse au moment de l'installation du nouveau titulaire. Si cette commission est en faveur du chef du bureau, le sous-contrôleur, ou, à défaut, un commis aux exercices se trouve naturellement chargé de la clef du contrôleur, et celui-ci de celle de l'essayeur, attendu que ces deux clefs du coffre aux poinçons ne peuvent, dans aucun cas, rester dans la même main.

L'essayeur d'un bureau de garantie peut prendre sous sa responsabilité autant d'aides que les circonstances l'exigent. *Loi du 19 brumaire an 6, art. 68.*

L'essayeur tient un registre coté et paraphé par le préfet du département, pour y inscrire la mention de chaque pièce et de leur titre : il donne ensuite les ouvrages essayés au receveur avec un extrait du registre d'essai indiquant le titre trouvé. *Ibid., art.* 53.

L'essayeur porte sur des registres, qu'il doit tenir exactement, le rapport, jour par jour, de ses opérations et observations ; et, sur le registre d'essai, il porte la quantité de pièces tant en or qu'en argent qui lui sont présentées et qu'il essaie, soit par la pierre de touche, soit par la coupelle. Il inscrit en outre le poids des ouvrages essayés, ainsi que des lingots soumis à l'essai. Enfin, il enregistre exactement le droit qu'il a perçu, et il exprime le titre en millièmes. *Circ. de l'ad. des mon. du* 15 *juillet* 1820 (1).

L'essayeur adresse, à la fin de chaque mois, à l'administration des monnaies, un relevé du registre d'essai, et il en fournit un autre à la fin de chaque exercice. Ces extraits doivent être certifiés par l'essayeur et visés par le contrôleur. *Ibid.*

L'essayeur reçoit des inspecteurs de la garantie, comme mandataires de l'administration des monnaies, les instructions et les ordres qu'ils jugent à propos de lui donner, et il doit s'y conformer provisoirement, comme aux ordres émanés directement de l'administration. L'essayeur ne doit point perdre de vue qu'il est obligé

---

(1) Les colonnes tracées au registre d'essai ne faisant point mention de tous ces détails, l'administration des monnaies a fait imprimer un modèle qui a été joint à la circulaire du 29 mars 1824, n° 75, adressée aux essayeurs, qui doivent transcrire *la nouvelle tête*, formant le titre des colonnes au-dessous, de la tête portée au registre d'essai qui leur a été fourni. Cette nouvelle manière d'enregistrer assurera l'uniformité dans la tenue des registres d'essai, et une plus grande exactitude et plus de facilité dans les vérifications.

3*

de se procurer, pour faire ses essais, un fourneau bien
monté, grand ou petit, des matras, des balances d'essai,
des poids de semelle nouveaux, enfin tous les ustensiles propres à ses opérations; qu'il doit prendre les
acides et substances chimiques au dépôt de la monnaie
de Paris : l'obligation que la loi lui impose est de rigueur (1). Cet employé, étant responsable du titre, a
un grand intérêt à mettre en usage les moyens qui lui
sont prescrits pour prévenir le danger de compromettre
cette responsabilité. *Même circulaire.*

Les employés, chargés de la surveillance en matière
de garantie, peuvent se faire accompagner au besoin
par l'essayeur ou par un de ses agens; mais l'assistance
de l'essayeur chez les orfèvres, autorisée par l'art. 101
de la loi de brumaire an 6, ne doit avoir lieu que
dans des cas extraordinaires, où la présence de cet
employé serait indispensable.

TITRE III.

Des Employés aux exercices.

Le sous-contrôleur, ou, à défaut, le commis aux exercices, remplace le contrôleur en cas d'absence; ils
dressent ensemble, avec le receveur et l'essayeur du
bureau, un état des poinçons contenus dans le coffre
à trois serrures, et consignent cette opération dans le
registre d'ordre.

Les employés aux exercices de la garantie sont placés
sous les ordres du contrôleur, qui veille à l'exécution
des actes de surveillance, et qui s'en assure en faisant

---

(1) Voir les art. 44 et 50 de la loi du 19 brumaire an 6, dont l'extrait
se trouve à la fin de ce volume. *Voy.* aussi la nomenclature de tous
les objets qui composent le laboratoire des essais, Liv. II, Cahp. III.

lui--même, chez les orfèvres, des visites assez fréquentes pour rectifier les vices qui résulteraient d'une
fausse interprétation de la loi. Le chef de service veille
en outre à ce que les employés qui lui sont subordon-
nés, observent toujours, dans les visites de surveillance,
les égards dus aux redevables ; il doit surtout leur en
donner l'exemple.

Indépendamment des employés aux exercices, il y a,
mais à Paris seulement, des *marqueurs* et des *présen-
teurs*, parce que les opérations journalières de la marque suffisent pour occuper ces préposés, dont le
nombre peut varier, suivant les besoins du service, et
qui font également partie des contributions indirectes.

Les sous-contrôleurs et les commis aux exercices de
la garantie sont chargés des opérations de la marque,
sous la direction du contrôleur, et de surveiller la fabrication et la vente des ouvrages d'or et d'argent. Cette
attribution vient naturellement de l'article 36 de la loi
de brumaire, qui a autorisé, dans les villes populeuses,
la nomination d'autres employés que ceux qui sont dépositaires des trois clefs du coffre aux poinçons. D'ailleurs, l'ordonnance du 5 mai 1820 donne à tous
les employés des contributions indirectes la faculté
d'exercer les redevables assujettis aux lois de la garantie.

Il est essentiel d'observer que les employés de
garantie, ou ceux qui en remplissent les fonctions,
doivent toujours être assistés de l'officier public désigné
par la loi (1), lorsqu'ils exercent leur surveillance chez
les orfèvres, horlogers et autres. Dans les villes où il

_____

(1) *Voyez*, Liv. VI, Chap. 1, l'arrêt de cassation qui a été rendu par
défaut d'assistance d'un officier public.

y a un commissaire de police, c'est ce fonctionnaire qui doit, de préférence, être requis d'accompagner les employés (1).

~~~~~~

CHAPITRE III.

Des peines encourues par les employés, en cas d'infrac-tion à la loi ou aux règlemens administratifs.

LES délits ou crimes qui peuvent être commis par les préposés comme par les simples particuliers, sont prévus par le code pénal. Nous ne ferons mention ici que de ceux qui résultent d'une prévarication commise par l'employé dans l'exercice des fonctions qui lui sont confiées, ou d'une infraction aux règlemens administratifs.

Tout employé qui serait convaincu de prévarication, soit en s'appropriant ou cherchant à s'approprier les deniers publics, soit en exigeant des redevables, à quelque titre que ce soit, des sommes qui ne seraient pas dues, soit en favorisant la fraude, sera destitué et poursuivi suivant la circonstance. *Arrêté du min. des fin. du 9 novembre 1820, art. 15.*

Les employés du bureau de garantie qui calque-raient les poinçons ou qui en feraient usage sans ob-server les formalités prescrites par la loi, seront des-titués et condamnés à un an de détention. *Loi du 19 brumaire an 6, art. 46.*

Les peines prononcées par cet article ne sont appli-

_____

(1) Voir à cet égard ce qui est dit Liv. VI, Chap. 1, tit. IV, sect. 2.

cables que pour les simples infractions aux formalités prescrites par la loi précitée, art. 55; car l'usage frauduleux des poinçons serait une véritable prévarication, à laquelle les dispositions de l'article 141 du code pénal seraient applicables suivant les circonstances.

Les employés qui feront des emprunts aux redevables qu'ils sont chargés d'exercer, seront descendus de grade. *Arrêté précité du 9 nov.* 1820, *art.* 17.

Seront également descendus de grade, ou même destitués, suivant la gravité des cas, les employés qui se livreront à des excès, ou se rendront coupables de fautes graves d'insubordination ou d'inconduite.

Lorsque ces fautes n'auront pas le caractère de gravité suffisant pour faire encourir à l'employé une de ces deux peines, il sera réprimandé et perdra ses droits à l'avancement pendant six mois ou une année, à dater du jour de la note qui sera prise contre lui à cet effet. *Ibid., art.* 18.

Tout employé qui s'absentera de son poste sans congé, ou qui ne rentrera pas à son poste à l'expiration de son congé; tout employé qui ne sera pas rendu dans le délai qui lui a été fixé à une nouvelle destination, sera réputé démissionnaire, et, comme tel, sera rayé des cadres, à moins qu'il ne justifie son absence par des motifs légitimes. *Ibid., art.* 19.

Les demandes de congé, d'avancement, de changement de résidence, ou de tout autre genre, ne pourront être adressées à l'administration que par l'entremise du directeur, qui les transmettra toujours avec son avis. Les directeurs devront s'abstenir de délivrer aux employés (que ceux-ci soient ou non en activité) des certificats, des lettres de satisfaction ou des apostilles sur des pétitions. *Même arrêté, art.* 13.

Tout employé qui sera en retard de fournir ses journaux, états, bordereaux, rapports de trimestre, comptes ou autres documens dont l'envoi est ordonné à des époques déterminées, subira, suivant la durée du retard et la nature des pièces non envoyées, une retenue qui ne pourra être moindre de cinq jours de son traitement. Le produit de cette retenue sera versé à la caisse des retraites. En cas de répétition fréquente de la même faute, l'employé sera descendu de grade. *Ibid.*, *art.* 20. L'article 21 du même arrêté porte en outre que tout employé peut se trouver dans le cas de la révocation, si, après avoir été descendu de grade, il se rend encore passible de la même peine.

Les employés qui veulent se maintenir dans le poste qui leur est assigné, doivent observer avec soin ces règlemens administratifs; mais ce point, quoique très-important, ne suffirait pas; ils doivent encore cultiver de tout leur pouvoir la bienveillance des autorités locales, et chercher à mériter leur estime et leur appui: l'opinion des magistrats dirigeant presque toujours l'opinion publique, la considération des employés sera plus ou moins grande, selon qu'ils seront estimés plus ou moins des autorités du pays.

LIVRE II.

Du service intérieur des bureaux de Garantie.

CHAPITRE PREMIER.

De la tenue et police des bureaux.

L'ADMINISTRATION du département procurera un local convenable au bureau qui devra être placé, autant que possible, dans celui de la municipalité du lieu. *Loi du 19 brumaire an 6, article 44.*

Depuis l'ordonnance du 5 mai 1820, l'administration des contributions indirectes, étant chargée de la proposition et du règlement des dépenses relatives à la garantie, fournit ordinairement le local nécessaire pour y essayer et contrôler tous les ouvrages d'or et d'argent qui sont présentés par les redevables, conformément à la loi.

Chaque bureau de garantie doit être composé, au moins, de deux pièces bien éclairées et point *humides.* L'une de ces deux pièces est destinée pour le laboratoire de l'essayeur, et l'autre pour le bureau de la marque ; il est nécessaire même que l'essayeur puisse disposer d'un petit cabinet, séparé du laboratoire, pour y placer la balance d'essai qui ne doit point être exposée à la vapeur des acides.

Lorsqu'il y a impossibilité de trouver, à la portée du

receveur, un nombre de pièces suffisant pour la tenue du bureau de garantie, il faut diviser par un retranchement une partie du local, et l'affecter exclusivement à ce service. Les employés, chargés de la marque, de l'essai et de la perception, doivent être placés de manière que la présence des contribuables ne puisse jamais gêner leurs opérations. La partie du local affecté à ce service sera séparée par une barrière à hauteur d'appui. *Circ. du 8 octobre* 1822, *n° 58, divisions territoriales.* Cette précaution de séparer les redevables des employés est indispensable, non seulement pour la sûreté des poinçons, mais encore pour veiller à ce qu'on ne puisse ajouter quelques pièces qui n'auraient point été pesées par le receveur, ou en substituer d'autres à bas titre.

Quant à la police du bureau, elle est attribuée au contrôleur par l'article 1er de l'arrêté du 15 prairial an 7, lequel est ainsi conçu : « Le contrôleur du bureau de garantie, chargé exclusivement de surveiller le titre des matières d'or et d'argent, l'est également de la direction du service, ainsi que de la tenue et police dudit bureau. » D'après l'ordonnance du 5 mai précitée, le directeur des contributions indirectes dirige le service de la garantie; mais le contrôleur demeure chargé de maintenir le bon ordre dans le bureau, et de faire son rapport au directeur, lorsque cet ordre a été troublé par qui que ce soit.

La conservation des archives de la garantie est également dans les attributions du contrôleur. Cet employé ne doit jamais se dessaisir des *extraits* des registres d'essai, à moins que la demande n'en soit faite par les tribunaux. Ces extraits concernent uniquement la partie d'art et deviennent le contrôle des opérations de l'essayeur. Ce serait mal appliquer le sens de la loi, que de les considérer comme la quittance du droit de garantie; les marques dont les ouvrages sont empreints garantissent le titre et constatent l'acquit du droit. *Circ. de l'administration des monnaies, du 13 décembre 1806.*

Les instructions et autres documens envoyés par l'administration des monnaies doivent être séparés d'avec ceux des contributions indirectes, afin d'éviter la confusion, et de faciliter la correspondance que le contrôleur doit entretenir avec ces deux administrations. Toute correspondance avec la régie doit être remise au directeur de l'arrondissement où le bureau de garantie est placé ; mais, en conformité de l'article 6 de l'ordonnance du 5 mai 1820, le contrôleur continue à correspondre directement avec l'administration des monnaies pour les objets qui la concernent.

CHAPITRE II.

Des Essais.

L'OBJET des essais est de connaître la quantité de fin contenue dans une masse quelconque d'or ou d'argent, en séparant tout l'alliage d'une portion donnée de ces métaux.

L'usage d'essayer les métaux par la *coupellation* ne remonte qu'au 13me siècle sous Philippe de Valois. Une ordonnance spéciale de l'année 1343, et notamment celle de Charles V, rendue le mois de février 1378, prouvent qu'à cette époque les essayeurs des monnaies de Paris étaient obligés de faire leurs essais à la coupelle (1). On se servait auparavant, pour l'or, de la pierre de touche et de petits morceaux de ce métal, dont le titre avait été vérifié, et que l'on conservait pour étalons (2). On les frottait sur la pierre, ainsi que le métal qu'on voulait éprouver, et on jugeait, à la couleur et à l'effet plus ou moins prompt d'un acide, quel pouvait être le titre du métal. Ce procédé, qui avait été emprunté des Romains, est encore en usage aujourd'hui, mais on ne l'emploie que pour les menus ouvrages. Quant au titre de l'argent, on le jugeait à la couleur plus ou moins blanche des petits morceaux, que l'on fesait recuire, après avoir été coupés sur les ouvrages. Cette manière d'opérer s'appelait faire l'essai à la *rature* ou à l'*échoppe*.

TITRE PREMIER.

Des Essais à la coupelle.

La méthode usitée pour déterminer le degré de pureté des métaux précieux consiste à mêler ces métaux avec une quantité de plomb proportionnée à la quantité de métaux alliés, à passer ensuite ce mélange à la coupelle, et à peser après cela le bouton de métal pur qui reste. La perte que ce métal a éprouvée par la coupellation fait connaître la quantité de métaux grossiers dont il était allié, et par conséquent à quel titre il était.

---

(1) Le titre auquel les orfèvres de Paris fabriquaient leurs ouvrages fut fixé par un édit de Henri II, du mois de mars 1554; savoir, l'or à 22 karats, au remède d'un quart de karat, et l'argent à 11 deniers 12 grains, au remède ou tolérance de deux grains.

(2) L'étalon était aussi un poids original que l'on gardait soigneusement dans le palais du roi de France. François Ier ordonna, en 1540, que les étalons pour l'or et pour l'argent seraient *déposés et gardés en la chambre des monnaies.*

L'essai par la coupellation est le seul qui offre des résultats certains. On l'appelle *coupellation*, parce qu'il se fait au moyen de coupelles, petits vases en forme de coupe composés de cendres et d'os d'animaux calcinés (1). Cette manière d'essayer les métaux paraît avoi été portée d'abord jusqu'à sa perfection, mais *pour l'argent seulement;* car on voit, dans les registres de la maison commune du 13ᵐᵉ siècle, que, dans les rapports des essais que les gardes y faisaient, ils distinguaient de même, non seulement les deniers et les grains de fin, mais qu'ils portaient la précision jusqu'à distinguer le quart de grain, ce qui prouve que la pratique d'essayer les ouvrages d'argent à la coupelle était introduite depuis long-temps dans l'orfévrerie de Paris, lorsque Louis XII en fit une loi pour tous les orfévres du royaume : « Feront, dit-il, les essais desdits ouvrages à la coupelle et non autrement. » *Ord. du 22 novembre* 1506.

Quant à la coupellation de l'or, il n'en était point encore question à cette époque, parce qu'il aurait fallu connaître le moyen d'en séparer l'argent par le départ

---

(1) Les coupelles d'essai sont composées assez ordinairement de cendres de sarment et d'os de pieds de mouton calcinés et bien lessivés, pour en séparer les sels qui feraient pétiller la matière de l'essai. Pour les former, on bat bien le tout ensemble ; après quoi, on met, dans l'endroit où on a fait le creux, une goutte de liqueur qu'on a brassée auparavant, et qui n'est autre chose que de l'eau dans laquelle on a délayé de la mâchoire de brochet, ou de la corne de cerf calcinée, ce qui fait une espèce de vernis blanc dans le creux de la coupelle, afin que la matière de l'essai y puisse être plus nettement, et que le bouton d'essai s'en détache plus facilement. Cependant cette précaution est inutile, quand les coupelles sont de pure chaux d'os, et lorsque la matière dont elles sont composées est fine et bien préparée. Alors les boutons s'en détachent nettement et sans qu'il y ait d'adhérence.

ou la dissolution , sans le dissoudre lui-même , en sorte que la partie d'or, mise en départ, demeurât en son entier, tandis que l'alliage d'argent se précipiterait. Or, c'est ce que l'eau-forte fait parfaitement; mais c'est ce qui ne fut découvert , ou du moins mis en usage, que plus de deux cents ans après la coupelle. Les premières expériences que l'on trouve avoir été faites à Paris, ne sont que de l'an 1518, sous François Ier.

SECTION Ire. — *Essai du titre de l'argent.*

Pour procéder à un essai d'argent , on coupe une petite portion du lingot ou de l'ouvrage dont on veut connaître le titre , et on en constate le poids en le pesant avec le *gramme;* on met ensuite , dans une coupelle placée au fourneau , une partie de plomb qui doit être proportionnée au poids et à la qualité de la portion d'argent (1).

---

(1) Un bon essayeur connaît presque au simple coup d'œil à quel titre est l'argent ; on peut se servir de la pierre de touche pour le connaître à peu près , et déterminer la quantité de plomb nécessaire pour l'essai. Cette quantité doit être en général proportionnée à celle de l'alliage de l'argent, quoique les auteurs qui ont traité cette matière varient entre eux : ceux qui demandent la plus grande quantité de plomb se fondent sur ce qu'on peut mieux séparer tout l'alliage de l'argent; ceux qui en prescrivent la plus petite quantité assurent que cela est nécessaire, par la raison que le plomb emporte toujours un peu de fin. Les essayeurs eux-mêmes ont chacun leur pratique particulière , à laquelle ils sont attachés.

Dans l'intention de faire cesser les inconvéniens qui devaient résulter de pareilles incertitudes, un ministre éclairé nomma trois chimistes de l'Académie des sciences, MM. Hellot, Tillet et Macquer, pour constater tout ce qui a rapport aux essais d'or et d'argent, par des expériences authentiques, faites sous les yeux de l'homme d'état qui avait ce département, et en présence des magistrats de la cour des monnaies.

Lorsque le plomb est fondu et bien découvert, on y
met le petit morceau d'argent qui entre bientôt après

Il fut constaté, par ces recherches, que le plomb fait toujours entrer un peu d'argent dans la coupelle, et les proportions à employer
furent déterminées par l'article 5 des lettres-patentes du 5 décembre
1763, conçu en ces termes : « Les doses de plomb qui seront employées aux différens essais, resteront fixées dans les proportions
suivantes, sans qu'aucun essayeur puisse s'en écarter, *à peine de* 500
livres d'amende ; savoir, pour l'argent d'affinage, il sera employé deux
parties de plomb pur, ou le double du poids destiné à l'essai ; pour
l'argent à 11 deniers 12 grains, titre prescrit pour la vaisselle plate
(958 millièmes), quatre parties de plomb ; pour l'argent à 11 deniers (917 millièmes) et au-dessous, six parties de plomb ; pour
l'argent à 10 deniers (833 millièmes) et au-dessous, huit parties de
plomb ; pour l'argent à 9 deniers (750 millièmes) et au-dessous, dix
parties de plomb ; pour l'argent à 8 deniers (667 millièmes) et au-
dessous, douze parties de plomb ; pour l'argent à 7 deniers (583 millièmes) et au dessous, quatorze parties de plomb ; et pour l'argent
à 6 deniers (500 millièmes) et au-dessous, seize parties de plomb. »

M. Darcet a fait imprimer un petit mémoire qui indique des cor-
rections à faire à la table de 1763 ; et, comme dans un cas de contestation sur le titre, la question ne peut être décidée qu'à Paris, il
convient toujours de se conformer à la méthode adoptée par ceux
qui sont appelés à juger *définitivement* des titres des matières soumises à l'essai, dans le laboratoire de l'administration. Voici les
quantités de plomb, d'après M. Darcet.

ARGENT.	PLOMB.
à .... 1000 mes	3/10
à 950	3 grammes.
à 900	7
à 800	10
à 700	12
à 600	14
à .... 500 et au-dessous.	de 16 à 17.

en fusion (1). Ces deux matières, ainsi mêlées, circulent dans la coupelle jusqu'à ce que tout le plomb soit absorbé ou évaporé, et qu'il ait entraîné avec lui la totalité de l'alliage que contenait l'argent, ce que l'on reconnaît lorsque le bouton d'argent a rendu parfaitement les couleurs de l'iris, et qu'il est d'une forme bien convexe.

Peu de temps après que le bouton s'est fixé au fond de la coupelle, on le retire du fourneau; on laisse refroidir le bouton; après quoi on le détache, on le gratte-bosse en dessous et on le pèse le plus justement possible : la différence qui se trouve entre son nouveau poids et celui qu'il représentait avant l'opération, détermine le titre de l'argent que l'on s'est proposé d'essayer en indiquant la portion d'alliage qu'il contenait. Cet alliage, lorsqu'il s'agit d'ouvrages d'argent déclarés au premier titre, doit être d'un vingtième sur la totalité de la masse; et, pour en juger, on met le bouton dans un des bassins de la balance, avec un poids de 50 milligrammes ou 5 centigrammes, lequel représente la portion d'alliage contenue dans l'ouvrage soumis à l'essai; dans l'autre bassin de la balance, on

(1) L'essayeur doit savoir régir la chaleur de son fourneau; car, si le feu blanc subsistait, le plomb agirait mal sur l'alliage, on ne le verrait pas circuler. Il faut donc qu'on puisse distinguer la coupelle, par sa couleur légèrement obscure, du bain de plomb, qui doit être clair et blanc dans son bassin. Il faut aussi que le plomb fume, et que la fumée s'élève jusqu'à la voûte de la moufle; si elle s'élève peu et se rabat sur la coupelle, l'essai se refroidit; il faut augmenter la chaleur en avançant un charbon allumé, après en avoir soufflé la cendre. Enfin, si l'essai tend à se figer, ou si le bassin de la coupelle paraît se remplir d'une litharge fluide comme l'huile, il faut porter sur la coupelle un charbon plat bien allumé; au bout de quelques minutes, le bain de plomb et d'argent circulera de nouveau, et l'essai s'achèvera.

met le poids d'un gramme (1) qui représente le poids primitif du métal ; et si la balance reste en équilibre , ou qu'il y ait une différence de 4 à 5 millièmes en

---

La fin d'un essai est annoncée par une espèce d'éclair. Aussitôt le bouton d'argent se fige en une petite partie de sphère. Plus le bouton est arrondi et bombé, plus l'essai est parfait. Il faut encore que le bouton se détache aisément, avec la pointe d'un couteau, du fond du bassin, pendant que la coupelle est chaude, et que le dessous presque plat de ce bouton soit rond, blanc, net et sans soufflures. S'il adhère fortement à la coupelle, et qu'on voie autour des espèces de griffes, c'est une marque qu'il n'est pas assez affiné, et qu'il y reste du cuivre.

Si le dessous de ce bouton n'est pas parfaitement blanc, s'il y paraît un cercle obscur, si le dessus est terne et un peu jaunâtre, c'est ce qu'on nomme *saccum plombi*, un reste de plomb, alors on ne compte pas sur cet essai, on en fait un autre : au contraire, si le bouton, suffisamment bombé est brillant par-dessus, blanc, rond et net par-dessous ; si, de plus, en l'examinant avec une loupe, sa surface paraît fendillée, et comme divisée en petites écailles fort minces, on peut assurer à la vue que l'argent de ce bouton est fin.

(1) On se servait autrefois du poids de *semelle*, qui représentait les 24 kara de l'or. La semelle représentait ordinairement le poids de 12 grains, c'est-à-dire la 384ᵉ partie du marc réel et effectif sur ce poids.

Chaque grain de poids représentait 2 karats ;

Chaque demi-grain 1 karat ;

Chaque quart de grain un demi-karat ou $\frac{16}{32}$:

Chaque huitième de grain un quart de karat ou $\frac{8}{32}$;

Chaque seizième de grain $\frac{4}{32}$;

Chaque trente-deuxième de grain $\frac{2}{32}$ de karat ;

Chaque soixante-quatrième de grain $\frac{1}{32}$ de karat ;

La semelle représentait aussi les 12 deniers de fin de l'argent ; elle représentait alors le poids de 36 grains, c'est-à-dire la 128ᵉ partie du marc réel et effectif sur ce poids.

Chaque grain de poids représentait 8 grains de fin ;

Chaque demi-grain 4 grains ;

Chaque quart de grain 2 ;

Chaque huitième 1 ;

Et chaque seizième un demi-grain de fin.

4

moins, c'est une preuve que l'ouvrage est dans la *tolérance*, et qu'il peut être marqué au premier titre.

SECTION II. — *Essai du titre de l'or.*

L'ESSAI de l'or ne diffère de celui de l'argent que parce qu'on y ajoute une partie de ce métal déterminée par le titre des matières (1), et qu'après l'opération de l'essai, l'or auquel l'argent s'est allié est soumis à celle du départ, qui a lieu de la manière suivante :

Lorsque le bouton est retiré de la coupelle (2), on

---

(1) Pour suivre une règle positive et très-simple dans la manière de faire l'inquartation de l'or, on peut multiplier par trois la quantité de *fin* que l'on suppose exister dans la matière à essayer, et ajouter les trois parties d'argent pur à celle de l'or à coupeller. Ainsi, plus l'or est à bas titre, moins il faut d'argent fin ; quand il est, par exemple, à 750 millièmes, qui *est le titre ordinaire des bijoux*, la multiplication donne 2,250 millièmes ; mais comme on n'opère *qu'au demi-gramme*, et que l'or au troisième titre contient toujours un peu d'argent, on peut faire son inquartation à raison de 1100 millièmes d'argent fin, pour un demi-gramme d'or à 750 millièmes, et ainsi proportionnellement.

Quant à la dose de plomb nécessaire pour passer un essai d'or, on est obligé de l'augmenter de moitié en sus des proportions déterminées pour l'argent, parce que le cuivre adhère fortement à l'or. On observe que les coupelles ne peuvent absorber tout au plus qu'un poids égal au leur d'oxide de plomb : en sorte que pour essayer les ouvrages d'or, il faut une coupelle du poids de 9 à 10 grammes.

(2) Les boutons des essais d'or n'étant pas sujets à *vessis* (végéter), il n'y a point d'inconvéniens à craindre à les retirer de la moufle dès qu'ils sont fixés, tandis qu'il ne faut pas retirer trop précipitamment les coupelles quand on fait les essais d'argent, attendu que le bouton pourrait végéter en une espèce de rocher informe, et lancer des globules d'argent sur la coupelle et au-dehors.

La cause de cet accident est que la surface du bouton d'argent étant trop refroidie par l'air extérieur qui entre par la moufle, elle se fige pendant que l'intérieur du bouton est encore en fusion : alors comme cet argent bouillonne, il se gonfle, perce cette surface figée et sort avec rapidité. Cet accident a lieu plus souvent encore, lorsqu'on fait les essais d'argent fin.

l'aplatit sur l'enclume et on le fait recuire ; on le réduit ensuite, au moyen d'un petit laminoir, en petite lame très-mince qu'on roule en forme de cornet. On met ce cornet dans un petit matras, ou fiole à long col, dans laquelle on verse de l'acide nitrique affaibli (réduit à environ 22 degrés), et on chauffe ; on laisse la liqueur en ébullition pendant quinze à vingt minutes, on décante (1) et on remplace cet acide par d'autre plus concentré (environ 32 degrés) ; on chauffe de nouveau, et on laisse encore la liqueur bouillir l'espace de sept à huit minutes (2) ; on retire ensuite l'acide, à la place duquel on met de l'eau distillée ou de rivière bien pure. Cette opération faite, on retire le cornet, on le fait égoutter et recuire, et on le pèse avec l'exactitude requise ; la différence qui se trouve entre le poids qu'on

---

(1) Décantation ou décanter, terme d'affinage ; on se sert de ces mots pour exprimer l'action de verser doucement, et sans la troubler, une liqueur qui s'est clarifiée d'elle-même par le dépôt qui s'est formé au fond du vase où elle est contenue : ce qu'on nomme aussi verser par inclinaison. Il est toujours essentiel de décanter avec précaution, mais cette précaution est bien plus nécessaire encore lorsqu'on a fait dissoudre un bouton d'argent tenant or : la moindre parcelle qui s'échapperait du matras rendrait l'opération inexacte.

(2) L'eau-forte étant plus concentrée à la seconde fois, il est urgent de bien régler le degré de chaleur que doit prendre le matras pour entrer en ébullition ; autrement il se fait une espèce d'explosion dans ce vase qui pousse l'acide au-dehors, et avec une telle rapidité, que le cornet d'essai se trouve souvent entraîné en tout ou en partie, et l'opération est manquée. On observe que cet accident arrive presque toutes les fois que l'ébullition de l'eau-forte à 32 degrés se trouve interrompue, et que l'on veut augmenter le degré de chaleur pour faire bouillir de nouveau. Dans ce cas, et quoique l'ébullition n'ait pu durer les sept à huit minutes prescrites, il vaut mieux laisser le matras à la même place, et ne décanter qu'après le double du temps qu'il aurait fallu pour l'ébullition de l'acide à 32 degrés.

4 *

obtient alors et celui qu'on avait avant l'opération détermine le titre du métal.

Il est bon d'observer que, comme l'or exige une plus grande quantité de plomb que l'argent, au lieu d'opérer sur un gramme, on opère sur un demi-gramme, ou sur un quart, et même un huitième, lorsque l'ouvrage soumis à l'essai ne peut supporter la prise de ce demi-gramme nécessaire pour obtenir un résultat plus parfait. La prise d'essai, faite au grattoir, exige une attention particulière, soit en ce qui concerne la propreté, soit pendant qu'on la verse du bassin de la balance dans le papier, après la pesée (1) ; et aussi lorsqu'il faut l'introduire dans la coupelle, afin que la moindre parcelle du métal à coupeller puisse être absorbée par le bain de plomb. Ces prises d'essai au grattoir ne doivent jamais contenir la superficie des objets d'or mis en couleur, ni celle des objets d'argent sortant du blanchiment, parce que la superficie des pièces d'or est affinée par les sels qui composent la couleur, et que celle des pièces d'argent est imprégnée d'acide sulfurique, d'où il résulterait que l'or paraîtrait à un titre plus élevé, et l'argent à un titre plus bas.

L'essayeur, qui veut faire l'essai d'un lingot d'argent allié, doit couper deux parties de ce lingot, l'une par-dessus à l'un des bouts, et l'autre par-dessous à l'autre bout ; il doit peser parties égales de ces deux portions pour en former le poids de gramme. Cette attention est nécessaire : attendu que, quelque bien brassé que

(1) Quelques personnes, dit M. Vauquelin, dans son *Manuel de l'essayeur*, ont conseillé d'envelopper la matière à essayer dans le plomb réduit en lame mince, dans l'intention d'éviter l'effervescence et le pétillement que produit quelquefois le papier.

soit le cuivre de l'alliage avec l'argent, la pesanteur spécifique de ces deux métaux n'étant pas la même, il arrive souvent qu'en lingotant ce mélange, l'argent qui est plus pesant prend le dessous dans la lingotière; alors le dessous du lingot sera d'un plus haut titre que le dessus. Cette différence serait encore bien plus frappante dans un lingot composé d'or et d'argent (1).

L'opération de l'essai, dans ce dernier cas, doit avoir lieu comme il est dit ci-dessus, c'est-à-dire par le moyen de l'inquartation; mais si le lingot ne contient qu'une très-petite quantité d'or, il n'est point nécessaire d'y ajouter de l'argent, puisque sa plus grande masse en est formée; et l'on doit ménager la chaleur du fourneau comme à l'égard des essais d'argent. Si, au contraire, il n'existe dans le lingot à essayer qu'une petite proportion d'argent qu'il faut déterminer, on estime à peu près sur la pierre de touche la quantité d'or contenue dans ce lingot, et l'on ajoute la dose d'argent capable de former l'inquartation. Ensuite on la coupelle avec la quantité de plomb convenable, d'après l'indice acquis de la quantité d'alliage qu'il contient; on pèse le bouton de retour, et l'on agit du reste comme pour l'essai de l'or ordinaire. Il faut ici seulement défalquer, de la quantité d'argent trouvée par le poids de l'or, celle de l'argent que l'on y a mise. Ces essais, lorsqu'il s'agit d'une masse dont il importe de connaître la juste valeur, doivent être faits *double*; et s'il existait une différence sensible dans le titre obtenu, après avoir répété la double opération, ce serait une preuve que la matière aurait été mal fondue. En pa-

(1) Un pied cube d'or pur et non forgé pèse 1348 livres, l'argent 712, et le cuivre rouge 545 livres. *Chaptal, Élémens de chimie.*

reil cas, l'essayeur doit s'abstenir, dans son intérêt comme dans celui du commerce, de *parapher* cette masse ou lingot qui doit être refondu (1).

L'essayeur doit se tenir en garde contre l'existence du *platine*, dont quelques propriétés sont communes à l'or et à l'argent; comme eux, il résiste à l'action du plomb pendant la coupellation, et repousse celle de l'eau-forte dans l'opération du départ (2). On s'aperçoit que l'or contient du platine, lorsque le bouton d'essai s'aplatit; que sa surface devient raboteuse et qu'elle reste mate et terne. Pendant le départ, la liqueur prend une couleur légèrement jaune, et les cornets restent d'un vert brun, s'ils contiennent au moins un dixième de platine.

Nous terminerons ce chapitre en indiquant le moyen de mettre à profit l'eau-forte provenant du départ qui a lieu pendant les essais à la coupelle, et d'en retirer l'argent qui se trouvera pur, et propre à l'inquartation de l'or.

(1) Quelques fraudeurs ont imaginé de présenter aux essayeurs publics des lingots d'or *fourrés*. Il paraît qu'on avait déjà tenté de faire circuler de pareils lingots dans le commerce, puisque la cour des monnaies, par arrêt du 15 avril 1780, condamna un individu aux galères pour avoir fait et vendu des lingots d'argent fourrés.

(2) Le platine n'était pas connu de nos ancêtres; ce n'est que depuis 1748, dit Chaptal, que nous connaissons ce métal. Nous devons nos premières notions à *don Antonio Ulloa*, qui accompagna les académiciens français dans leur fameux voyage au Pérou, pour déterminer la figure de la terre.

Le platine se trouve sous la forme de petits grains ou de paillettes d'un blanc livide, dont la couleur est entre celle de l'argent et celle du fer. Les départeurs se servent aujourd'hui de vases en platine battu sphériquement, et dont les parties accessoires sont soudées en or fin. Ces vases ou bouilloires remplacent les matras de verre qui n'étaient qu'une source de dangers pendant l'opération du départ.

La double opération, dont il s'agit, ne peut avoir lieu que par la distillation de la liqueur provenant du départ, et sans y comprendre le *lavage* des cornets d'or. La faible partie d'argent que peut contenir ce lavage ne doit pas être perdue, sans doute; mais on peut la retirer facilement par le moyen ordinaire, qui est celui de précipiter ce métal, en mettant des plaques de cuivre rouge dans une terrine de grès où l'on a rassemblé tous les lavages.

Pour distiller cette liqueur, on fait usage d'un alambic *de verre*, après y avoir collé un triple papier à l'entour des jointures qui réunissent les diverses pièces (1). On lutte également le petit goulot qui est au-dessus de l'alambic, et par où l'on introduit la liqueur à distiller. Toutes ces précautions ayant eu lieu avec le soin que l'opération exige, afin d'empêcher la moindre perte du fluide qui doit se rendre dans le récipient, on place l'alambic de manière à pouvoir chauffer, et à ménager une chaleur douce en distillant jusqu'à siccité (2). L'eau-forte que l'on retire de cette opération, est très-claire et très-pure; mais, avant de l'em-

(1) L'alambic doit porter sur une forte couche de *sable*, que l'on a dû mettre préalablement dans une espèce de bole ou soucoupe en fer ou en terre cuite.

(2) Le départ, qui a lieu pour les essais contenant or, est le même que celui à faire d'une plus grande quantité de matière : il n'y a qu'à augmenter l'eau-forte en proportion du métal à départir, mais alors il faut le réduire en grenailles, en le jetant dans l'eau froide, lorsqu'il est en fusion.

Cette opération exige le travail de deux personnes; l'une est chargée de mettre l'eau en mouvement, après y avoir plongé l'un des bouts d'un bâton, que l'on fait tourner dans le même sens, tandis que l'autre personne verse la matière fondue. Cette transition subite du chaud au froid, et ce mouvement circulaire de l'eau, convertissent naturellement la matière en grenailles boursoufflées.

ployer pour faire les essais, il est urgent de la peser à l'aréomètre pour l'étendre aux degrés convenables. On voit que cette manière d'opérer est très-avantageuse à l'essayeur qui consomme une certaine quantité d'eau-forte, puisqu'il ne perd que la portion qui s'évapore pendant le départ.

Quant au résidu, c'est-à-dire au nitrate d'argent qui reste au fond de l'alambic, on ne doit le retirer que le lendemain pour donner le temps à la matière et au vase de se refroidir peu à peu. Cette matière forme un dépôt blanc et cristallisé comme le salpêtre.

Lorsque le vase et le dépôt sont entièrement refroidis, on y verse une quantité proportionnée d'eau bien claire, ce qui fait dissoudre la matière et la rend liquide comme auparavant. Ensuite on passe la liqueur à travers un papier à filtrer pour en séparer les moindres parcelles d'or que la décantation peut entraîner lorsqu'on fait les essais d'or ou de doré. Cette précaution permettra à l'essayeur de faire encore usage du même argent pour l'inquartation de l'or ; mais il convient, dans ce cas, de précipiter l'argent par l'acide muriatique, préférablement aux lames de cuivre rouge, parce qu'il n'y a aucun lavage à faire. On reconnaît que le métal est entièrement précipité par l'effet de l'acide muriatique, aussitôt que la liqueur se trouve clarifiée. D'ailleurs, on peut en faire l'épreuve, en y versant quelques gouttes du même acide. Si l'eau se trouble, c'est une preuve qu'elle contient encore de l'argent ; dans le cas contraire, on peut décanter avec les précautions d'usage. Il est à remarquer que le muriate d'argent déposé au fond du vase est blanc, pâteux et insoluble ; et, lorsqu'on l'expose à l'air pour le faire égoutter et sécher, il devient brunâtre extérieurement.

Quand on veut fondre ce muriate d'argent, après avoir bien séché au feu, on emploie le mélange suivant, et non le *salpêtre* et le *borax* nécessaires pour fondre le nitrate d'argent précipité à l'aide de plaques de cuivre rouge.

Muriate d'argent sec. . . . . .100 parties.
Blanc d'Espagne en poudre. . . . 6o
Charbon en poudre. 3

Le mélange étant bien fait, il faut fondre dans un creuset de dimension ; laisser la matière en *culot*, et, après la refonte, qui exige également beaucoup de soin, on trouvera 75 parties de métal environ, sur 100 de muriate d'argent sec.

TITRE II.

Des Essais au touchau.

Quoique la manière d'essayer l'or à la pierre de touche n'offre pas de grands inconvéniens pour décider si tel ou tel ouvrage mérite ou non d'être admis à la marque, et que la routine soit un secours dans cette opération docimastique, il n'est pas moins vrai que les essais au touchau exigent beaucoup d'ordre et de présence d'esprit, et une grande habitude de comparaison pour saisir le titre. En effet, si l'essayeur n'établit pas un ordre pour la conservation du rapport qui doit exister entre les touches et les objets touchés ; s'il néglige de faire des touches pleines ; s'il n'appuie pas également sa main sur l'ouvrage et sur le touchau ; si même il oublie de choisir un jour convenable pour saisir à l'instant les diverses nuances que fait naître l'acide en passant sur les touches placées l'une à côté de l'autre ; si l'essayeur, disons-nous, ne prend pas exactement toutes les précautions nécessaires pour s'assurer du titre des ouvrages soumis à sa vérification, il peut compromettre sa responsabilité, ou courir les risques de briser de bonnes pièces. La surface d'un bijou qui a été mis en couleur étant plus fine que son intérieur, il est nécessaire de faire deux ou trois touches sur le même endroit, et de n'avoir confiance qu'à la dernière, parce que celle-ci se trouve dégagée des parties affinées par les sels qui composent la couleur. Enfin, pour bien s'assurer du titre, l'essayeur doit toucher sur toutes les parties dont l'ensemble compose un bijou, en évitant néanmoins de comprendre la soudure, qui rendrait l'opération inexacte. On observe que la pierre de touche doit être bien noire et d'une dureté suffisante pour qu'elle ne soit point susceptible d'être rayée par les objets à éprouver. On reconnaît si la qualité de la pierre est convenable aux essais, lorsque le grain en est passablement fin, et lorsque la goutte d'eau-forte qu'on y a mise ne laisse point de tache, après y avoir séjourné quelques minutes. Pour bien entretenir une pierre de touche, il faut la frotter avec un morceau de pierre à huile ou pierre du levant. Ce moyen est préférable à la pierre ponce en poudre fine (1).

L'essayeur doit vérifier son eau-forte de temps en temps, et la tenir dans un endroit plus ou moins chaud,

---

(1) Les anciens appelaient la pierre de touche pierre *lydienne*, de cette partie de l'Asie-Mineure qu'ils nommaient Lydie, d'où elle leur était apportée. Le nom de pierre de touche qu'on lui a donné depuis, vient de ce que l'épreuve des métaux se fait en les frottant dessus cette pierre, et en comparant la couleur de la marque qu'ils y laissent, avec celle d'un petit morceau de pareil métal dont le titre est connu. (Abot. de Bazinghen.)

suivant la variation de la température. Cependant, si la chaleur de l'air a donné à l'eau-forte trop d'activité, il est facile de la diminuer, en y ajoutant un peu d'eau; comme il est aisé de l'augmenter par quelques gouttes d'acide muriatique, si la chaleur à laquelle on l'a exposée n'a pu lui rendre son activité nécessaire (1).

Lorsque l'essayeur a fait usage de toutes les précautions indiquées ci-dessus (en ayant soin de placer sur la table les objets à éprouver, à mesure qu'il les a touchés, et dans le même ordre qu'ils sont sur la pierre de touche); lorsqu'il a même répété son épreuve, et qu'il n'a pu obtenir un résultat favorable en ce qui concerne le titre d'une partie ou du total des ouvrages soumis à sa vérification, il ne doit pas balancer sur sa conduite en pareille circonstance. Il doit remplir le devoir pénible, mais nécessaire, de ses fonctions, en brisant les ouvrages à bas titre de manière à ce qu'ils ne puissent servir *à aucun usage.*

Les essayeurs restent responsables du titre des ouvrages qu'ils essaient et passent à la marque (2); mais

---

(1) La présence de l'acide muriatique, favorisant la dissolution de l'or, il ne faut l'employer qu'avec ménagement, puisque l'eau-forte, préparée pour faire les essais au touchau, contient déjà une proportion déterminée de cet acide muriatique, c'est-à-dire 98 parties d'eau-forte pure, dont la gravité spécifique est de 13,40, 2 parties d'acide muriatique du poids de 11,73 (l'eau étant prise pour unité, ou 1,000), et 25 parties d'eau.

Pour purifier l'eau-forte pour le touchau, il faut y dissoudre 3 à 4 grammes d'argent par kilogramme, décanter la liqueur du dépôt qui se formera par cette opération, et distiller ensuite jusqu'à siccité (VAUQUELIN).

(2) L'essayeur étant intéressé, pour la sûreté de sa responsabilité, de présenter lui-même les pièces à la marque, l'administration des monnaies enjoint aux contrôleurs de se faire présenter les ouvrages par l'essayeur, afin qu'il puisse se convaincre qu'il n'y a pas, dans

l'essai des menus ouvrages par la pierre de touche n'étant qu'approximatifs, et l'expérience ayant démontré qu'on ne pouvait obtenir, par ce moyen, la preuve positive, que l'ouvrage, ainsi essayé, fût réellement à l'un des titres déterminés, pas même au dernier fixé par la loi, les essayeurs doivent apporter à cette opération la plus scrupuleuse attention pour se garantir des fraudes des fabricans, et saisir à la vue et par comparaison l'action des acides sur les touches, afin de reconnaître, autant qu'il est possible, si le titre des ouvrages est ou n'est pas en rapport avec celui exigé par la loi. *Circ. de l'Adm. des monn., du 26 décembre 1822.*

Pour obtenir des essais au touchau des résultats plus certains, les essayeurs peuvent, comme on le pratique au bureau de Paris, se servir, outre le touchau de comparaison qui est dans tous les bureaux, et qui indique le titre de l'or à 750 millièmes, et autres au-dessous, d'un autre touchau particulier que les essayeurs peuvent fabriquer eux-mêmes au titre de 729 millièmes ; en employant la touche de ce titre intermédiaire à côté de celle du troisième titre légal qui doit toujours être observé, et des touches faites par le frottement des bijoux sur la pierre destinée à l'essai au touchau : l'essayeur distinguera aisément à l'œil la bonté ou la faiblesse du titre des ouvrages, et son rapport identique avec l'une ou l'autre touche lui servira à recon-

l'application des poinçons de titre, d'erreur capable de le compromettre. *Circ. du 6 décembre 1819.*

On conçoit aisément que cet ordre de faire présenter les ouvrages par l'essayeur ne concerne pas les bureaux de garantie de première classe où il y a d'autres employés, chargés de cette partie du service de la garantie.

naître plus sûrement si l'or est au titre légal, et doit être délivré à la marque, ou si le titre est inférieur et doit être brisé. Il est donc convenable que les essayeurs emploient, pour la plus grande sûreté de leurs opérations et de leur responsabilité, et pour ne causer aucun préjudice aux fabricans, leurs touches de comparaison de ce titre intermédiaire, puisque ce moyen doit faciliter et assurer la justesse du résultat de leurs essais, et mettre à couvert leur responsabilité. *Même circulaire.*

Le titre des menus ouvrages d'or étant fixé à 750 millièmes (18 karats), et ne devant être vérifié qu'au touchau (1), les essayeurs doivent examiner avec la plus grande attention toutes les pièces qui sont soumises à l'essai, pour découvrir les surcharges de soudures qui peuvent considérablement altérer le titre des ouvrages, et s'assurer si toutes les pièces de rapport sont au même titre. *Même circulaire.*

Lorsque l'essayeur trouve, dans les ouvrages présentés à l'essai, un excédant de soudure ou des parties à un titre inférieur à celui du corps principal de la pièce, ou quand le titre n'approche pas de 750 millièmes et qu'il atteint ou s'éloigne de 729 (17 karats et demi), il peut, avec assurance, déclarer que l'ouvrage n'est pas au titre légal, et doit le briser. Dans ce cas, l'ouvrage, qui doit être brisé, ne peut l'être, suivant l'article 57, qu'en présence du propriétaire; mais ce propriétaire a le droit (et il a seul ce droit) de demander qu'il soit procédé à un second essai. S'il en fait

---

(1) Le ministre des finances a décidé qu'il sera fait usage de l'essai au touchau à l'égard de tous les menus bijoux d'or dénommés à la nomenclature qui se trouve Liv. II, Chap. IV de ce volume.

la demande, ce second essai doit avoir lieu par la coupelle, qui peut seule faire reconnaître et indiquer le titre précis de l'ouvrage formant l'objet de la contestation. Si ce second essai confirme le premier, le propriétaire paiera l'essai au touchau et celui qui aura été fait à la coupelle ; mais si le premier essai est infirmé par le deuxième, il n'aura à payer que l'essai au touchau. *Même circulaire.*

L'essai des ouvrages creux par le procédé du touchau, offrant de plus grandes difficultés pour reconnaître les surcharges en soudures ou en matières étrangères qu'on a pu introduire dans l'intérieur des bijoux, exige plus de précautions pour découvrir ou arrêter les fraudes qui tendent à l'altération du titre ; c'est pourquoi les essayeurs doivent toujours, conformément à l'article 65, couper une pièce et la fondre en grain pour la toucher, et pour s'assurer si elle n'est pas fourrée et si le titre reconnu est ou approche de 750 millièmes exigés par la loi. *Même circulaire.*

Suivant l'article 65, l'ouvrage doit être considéré comme fourré, quand il renferme et cache dans son intérieur du fer, du cuivre, ou toute autre matière étrangère qui augmente le poids et diminue le titre des pièces soumises à l'essai. Ces ouvrages doivent être saisis et dénoncés aux tribunaux, suivant le vœu de l'article précité, lorsque ce genre de fraude est découvert et constaté. Mais si le titre des ouvrages n'est altéré que par des soudures de même matière que la pièce principale, les objets d'or doivent être brisés, quand le titre n'est pas à 750 millièmes ; et quand il descend à 729 millièmes, ou se trouve au-dessous. En cas de contestations entre les propriétaires et les essayeurs, l'ouvrage doit être envoyé à l'administration des monnaies avec les précautions indiquées par l'art. 58; et, conformément à l'art. 60 de la loi de brumaire an 6, si c'est l'essayeur qui se trouve en défaut, les frais de transport et d'essai seront à sa charge; et, dans le cas contraire, ils seront supportés par le propriétaire des ouvrages. *Même circulaire.*

CHAPITRE III.

Du laboratoire des essais.

Le laboratoire des essais est la partie essentielle et principale dont se compose un bureau de garantie. L'essayeur est tenu de faire ses essais dans ce laboratoire, et ne peut se soustraire à la surveillance du contrôleur. Cette surveillance ne doit cependant pas être portée jusqu'à le gêner dans ses opérations, lorsqu'il n'y a pas de motif pour le suspecter.

L'essayeur se pourvoira, à ses frais, de tout ce qui est nécessaire à l'exercice de ses fonctions, *art. 44 de la loi précitée.* Il doit s'attacher principalement à se procurer des balances qui soient d'une justesse parfaite. Celles qui sont destinées à cet usage, et qui portent le nom de *balances d'essai*, sont renfermées dans une niche ou grande lanterne de verre, afin que l'air ou le moindre souffle ne puisse les agiter; elles doivent être d'une exactitude telle, que la plus faible partie de poids qui se trouverait d'un côté emporte l'autre, de manière qu'on puisse tenir compte de la plus légère différence.

Le laboratoire des essais devrait toujours être au

rez-de-chaussée, placé sur une voûte de cave et sur le derrière de la maison ; jamais sur le devant, surtout si la rue est passante, parce que le mouvement des voitures donne des secousses à la balance, pendant qu'on pèse les essais et les boutons de retour, ce qui peut occasionner des erreurs. Si, en été, le soleil chauffe inégalement les deux bras de la balance d'essai, l'un des deux s'alongera plus que l'autre ; il n'y aura plus d'équilibre. Ainsi, la balance et sa lanterne ne doivent jamais être exposées au soleil.

Quant au fourneau de coupelle, il est ordinairement placé sous un manteau de cheminée, et de manière à recevoir un courant d'air à volonté, pour échauffer ce fourneau convenablement ou empêcher l'action du feu si elle devient trop violente. Pour faciliter les essayeurs qui font peu d'essais à la coupelle, MM. Anfrie et Darcet, inspecteurs et vérificateurs des essais des monnaies, ont inventé un petit fourneau économique, sous le rapport de la dépense du combustible, puisque, d'après les expériences faites à ce fourneau par MM. Vauquelin et Thenard, professeurs de chimie, il est résulté que les essais ont passé dans le même temps qu'au fourneau ordinaire, que les titres se sont trouvés dans les limites voulues par la loi, et que la quantité de charbon employée ne s'est élevée qu'à 140 grammes par essai d'argent au titre de 900 millièmes.

Conformément à l'art. 50 de la loi du 19 brumaire an 6, l'essayeur ne peut employer dans ses opérations que les agens chimiques et substances provenant du dépôt établi dans l'hôtel des monnaies de Paris. Ainsi, MM. les essayeurs des bureaux de garantie doivent toujours se précautionner d'avance pour que leur laboratoire ne puisse être au dépourvu de ces objets né-

cessaires, et dont il importe, pour la bonne règle, que
l'origine soit commune (1). Nous lisons, dans une ordonnance de 1343 déjà citée, que les essayeurs ne pouvaient se servir d'aucun plomb avant d'en avoir fait
l'essai, afin de connaître la quantité d'argent qu'il pouvait contenir. «Le général essayeur, dit l'ordonnance,
doit avoir bon plomb et net, qui ne tienne or, argent
cuivre ne soudure, ne nulle autre communication, et
de celui doit faire essai, et sçavoir que tient de plomb
pour en faire contre-poids à porter son essai. » Par arrêt
du conseil, en date du 26 novembre 1762, il fut ordonné, art. 1er, de ne se servir, pour les essais, que des
coupelles fournies par le bureau des orfévres de Paris.
Les mêmes dispositions se trouvent retracées dans un
autre arrêt, du 16 août 1779, qui a servi de base à
l'art. 50 de la loi de brumaire précitée.

NOMENCLATURE

*Des outils, ustensiles, agens chimiques et substances
nécessaires pour composer le laboratoire des essais.*

Acide muriatique pour augmenter l'action de l'eau-forte
    servant à l'opération du touchau ;
Aréomètre pour peser les acides ;
Argent-fin pour servir à l'inquartation de l'or ;
Balance destinée à peser le plomb de chaque essai,
    ainsi que les menus ouvrages ;
Balance plus grande pour les gros ouvrages soumis à
    l'essai ;

(1) Quant aux frais de transport de ces agens chimiques, ils sont
remboursés à l'essayeur qui en a fait l'avance, conformément à
l'art. 50 de la loi du 19 brumaire an 6, et à la circulaire de l'administration des monnaies du 15 juillet 1820.

Balance d'essai et sa lanterne, bien conditionnées;

Borax pour servir à faire les essais *au grain* ;

Bruxelles pour mettre ou retirer des plateaux de la balance-d'essai les petits fragmens de métal et obtenir le poids qu'on désire ;

Chalumeau pour la lampe à souder ;

Charbon de grosseur convenable à la dimension du fourneau de coupelle ;

Charbons *dits* à souder ;

Ciseaux plats et à gouge pour lever les prises d'essai sur les lingots ;

Cisoires pour lever les prises d'essai sur les ouvrages portant languettes ;

Coffrets en tôle et numérotés pour l'ordre des essais.

Coupelles de diverses grandeurs;

Creusets pour faire sécher les cornets d'essai.

Eau-forte concentrée pour faire le départ (à 22 et à 32 degrés);

Eau-forte préparée pour le touchau ;

Echoppes larges, en forme de grattoirs pour lever les prises d'essai dans les boîtes de montre, etc. ;

Entonnoirs de verre pour transvaser les acides et servir à filtrer ;

Flacons à bouchons de verre, de diverses grandeurs;

Fourneau de coupelle ;

Gratte-bosses en poils de sanglier, pour nettoyer le dessous des boutons d'essai ;

Grattoirs pour lever les prises d'essai sur les ouvrages qui n'ont pas de languette ;

Laminoir petit pour amincir les boutons de retour, afin de les rouler facilement en forme de cornet;

Lampe *dite* à souder ;

Limes plates de différentes finesses, pour frotter les

morceaux d'or et d'argent, dont on veut enlever quelques atomes, lorsqu'on pèse les essais;

Marteaux gros et petits;

Matras en forme de poire pour les essais d'or;

Moufles de rechange ajustées au fourneau de coupelle;

Pelle ordinaire pour le charbon, une autre *dite* main, pour charger le fourneau de coupelle;

Pierre de touche;

Pinceaux à plume pour nettoyer la balance d'essai et détacher les parcelles d'or du creuset à sécher;

Pincettes bien ajustées pour introduire le plomb et la prise d'essai dans la coupelle;

Plomb pauvre en demi-balle;

Poids de gramme et ses fractions décimales pour peser les essais;

Poids d'un kilogramme et ses divisions pour peser les ouvrages et fixer le prix des essais;

Poinçons *dits* de reconnaissance pour les divers titres.

Poinçons pour servir à parapher et numéroter les lingots d'or et d'argent;

Tas ou petit enclume;

Tenailles taillées en lime pour pouvoir pincer les fragmens de matière, et les passer sur la lime;

Tenailles plus fortes, pour pincer les boutons d'essai, et les nettoyer au-dessous;

Touchaux d'or et d'argent à divers titres.

L'essayeur doit éviter de respirer la vapeur des acides, toujours funeste à la santé, et se garantir des inconvéniens plus graves encore, auxquels il est exposé, lorsque quelquefois, au moment de l'ébullition, l'eau-forte sort avec rapidité du matras. Dans la vue de prévenir ces dangers, l'essayeur peut faire établir, à côté du fourneau de coupelle, un *fourneau préservateur* en forme de cheminée, et construit de manière à lui ménager, horizontalement et d'un bout à l'autre, une ouverture de la hauteur de deux pouces, à partir de la bande de fer crénelée pour recevoir les matras, en sorte que la moitié du col de ces petits vases se trouve en dedans du fourneau préservateur, au bas duquel on place des charbons allumés pour mettre les matras en ébullition. Le vase contenant la liqueur de la décantation peut aussi exhaler sa vapeur dans cette espèce de cheminée, qui doit être de la longueur d'un pied et demi au moins, et de trois pieds de hauteur, indépendamment du tuyau ; le tout en tôle de force convenable.

CHAPITRE IV.

De la fixation des droits d'essai.

PAR deux décisions ministérielles, en date des 4 octobre et 15 novembre 1822, il est prescrit des règles uniformes pour la fixation des droits des essais faits à la coupelle sur les ouvrages d'orfévrerie, et pour la détermination des règles fixes à l'égard de l'essai au touchau des menus ouvrages d'or, ainsi qu'il suit.

Conformément à l'art. 64 de la loi du 19 brumaire an 6, les menus ouvrages de bijouterie ne seront essayés qu'au touchau. *Décis. du min. des fin. du 4 octobre 1822, art. 1.*

Les boîtes de montre et autres ouvrages, qui ne seront point rangés dans la catégorie des menus ouvrages, continueront d'être essayés à la coupelle. *Ibidem*, art. 2 (1).

La somme à percevoir par les essayeurs des bureaux de garantie pour l'essai à la coupelle d'une quantité

---

(1) L'administration des monnaies, dans une circulaire à la date du 1er mai 1822, trace à l'essayeur la marche qu'il doit suivre pour faire l'essai des montres, soit neuves, soit de hasard, qui lui sont présentées par les fabricans ou marchands. « Cet employé, dit-elle, pour seconder les intentions du gouvernement, et empêcher l'introduction des montres prohibées et leur présentation dans les bureaux de garantie, doit observer si les boîtes ne sont pas marquées de deux poinçons de maîtres différens, l'un provenant d'un fabricant étranger, et l'autre apposé avec connivence ou complaisance par un fabricant français, pour les naturaliser ; si elles n'ont point été finies, et si leurs fonds n'ont pas été dépolis après, pour leur donner l'apparence d'ouvrages non achevés, afin de pouvoir, par ce moyen, éluder les dispositions de l'art. 1er de l'ordonnance du 19 septembre 1821.

» Pour obvier à ces inconvéniens, les boîtes de montre devront, conformément à l'art. 77 de la loi, être présentées par le fabricant au bureau de garantie de son arrondissement, et revêtues, suivant l'art. 48, de son seul poinçon. Les boîtes unies seront reçues à l'essai sur le déroché, avant que les fonds soient polis en dedans et en dehors ; celles qui sont guillochées ou garnies d'or de couleur seront présentées et reçues avec les mêmes formalités, quand les fonds seront dérochés en-dedans seulement, et lorsqu'ils n'auront point été polis.

» L'essayeur aura soin de gratter une partie de la prise d'essai dans le fond de la boîte, à côté de l'insculpation du poinçon du fabricant, pour unir et indiquer la place destinée à l'application du poinçon de titre, et conserver la pureté des traits de cette empreinte.

» A l'égard des boîtes de montre de hasard présentées dans les bureaux de garantie, en conformité des art. 14, 16 et 17 de la déclaration de 1749 (voir ces articles, Liv. IV, Chap. v), on doit les essayer à la coupelle, pour s'assurer de leur titre, en prenant toutes les précautions nécessaires pour ne pas les détériorer par la prise d'essai.

» Les petites montres, trop faibles pour être essayées à la coupelle, le seront par la pierre de touche, et ne seront marquées que du poinçon spécial, déterminé par l'art. 2 de l'ordonnance précitée, pour les ouvrages d'horlogerie. »

d'ouvrages *neufs* d'or et d'argent, renfermés dans un même sac, et déclarée faire partie de la même fonte, est réglée ; savoir :

A raison d'un droit d'essai par chaque pesée de 120 grammes (4 onces environ) d'ouvrages *d'or,* au prix de 3 fr., fixé par la loi.

A raison d'un droit d'essai par chaque pesée de 2 kilogrammes (8 marcs) d'ouvrages *d'argent,* au prix de 80 centimes, fixé par la loi (1).

Et aussi à raison d'un droit d'essai, au prix énoncé ci-dessus, par pièce d'ouvrages présentés isolément, ou sur plusieurs pièces réunies, comme provenant de la même fonte, lors même que le poids de ces ouvrages serait inférieur à celui qui est déterminé par les deux paragraphes précédens. *Décis. du min. des fin. du 15 novembre* 1822, *art.* 1er.

Il sera fait usage de l'essai au touchau à l'égard de tous les menus bijoux d'or dénommés en la nomenclature annexée à cette décision, et de ceux analogues, dont la fragilité ou l'agencement des ornemens ne permet pas d'en enlever la faible portion de matière nécessaire pour procéder à un essai plus positif. *Ibid.,* art. 2.

Tous les ouvrages provenant de ventes publiques du mont-de-piété de Paris, seront essayés au touchau ; le prix de chaque essai sera payé à raison de 9 centimes

---

(1) Cette décision se trouve conforme aux dispositions de l'art. 2 d'une déclaration du mois de juillet 1777, en ce qui concerne la quotité du poids pour chaque essai à la coupelle. Ainsi, au lieu du paiement en espèces, les gardes-orfèvres *prélevaient un gros pour huit marcs d'ouvrages d'argent, et dix-huit grains pour quatre onces d'or.* L'art. 3 de cette déclaration fixait aussi le prix de l'essai de chaque boîte de montre.

pour l'or, conformément à la loi. Ces ouvrages seront empreints des marques de garantie en cours de service, sauf à marquer du poinçon étranger ceux dont le titre aura paru trop faible, ou qui seront reconnus pour être de fabrique étrangère. *Ibid., art.* 3.

Seront également essayés au touchau, à Paris et dans les départemens, pour être marqués des poinçons français ou étrangers, suivant l'exigence des cas, les ouvrages d'or et d'argent (1) provenant des ventes publiques faites après décès par les commissaires-priseurs, lors toutefois qu'il sera constaté, au procès-verbal de vente, que lesdits ouvrages ont été adjugés à l'un ou à plusieurs des héritiers appelés aux successions ouvertes après décès. *Ibid., art.* 4.

Si l'adjudication de l'un ou de plusieurs de ces ouvrages, trouvés trop faibles de titre dans l'essai au touchau, se croit lésé par l'application qui en sera faite du poinçon étranger, il pourra exiger qu'il en soit fait un autre essai à la coupelle, à la charge par lui de payer le prix de cet essai, suivant le taux fixé par la loi. *Ibid., art.* 5.

---

(1) Les art. 62, 63 et 64 de la loi du 19 brumaire an 6 ont fixé le prix de chaque essai; mais cette loi ne parle pas du droit à percevoir pour les essais des menus ouvrages d'argent qui ne se font qu'à la pierre de touche. L'administration des monnaies, consultée à cet égard, a résolu la question en ces termes : « On ne peut prétendre, pour les essais au touchau, qui n'occasionnent aucun frais, dit-elle, qu'une indemnité qui, évaluée dans la proportion des droits accordés pour l'essai au *touchau* des pièces d'or, donne neuf centimes par kilogrammes des menus ouvrages d'argent, à raison de la différence de la valeur intrinsèque de la matière. » *Lettre du 27 janvier* 1807.

Quant au prix de l'essai pour les ouvrages d'argent venant du mont-de-piété, *voyez* Liv. IV, Chap. II, tit. I.

NOMENCLATURE

*Des bijoux d'or à essayer par le procédé du touchau,
imprimée à la suite de la décision ministérielle du
4 octobre 1822.*

Agrafes de toutes sortes;

Alliances à deux et trois branches, à globe et autres;

Anneaux de doigts ou brisés de toute espèce, soit creux, soit pleins;

Bagues unies à chatons, à la chevalière; autres avec entourage de feuillage or et de couleur, canetille, filigrane, etc.;

Barrettes; bouchons de flacons, toutes formes;

Boucles d'oreille simples, ou entourées d'ornemens, rondes ou à briquets, soit pleines, soit creuses, avec ou sans pendeloques;

Boucles de ceinture, de bracelets, de chapeau, de cou, etc., unies ou garnies de pierres ou composées avec des ornemens en or de couleur, en filigrane ou canetille;

Boutons de cou, de manches, de chemise, de gilet, à l'espagnole et de toute espèce;

Bracelets de toutes sortes, ainsi que leurs chaînes et chaînettes de formes diverses;

Breloques tout or, à fruit, à graine, à pierre, en camée, en composition et de tout genre;

Brosses à dents, à ongles et autres;

Cachets de chaînes, de bureau, unis ou à ornemens, pleins ou creux, fixes ou tournans;

Cadenas unis, ciselés, émaillés, à ornemens de toutes sortes;

Chaînes de montres, de cou, de sûreté, de fantaisie;

Ciseaux à branches d'or pleines ou creuses;

Claviers;

Clefs de montres, tout or ou à monture en corps étrangers, de toute espèce;

Cœurs à suspendre au cou;

Colliers, quels que soient leur forme et leurs accessoires;

Coulans et busettes, gros ou petits;

Croix de cou, pleines ou creuses, de toutes sortes;

Cure-dents ou cure-oreilles;

Dés à coudre, bord uni, gravé, émaillé, etc.;

Epingles unies, à ornemens, à tête pleine ou creuse, à comètes fixes ou à charnière;

Etuis de nécessaires et autres petits;

Galeries de peignes et de tous leurs accessoires;

Garnitures de toutes sortes pour éventails, porte-feuilles, lunettes, petits nécessaires, et pour autres ouvrages de fantaisie en nacre, cristaux, écaille, ivoire, bois des Indes, etc.;

Jaserons de tout calibre;

Lorgnons et binocles en coquilles unies ou garnies de pierreries, à ornemens en or de couleur, etc.;

Médailles de piété et autres, avec anneau de suspension;

Ouvrages (tous) *dits* de fantaisie, isolés ou unis, en faisceau, pour breloques, tels que poissons, lanternes, cors-de-chasse, instrumens aratoires, et divers autres représentant des objets qui servent à différens usages;

Passe-lacets;

Pendeloques de sac, de bourse, de schals, toutes sortes;

Plaques de ceinture, de bandeau, etc.;

Plumes;

Porte-crayons;

Viroles de cachets, d'étuis, de couteaux, et autres instrumens;

Et généralement tous bijoux simples ou composés, dont la délicatesse ou la forme ne permet point de faire des prises d'essai sans détérioration, ou qui ne peuvent être marqués des gros poinçons garantissant un titre positif.

Suivant l'art. 1er de la décision ministérielle du 15 novembre, les essais à la coupelle doivent continuer d'avoir lieu pour les montres et pour tous les autres ouvrages d'or et d'argent susceptibles de cette épreuve, et qui ne sont pas compris dans la nomenclature ci-dessus; mais, pour établir dans le mode de perception des droits d'essai dus aux essayeurs une règle fixe, et pour prévenir les difficultés qui s'élèveraient entre les essayeurs et les redevables, il est arrêté que les essayeurs doivent percevoir pour leur essai le droit fixe:

1° De 3 francs, à raison de chaque quotité de 120 grammes d'or, lorsque les ouvrages sont contenus dans un même sac, comme provenant de la même fonte (1);

2° De 80 centimes par essai fait à raison de 2 kilogrammes d'argent pour les ouvrages contenus dans un même sac, comme provenant de la même fonte.

Les prix ainsi fixés dans de justes proportions, pour les essais des ouvrages d'or et d'argent faits à la cou-

---

(1) L'art. 49 de la loi organique sur la garantie prescrit l'obligation de séparer les différentes fontes, et ne fait que rappeler à cet égard les dispositions d'un ancien règlement imprimé en 1734. «Les ouvrages provenant des différentes fontes, y est-il dit, doivent être envoyés à la contre-marque, dans des sacs séparés, afin qu'il en soit fait essai séparément, et ne peuvent être confondus, à peine de confiscation desdits ouvrages, en cas qu'il s'en trouve de divers titres, hors les remèdes, et d'amende contre le maître.»

pelle, doivent, aux termes de la décision du 15 novembre, être perçus sur une pièce d'ouvrages d'or ou d'argent, ou sur plusieurs provenant de la même fonte, quand même le poids de ces ouvrages serait inférieur aux poids déterminés ci-dessus. *Circ. de l'adm. des mon. du 26 décembre 1822.*

Lorsque le poids des ouvrages d'or ou d'argent essayés à la coupelle, présentés dans un même sac, comme provenant de la même fonte, dépassera, pour l'or, chaque quotité de 120 grammes de poids, et, pour l'argent, chaque quotité de 2 kilogrammes de poids, l'essayeur pourra exiger, pour cet excédant qui demande un essai particulier, un droit qui lui est légitimement dû. Mais pour les essais d'un lingot, quel que soit son poids, ou d'une pièce unique de bijouterie, d'orfévrerie ou autre, qui excéderait, pour l'or, le poids de 120 ou 240 grammes et plus, et, pour l'argent, le poids de 2, 4 ou 6 kilogrammes et plus, l'essayeur n'ayant qu'un seul essai à faire pour en déterminer le titre, ne doit percevoir qu'un seul droit d'essai, au prix fixé par la loi et rappelé ci-dessus ; mais il doit se faire représenter en outre, pour les essayer séparément, les pièces accessoires d'appliques ou ornemens de la pièce principale ; et, pour ces pièces accessoires, si elles sont d'une même fonte, il doit être payé un seul droit d'essai, si le poids s'élève et ne dépasse pas 2 kilogrammes d'argent, ou 120 grammes d'or, et un prix proportionnel, dans le cas où ces pièces excéderaient ces poids. *Même circulaire.*

Dans le cas où l'on présenterait à l'essai, ensemble ou séparément, des ouvrages moulés, estampés et forgés, d'un poids moindre ou plus élevé, l'essayeur doit faire, de chaque genre différent, de ces pièces réunies dans un même sac, des essais particuliers, suivant les règles posées ci-dessus, et peut exiger autant de droit d'essai qu'il a fait et dû faire d'opérations distinctes, et qu'il a trouvé, surtout, pour résultat, des titres différens dans le nombre des pièces soumises à sa vérification. *Ibid.*

En général, quand on présente à l'essai, dans un seul sac, des ouvrages que l'on déclare provenir de la même fonte, l'essayeur peut non seulement faire un double essai, mais il doit surtout avoir la précaution de couper ou gratter également sur toutes les pièces pour former les prises d'essai, de manière cependant à ne pas détériorer l'ouvrage, afin de s'assurer si les pièces sont réellement d'une même fonte et d'un même titre; s'il trouve les ouvrages à des titres inférieurs à ceux que la loi détermine, ou à des titres différens comparativement à d'autres pièces semblables ou dissemblables contenues dans le même sac, il peut, mais sur la demande du propriétaire seulement, renouveler, sur les pièces relativement auxquelles il y a difficulté, l'opération de l'essai à la coupelle, et se faire payer un double prix d'essai, suivant le vœu de l'art. 57; mais, en cas de contestation, l'essayeur doit, en conformité des dispositions prescrites par les art. 58 et 59, envoyer, sous son cachet et celui du propriétaire, à l'administration des monnaies, les pièces qui donnent lieu à contestation, pour en faire vérifier le titre. *Ibid.*

L'essayeur ne doit passer à la marque que les ouvrages qu'il a reconnus au titre légal par le résultat des essais faits à la coupelle, et briser ceux qu'il trouverait à un titre inférieur, ainsi que le prescrivent les art. 53, 54, 55, 56 et 57 de la loi de brumaire an 6.

Quant aux menus ouvrages, ils sont en général soumis à l'essai au touchau seulement; mais les essayeurs n'étant pas tous d'accord sur l'espèce de pièces qui pouvaient y être assujetties, son excellence a rendu la règle uniforme, par ses décisions des 4 octobre et 15 novembre, 1822, déjà citées. Les essayeurs ne peuvent donc exiger, pour le prix de l'essai au touchau, de plus forte somme qu'à raison de 9 centimes par décagramme d'or, ainsi qu'il a été fixé par la loi (1).

Les mesures ordonnées par ces décisions ministérielles n'apportent, comme on vient de le voir, que de faibles modifications au mode d'exécution de la loi. Les essayeurs principalement y trouvent tracées les règles de leurs fonctions et de leurs devoirs; car il est de l'intérêt du public qu'il soit fait des vérifications très-scrupuleuses des menus ouvrages, en les essayant au touchau et en prenant le moyen de l'essai à la coupelle pour toutes les pièces qui doivent être marquées du poinçon indicatif d'un titre réel et effectif sur le résultat de cette opération.

Toutes les lois relatives aux essais des ouvrages d'orfèvrerie consacrent le même principe; et l'on sait que, dès l'origine, tous les orfèvres du royaume furent obligés d'essayer les ouvrages d'argent à la coupelle *et non autrement*. Cette mesure fut prescrite à l'égard des ouvrages d'or, par un édit de François Ier, à la date

(1) Tout préposé qui se permettrait d'exiger des redevables au-delà des droits légitimement dus et constatés par les formes prescrites par les lois, peut être réputé concussionnaire, et, comme tel, poursuivi extraordinairement. Suivant l'art. 174 du code pénal, les coupables de pareils délits sont condamnés, indépendamment de la réclusion, à une amende dont le *maximum* est le quart des restitutions et des dommages-intérêts, et le *minimum* le douzième.

du 1ᵉʳ septembre 1543, et modifiée ensuite par le second article de la déclaration du 23 novembre 1721, lequel porte : « Et quant aux ouvrages d'or qui ne pourront souffrir les essais à la coupelle et à l'eau forte, ils seront essayés aux touchaux. »

~~~~~~

CHAPITRE V.

De la Comptabilité relative à la Garantie.

Tout ce qui concerne la proposition et le règlement des dépenses, ainsi que la perception du droit, est dans les attributions de l'administration des contributions indirectes. *Ord. du 5 mai 1820, art. 9.*

TITRE PREMIER.

Frais divers.

Section Iʳᵉ. *Frais de bureau et de loyer.*

Les frais de bureau, qui seront alloués à quelques-uns des contrôleurs de la garantie, seront payables par trimestre. *Circ. du 21 juillet 1823, n° 8, droits divers.*

Les frais de loyer des bureaux de garantie, dans les localités où il en est accordé, seront réunis ceux qui sont alloués pour le service général aux directeurs ou receveurs qui fournissent le local ; dans les résidences où il y a des bureaux particuliers, les directeurs seuls sont chargés d'en acquitter le prix, et ce prix sera ajouté aux frais de loyer qui leur sont déjà alloués. *Lettre commune de la régie du 16 décembre 1820.*

SECTION II. *Frais de tournée et ports de lettres.*

Les états de frais de tournée des contrôleurs et des essayeurs, devant toujours être appuyés des certificats des autorités locales qui auront assisté les employés dans leurs visites (1), ces certificats indiqueront, en mètres, la distance parcourue par les employés, et il sera fait mention du point de départ et de celui où le contrôleur doit se rendre. *Circ. du 16 avril 1823, n° 2, droits divers.*

Les retours à la résidence doivent être portés en ligne sur ces états, comme les autres tournées, en sorte qu'il n'y ait pas de tournée double, et que l'addition des distances parcourues soit en accord parfait avec la somme de frais (2). Les états dont il s'agit doivent être dressés d'après le modèle joint à la circulaire du 21 juillet 1823, n° 8, droits divers. Conformément à cette circulaire et celle du 16 avril précitée, les états de frais de ports de lettres des contrôleurs de la garantie, et ceux des frais de tournée de ces préposés, seront adressés *tous les trois mois* à M. le directeur général. Les premiers devront toujours être appuyés de la quittance du directeur des postes, indiquer les noms et qualités des correspondans, et sommairement l'objet des lettres, pour que l'administration puisse juger si elles se rapportent au service de la ga-

---

(1) Quant aux fonctionnaires qui réclameraient le paiement des vacations, ils doivent en faire la demande avant le terme prescrit pour la transmission des états de frais; passé ce délai, ils seraient censés y avoir renoncé. *Circulaire de la régie du 28 mars 1824.*

(2) Une décision du ministre des finances, à la date du mois de juillet 1811, a porté cette indemnité à un franc par lieue de 4,444 mètres.

rantie. Ils seront certifiés par le contrôleur, et visés par le directeur.

SECTION III.—*Réparation et autres dépenses d'achat ou fournitures.*

Aucune dépense d'achat ou de réparation, concernant le service de la garantie, ne peut être faite sans que le conseil en ait préalablement autorisé l'exécution; et, conformément à une circulaire de l'administration des monnaies, en date du 20 août 1814, dont la régie a confirmé les dispositions, tout mémoire d'ouvrages et de réparations sera réglé par l'ingénieur du département, ou par l'architecte de la préfecture, de la sous-préfecture ou de la municipalité. Les états de ces frais, comme ceux de toute autre dépense relative à la garantie, seront toujours envoyés en double expédition. *Circulaire du 16 avril 1823, n° 2.*

SECTION IV.—*Frais de vacation des commissaires de police.*

Les frais de vacation des commissaires de police des différentes villes du royaume, requis d'assister les employés de la garantie dans l'exercice de leurs fonctions chez les fabricans et marchands d'ouvrages d'or et d'argent, seront réglés de manière uniforme, à raison de 3 francs pour la première vacation de trois heures et au-dessous, et de 1 franc par heure pour le temps employé au-delà de trois heures. Cette disposition n'est pas applicable à la ville de Paris, où les choses, sous ce rapport, restent dans l'état actuel. *Décision du ministre des finances du 23 avril 1823.*

Toutes les fois qu'un procès-verbal de contravention sera rapporté, l'indemnité accordée à l'officier public qui aura accompagné les préposés saisissans, devra figurer sur l'état des frais remis au receveur par l'employé qui en aura fait l'avance provisoire, ainsi que cela se pratique. Celui-ci aura soin d'y joindre la quittance motivée de l'officier public, laquelle devra être visée par le directeur d'arrondissement, qui certifiera, sous sa responsabilité personnelle, que le paiement de la somme y indiquée a été effectuée. *Circulaire du 15 mai 1825.*

L'état général qui doit être fourni à cet effet, pour chaque trimestre, devra être le relevé de celui dont le modèle est indiqué par la circulaire du 28 mars 1824, n° 12, et les directeurs auront soin d'y certifier que dans le cours des vacations qui y sont comprises, il n'y a pas eu de procès-verbal de contravention. Il est, au reste, bien entendu que le paiement des frais de vacation ne doit avoir lieu qu'après qu'il aura été autorisé par l'administration, et qu'alors seulement la dépense qui en résulte doit être portée au bordereau.

En conséquence, lorsque dans le cours des visites faites chez les orfèvres, horlogers, etc., il aura été opéré quelque saisie d'ouvrage d'or ou d'argent, les employés ne comprendront, dans leur état de trimestre, que les vacations dont le paiement pourra être autorisé. Cet état doit indiquer, 1° la date des visites; 2° l'heure précise à laquelle les visites ont commencé et ont été terminées; 3° les noms et qualités des officiers publics; 4° les noms et grades des préposés; 5° les noms et professions des assujettis visités; 6° enfin les signatures de l'officier public et des préposés.

Lorsque la durée des visites a présenté des fractions d'heure, il n'est point conforme à la décision ministérielle précitée, de porter un franc de plus pour les frais à allouer, à moins qu'il n'y eût une heure de plus de travail. *Circ. du 24 mars 1824, n° 12.*

Le contrôleur visera les états de recettes et dépenses de bureau. *Loi du 19 brumaire an 6, art. 70.*

En général les états de recettes et dépenses à autoriser par la régie pour chaque trimestre, doivent lui parvenir dans le courant de la première quinzaine du mois suivant, accompagnés des états et observations propres à lui en faire connaître l'utilité.

TITRE II.

Vente des objets saisis et confisqués.

Si la saisie est jugée bonne, et qu'il n'y ait pas d'appel dans la huitaine de la signification, le neuvième jour le préposé du bureau indiquera la vente des objets confisqués, par une affiche signée de lui, et apposée tant à la porte de la maison commune qu'à celle de l'auditoire du juge de paix, et procédera à la vente publique cinq jours après. *Décret du 1er germinal an 13, art. 33 (1).*

La vente des ouvrages d'or et d'argent confisqués ne doit avoir lieu qu'après l'essai de chaque pièce. Celles qui sont au titre, sont marquées après acquit du droit de garantie, qui se prélève sur le prix de la vente; mais pour les pièces qui ne sont pas au titre, on les brise, on les fait fondre en lingots que l'on fait essayer, et que l'essayeur marque de son poinçon avec indication du titre,

(1) L'affiche indiquant la vente doit être faite sur papier timbré, aux termes de l'art. 65 de la loi du 26 avril 1816, qui assujettit à la formalité du timbre toutes les affiches, *quel qu'en soit l'objet* ; le prix du timbre est de *dix centimes* pour les feuilles portant vingt-cinq décimètres carrés de superficie, et de *cinq centimes* pour la demi-feuille. *Mêm es loi et article.*

sans droit de garantie pour la matière qui doit être vendue à l'enchère. Tous les autres frais d'essai et de vente se déduisent sur le produit de l'adjudication, en conformité de l'art. 104 de la loi du 19 brumaire an 6 (1).

Les montres entières, les boîtes de montres et autres ouvrages d'horlogerie, dont la confiscation aura été ou sera prononcée, en exécution de l'ordonnance du 19 septembre 1821, ou comme étant marqués de faux poinçons, seront brisés; les mouvemens seront entièrement détruits; les débris des boîtes seront convertis en lingots, lesquels seront versés au change de l'hôtel des monnaies de Paris, et payés comptant aux agens de la régie des contributions indirectes, d'après leur titre et leur poids, conformément aux tarifs. *Décision du min. des fin. du 3 mai 1822.*

L'administration des contributions indirectes fera retirer, à cet effet, des greffes des tribunaux, les ouvrages d'horlogerie dont la confiscation aura été prononcée; ces ouvrages, avec extrait du jugement et du procès-verbal de saisie, en ce qui les concerne, seront

(1) Une ordonnance du 23 janvier 1821 porte, art. 1er, que les objets d'or et d'argent déposés dans les greffes des tribunaux, à l'occasion des procès civils ou criminels, terminés par jugement définitif, ou à l'égard desquels l'action est prescrite dans les divers tribunaux, cesseront d'être envoyés aux hôtels des monnaies, ainsi qu'il avait été réglé par la loi du 11 germinal an 4. Ces objets seront remis aux receveurs des domaines des départemens, pour être vendus aux enchères, comme les autres mobiliers de même origine. Conformément aux dispositions de l'art. 28 de la loi du 19 brumaire an 6, les receveurs des domaines devront, avant de faire procéder à la vente, faire vérifier par les bureaux de garantie si les ouvrages d'or et d'argent ont été fabriqués au titre prescrit par la loi, et ils paieront les droits par ceux qui ne les auraient pas acquittés avant le dépôt. *Même ordonnance, art. 2.*

6 *

envoyés à l'administration des monnaies à Paris, pour
y être brisés, fondus et détruits, conformément aux
dispositions ci-dessus, en présence du commissaire du
roi près la monnaie de cette ville, et du préposé délégué
par l'administration des contributions indirectes. *Ibid.*

Cette décision ministérielle a eu pour objet d'assurer
l'exécution des lois qui prohibent l'importation en
France des ouvrages d'horlogerie étrangère. Une autre
décision, à la date du 20 décembre 1822, maintient
les dispositions ci-dessus, et les rend applicables aux
objets d'horlogerie dont la confiscation aurait été prononcée par suite de saisies faites pour contravention
aux lois sur les douanes, par les préposés de l'administration chargée de leur exécution.

TITRE III.

Répartition du produit des objets saisis.

L'art. 104 de la loi du 19 brumaire an 6 n'autorise
la répartition, entre les employés, que d'un *dixième*
sur le montant de la confiscation des objets saisis, déduction faite des frais de vente; un pareil dixième est
prélevé pour l'indicateur. Le surplus, ainsi que les
amendes, sont versés dans la caisse du receveur de la
régie (1).

Les employés des contributions indirectes continueront à toucher, sur le produit de la confiscation des
matières d'or et d'argent, la part qui leur est allouée
par les réglemens. *Décis. du min. des fin. du 11 octobre 1822, art. 2.*

_____

(1) En matière d'*argue*, les employés ont un tiers, et l'indicateur
un autre tiers, tant sur les amendes que sur la confiscation. *Voyez* à
cet égard ce qui est dit Liv. IV, Chap. 1, tit. IV.

La retenue de 25 centimes par franc, qui s'opère au profit de la caisse des retraites sur le produit net des amendes et confiscation de la régie, s'effectuera également sur la part allouée aux saisissans dans le partage de la confiscation desdits objets, soit que les saisies aient été opérées par les employés de la garantie, seuls, ou concurremment avec ceux de la régie, soit qu'elles aient été faites par ces derniers. *Même décision, art. 3.*

Cette disposition sera appliquée à toutes les opérations qui auront lieu postérieurement à l'époque de la réception de cette décision, quelle que soit la date des saisies. *Ibid., art. 4.*

Dans le partage des saisies en matière de garantie, les contrôleurs ambulans, les contrôleurs de ville de la régie, et les contrôleurs de la garantie qui auront concouru à la saisie, auront *deux parts*, et les autres employés d'un grade inférieur à celui de contrôleur auront *une part*. Dans aucun cas, nul ne pourra être admis au partage du produit d'une saisie, s'il n'y a réellement copéré et s'il n'a signé le procès-verbal. — Le dixième dévolu aux indicateurs n'est passible d'aucune retenue au profit de la caisse des retraites. *Décis. du conseil d'admin., du 4 sept.* 1822.

Il faut qu'il y ait nécessairement un indicateur pour que le dixième qui lui est dévolu soit payé. Cet indicateur doit être connu du directeur de l'arrondissement; mais il suffit également qu'il se soit fait connaître au contrôleur de la garantie qui déclare avoir reçu ce dixième pour le compte de l'indicateur, et se charge de le lui remettre. Le ministre des finances l'a décidé ainsi, parce que la plupart des indicateurs ne veulent se faire connaître que du contrôleur. *Décis. du 15 nivôse an 13.*

TITRE II.

Traitement des employés de la garantie.

Les essayeurs n'auront d'autre rétribution que celle qui leur est allouée pour les frais de chaque essai d'or et d'argent. *Loi du 19 brumaire an 6, art. 42.*

Le prix d'un essai d'or, de doré et d'or tenant argent, est fixé à trois francs; et celui d'argent à quatre-vingts centimes. *Ibid., art. 62.*

Dans tous les cas. les cornets et boutons d'essai seront remis au propriétaire de la pièce. *Ibid., art. 62.*

L'essai des menus ouvrages d'or par la pierre de touche sera payé neuf centimes par décagramme (2 gros, 44 grains 1/2 environ) d'or. *Ibid., art. 64* (1).

Le ministre des finances accorde aux essayeurs des bureaux de garantie un traitement qui peut être porté jusqu'à la somme de 400 francs par an, lorsque le produit des essais faits pendant l'année ne s'est pas élevé à 600 francs, déduction faite des frais. *Loi du 13 germinal an 6, article 1er.*

L'article 43 de la loi du 19 brumaire an 6 avait fixé le traitement des contrôleurs et receveurs, lequel, depuis l'ordonnance du 5 mai 1820, est réglé administrativement par la régie.

Le traitement des inspecteurs de la garantie est alloué sur le budget de l'administration des monnaies. Il en est de même pour le traitement accordé aux chefs

---

(1) *Voyez* ce qui est dit à l'égard de l'essai au touchau des menus ouvrages d'argent, page 32, note 2, et pour les essais à la coupelle des ouvrages provenant de la même fonte, Liv. II, Chap. IV.

et commis employés à la correspondance de la garantie, qui avaient été payés jusqu'à présent par l'administration des contributions indirectes sur les produits de la garantie. *Ord. du 5 mai 1820, art. 7.*

Les appointemens des employés de la garantie, qui font partie des contributions indirectes, sont payés par le receveur principal à la fin de chaque mois, et compris dans les tableaux ordinaires d'émargemens, et la dépense en est cumulée avec celle de tous les autres employés du service général. *Lettre commune du 1ᵉʳ décembre 1820, comp. génér.*

L'ordonnance du 3 mai 1820, ayant placé les contrôleurs de garantie sous la direction immédiate de l'administration des contributions indirectes, ils sont assimilés aux autres employés, et la régie leur accorde les mêmes avantages; ils ont, en conséquence, droit aux taxations proportionnelles. *Circ. du 30 novembre 1824, n° 70, comp. génér.* (1).

Les taxations à payer seront acquises aux titulaires seuls des employés, proportionnellement à leurs temps d'exercice, et le paiement ne devra s'en effectuer que dans les directions auxquelles ces emplois auront appartenu. *Ibid., disp. génér.*

Les intérimaires n'auront droit qu'au complément et à la taxation de l'emploi dont ils auront été titulaires. Le complément et la taxation de l'emploi exercé par l'intérimaire seront attribués à la caisse des retraites ; seront pareillement attribués à la caisse des retraites,

—————————

(1) L'ordonnance du 12 janvier 1825 porte que le nouveau titulaire d'un emploi quelconque, dépendant d'une administration des finances, doit verser le montant du *premier mois* d'appointemens à la caisse des retraites, etc.

en conformité de l'article 60 de l'ordonnance du 6 septembre 1815, les mêmes portions d'émolumens dont doivent être privés les employés révoqués ou démissionnaires. *Ibid.*

Lorsqu'un employé tombe malade, il fait constater sa maladie par un certificat du médecin, et jouit pendant trois mois de la totalité de son traitement. Si la maladie se prolonge au-delà de ce terme, l'employé malade partage son traitement avec son intérimaire. Après six mois d'interruption de service pour cause de maladie, le malade est définitivement remplacé, sauf à le réintégrer dans son grade dès que la maladie aura cessé radicalement ; dans ce cas, son rang d'ancienneté lui est conservé. *Circ. n° 215, mouvement* (1).

TITRE V.

Pensions de retraite.

Depuis l'ordonnance du 5 mai 1820, les contrôleurs, les sous-contrôleurs et les commis aux exercices de la garantie, étant traités pour la liquidation de leur pension comme les employés de la régie, nous ferons connaître seulement les conditions prescrites pour avoir droit à la pension de retraite, parce qu'il n'entre pas dans le plan de cet ouvrage de traiter de la comptabilité générale.

Une nouvelle ordonnance du roi, en date du 12 janvier 1825, relative aux pensions de retraite, modifie celle du 4 novembre 1824. Elle porte, art. 1er, qu'à compter du 1er janvier 1825, la retenue sur les traitemens et remises sera de cinq pour cent.

Les employés des contributions indirectes pourront

(1) Cette disposition a été maintenue par un arrêté du ministre des finances, à la date du 9 novembre 1820, art. 6.

obtenir pension sur la caisse générale, lorsqu'ils auront soixante ans d'âge et trente ans accomplis de service, dont au moins vingt années au ministère des finances, ou dans l'administration. — Il suffira de vingt-cinq ans de service pour les employés du service actif. *Ordonnance précitée, art.* 6. (Parmi les employés désignés dans l'ordonnance sont compris ceux de la garantie.)

Pour déterminer la fixation de la pension, il sera fait une année moyenne du traitement fixe, dont les employés admis à pension auront joui pendant les quatre dernières années de leur activité. *Ibid., art.* 10.

La pension accordée après trente ans de service sera de la moitié du traitement fixe, comme il a été dit à l'art. précédent. Il en sera de même de la pension accordée après vingt-cinq années dans le service actif.

Après trente ans de service, ou après vingt-cinq ans de service actif donnant droit à la moitié du traitement moyen, la pension s'accroîtra d'un vingtième de cette moitié pour chaque année en sus. — En aucun cas elle ne pourra excéder, ni les trois quarts du traitement moyen, ni les maximum portés au tableau annexé à l'ordonnance. *Ibid., art.* 11,

La veuve d'un pensionnaire, ou celle d'un employé décédé dans l'exercice de ses fonctions, aura droit à la réversion du quart de la pension que son mari avait pu obtenir, ou dont il aurait joui lors seulement que celui-ci avait, au moment de sa mise en retraite ou de son décès, trente ans accomplis de service sédentaire ou vingt-cinq ans dans la partie active. *Ibid.; art.* 15.

La même ordonnance accorde aux orphelins, dans certains cas, une portion de la pension. Il sera donc nécessaire de consulter ses dispositions, avant de former une demande de pension de retraite.

LIVRE III.

Des poinçons, et de leur application sur les ouvrages d'or et d'argent.

CHAPITRE PREMIER.

Désignation des poinçons anciens et nouveaux.

LA connaissance des poinçons est nécessaire, non seulement aux employés chargés de surveiller la fabrication et la vente des ouvrages d'orfévrerie, mais encore aux personnes qui se livrent au commerce des métaux précieux, parce qu'il importe aux uns et aux autres de pouvoir distinguer les marques, et fixer, d'après leur titre, la valeur intrinsèque des ouvrages d'ancienne et de nouvelle fabrication (1). Nous donnerons en conséquence, dans ce chapitre, les tableaux des poinçons qui ont été mis en usage, soit par les communautés d'orfévres, sous l'ancien régime, soit depuis l'établissement des bureaux de garantie, jusqu'à nos jours (2).

---

(1) *Voyez* les Tarifs, Liv. IV, Chap. v.

(2) Les employés de la garantie étant chargés, en vertu d'une décision ministérielle du 31 juillet 1817 (voir Liv. II, Chap. iv), de faire la *distinction* des poinçons de l'ancienne régie, d'avec les marques étrangères, et celles en usage depuis la loi de brumaire an 6, l'auteur de ce traité a cru devoir former une collection complète de

TITRE PREMIER.

De l'origine des poinçons destinés à marquer les ouvrages d'orfévrerie.

Depuis l'origine du poinçon commun ou de contre-marque, les orfévres ont été assujettis à faire marquer leurs ouvrages pour la sûreté du public. C'est ce que prouvent les autorités suivantes.

« Voulons et ordonnons qu'en chaque ville où il y aura orfévre, ait un seing propre à seigner les ouvrages qui y seront faits, et sera gardé par deux prud-hommes establis et esleus à ce faire : et que un seing ne ressemble à l'autre, et qui sera trouvé faisant le contraire, il perdra l'argent, et sera puni de corps et d'avoir. » *Ordonnance générale de Philippe-le-Bel, du mois de juin* 1313, *art.* 30.

« Les orfévres seront tenus signer et marquer de leur poinçon et de leur contre-poinçon, baillé aux jurés-gardes, tous leurs ouvrages d'argent, avant qu'iceux exposer en vente. » *Edit de François I*er, *donné à Sainte-Menehould, le* 21 *septembre* 1543, *art.* 18.

---

tous ces poinçons, afin de mettre le vérificateur à portée d'apprécier la valeur des marques qui existent sur les ouvrages d'orfévrerie d'ancienne et de nouvelle fabrication. Ainsi, les pièces qui portent l'empreinte des poinçons fabriqués en exécution de la loi précitée, quoique revêtues de la dernière recense, ne seraient point en règle, si elles étaient *dépourvues* de la recense précédente. On trouve encore de ces pièces indûment recensées, et notamment dans les menus ouvrages, faute d'avoir distingué les marques de l'an 6 d'avec celles de 1809.

Parmi les poinçons des communautés d'orfévres, on en trouve une *vingtaine* portant la même figure que ceux du service courant. Il y a aussi la *tête de bœuf* et *l'écrevisse*, destinées maintenant à garantir les ouvrages d'horlogerie; mais la différence qui existe entre ces poinçons anciens et les nouveaux, se distingue aisément dans les planches qui ont été classées par ordre de date.

« Les orfévres ne feront et acheteront en perfection des besognes d'or et d'argent, avant que de les
faire contre-marquer; ainsi seront tenus, dès qu'ils les
auront forgées et donné leur première forme, les porter
toutes brutes à la marque. » *Edit d'Henri III, rendu
à Poitiers, au mois de septembre* 1577.

«Défendons aux jurés et gardes d'appliquer leur poinçon sur aucun ouvrage, qu'en présence du fermier de
nos droits, à peine de tous dépens et dommages-intérêts. » *Ordonnance de Louis XIV, du 22 juillet* 1681,
titre des droits de marque sur l'or et l'argent, art. 4.

Les mêmes dispositions furent maintenues sous les
règnes de Louis XV et de Louis XVI; mais ensuite
les poinçons de la marque d'or se trouvèrent sans emploi entre les mains des fonctionnaires, qui se virent
forcés, par les circonstances, et même par l'émigration
de plusieurs d'entre eux, d'abandonner le service, et
de laisser aux orfévres la liberté de travailler à toute
sorte de titre. Ce motif détermina la fabrication de
nouveaux poinçons qui furent mis en usage en 1797,
et renouvelés en 1809. Les événemens politiques, qui
eurent lieu dans la suite, ayant été la cause de la dis-
parition de quelques poinçons de titre et de garantie,
l'administration en a fait fabriquer d'autres, en exécution de l'ordonnance royale du 22 octobre 1817, lesquels sont en usage depuis le 16 août 1819, jour de l'ouverture de la dernière recense générale. Il y a aussi des
poinçons spéciaux pour l'horlogerie, fabriqués en exécution de l'ordonnance du 19 septembre 1821. On trouvera le *dessin* lithographié de tous ces poinçons dans
les tableaux suivans (1).

_____

(1) On remarquera, dans les 1re et 2e planches, que le nom de la
communauté est placé *au-dessous* de chaque type.

Suite du Tableau des Poinçons des Communautés d'Orfèvres

Péronne	Reims	Rodez	St Germain	Senlis		Troyes	
Poitiers	Rennes	Rouen	St Jean d'Angely	St Omer	Sens	Toul	Charges	Versailles
Pontoise	Rethel	Seez	St Lô	St Quentin	Sens	Toulon	Valenciennes	
Provins	Riez	Saintes	St Malo	Satins	Poissons	Toulouse		Vitry
Pau	Riom	St Esprit	St Thibaut	Saumur	Strasbourg			
Quimper	Rochefort	St Flour	St Martin					

Les Communautés dont le Type est précédé d'une Etoile sont celles qui ont été affilié au titre de Paris.

Indépendamment du Poinçon de la Maison commune où les Ouvrages étaient essayés et de celui du fabricant on apposait sur chaque pièce qui pouvait le supporter, les poinçons de charge & de décharge du Fermier en exercice. L'empreinte variait dans chaque Département et à chaque ... Il suffira de nommer les types des poinçons des Villes principales, où la perception des droits et contrôle et de la marque avait lieu.

Poinçons ... l'abolition de ... des Impôts indirects qui eut lieu en 1791.

Généralités	Chargés		Déchargés		Poinçons généraux	
	Gros ouvrages d'argent	Ouvrages de ... menus ouvrages	Gros ouvrages d'argent	Ouvrages ... menus ouvrages	Destinations et	Types
Paris					Lingots de tirage	
Lyon					Ouvrages venant de l'Etranger	
Bordeaux					Ouvrages vieux	
Rouen					Très petits Ouvrages	

R.

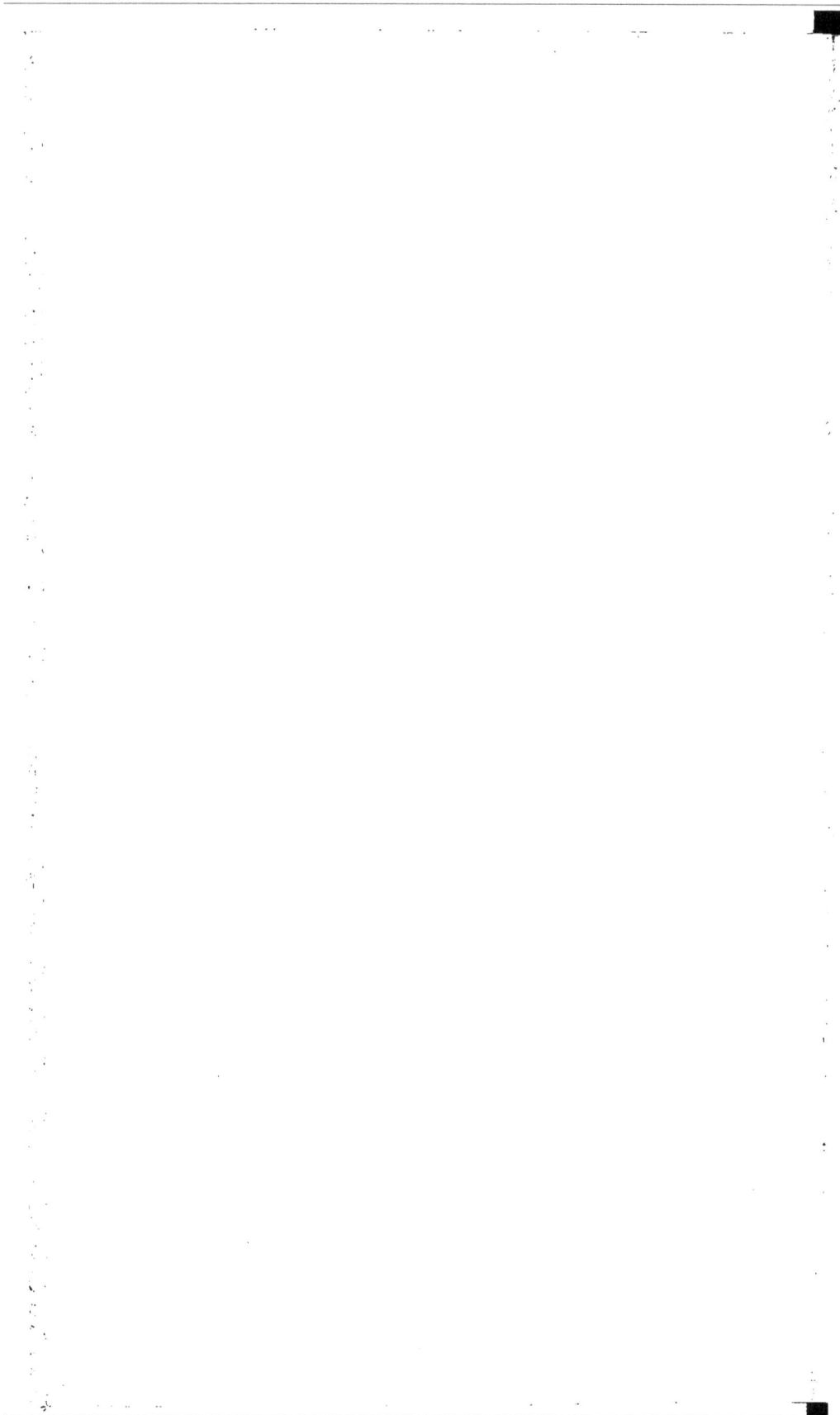

Tableau des Poinçons fabriqués en exécution de la loi du 19 brumaire an VI en remplacement de ceux des Communautés d'Orfèvres, et de la Régie des titres.

Distinctions		Paris	Départemens	Distinctions		Paris	Départemens
Titres de l'Or	1.er			Étrangers	Gros		
	2.e				Petits		
	3.e			Hazard	"		
Titres de l'Argent	1.er			Horlogerie de Besançon	Grosse		
	2.e				Petite		
Petite garantie Garantie de 18 garantie	Grosse		avec la lettre du Dép.t	Comptes offices	Or		
	Moyenne		avec la lettre du Dép.t		Argent		
	Or			Argues	"		
	Argent						
Reconnes	Grosse						
	Petite						

Nota. L'usage de ces Poinçons excepté ceux de l'affinage et de ... a cessé le 1.er Septembre ... ont été remplacés par ceux ... Tableau suivant.

R.

No. IV.

TABLEAU des Poinçons fabriqués en exécution du Décret du 11e Prairial an XI. (31 Mai 1803).

Distinctions		Paris	Départemens	Distinctions		Paris	Départemens
Titres de l'Or	1er			Garantie de l'argent.	Grosse		
	2e				Moyenne		
	3e				Petite		
Titres de l'argent	1er			Recense	Grosse		
	2e				Moyenne		
					Petite		
Garantie de l'Or	Grosse			Étranger	Gros		
	Petite				Petit		
	Petite						

À cette époque il y avait deux petites garanties pr l'Or la première dité avec garniture et l'autre sans garniture

Nota. — L'usage de ces Poinçons a cessé le 16 Août 1819. Le même jour, ils ont été remplacés par ceux de titre et de garantie figurés dans les tableaux Suivants.

Les Poinçons de l'argue et de l'affinage n'ont pas été renouvelés.

R.

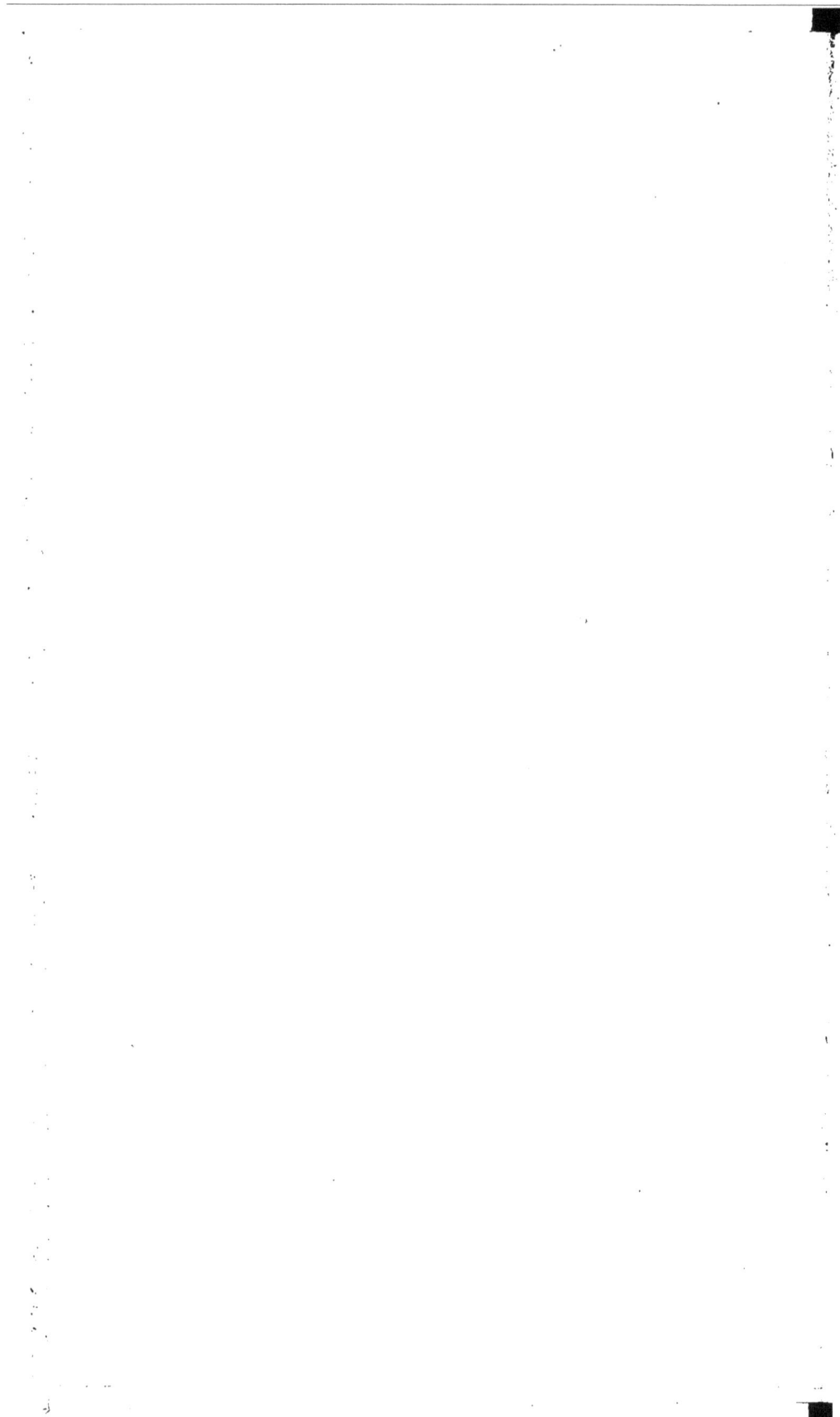

N°. V.

TABLEAU des Poinçons Fabriqués en exécution de l'Ordonnance Royale du 22 8bre 1817.

Distinctions	Paris	Départemens	Distinction	Paris	Départemens
Titre de l'Or — 1er			**Garantie d'argent** — Grosse		
2e			Moyenne		Néant pour les Départemens
3e			Petite		Voir les Poinçons Divisionnaires
Titre de l'Argent — 1er			**Recense** — Grosse		
2e			Petite		Voir les Poinçons Divisionnaires
Garantie d'Or — Grosse			**Étranger** — Gros		
Petite		Voir les Poinçons Divisionnaires	Petit		

Remarques.

1°. Dans la figure des gros poinçons de garantie pour l'Or et pour l'Argent et de Recense est gravé le numéro du Département, ainsi que le poste & État des bureaux de garantie.

2°. Le Chiffre indicatif de chaque titre est gravé dans la figure des poinçons qui servent à titrer les ouvrages d'Or et d'Argent.

R.

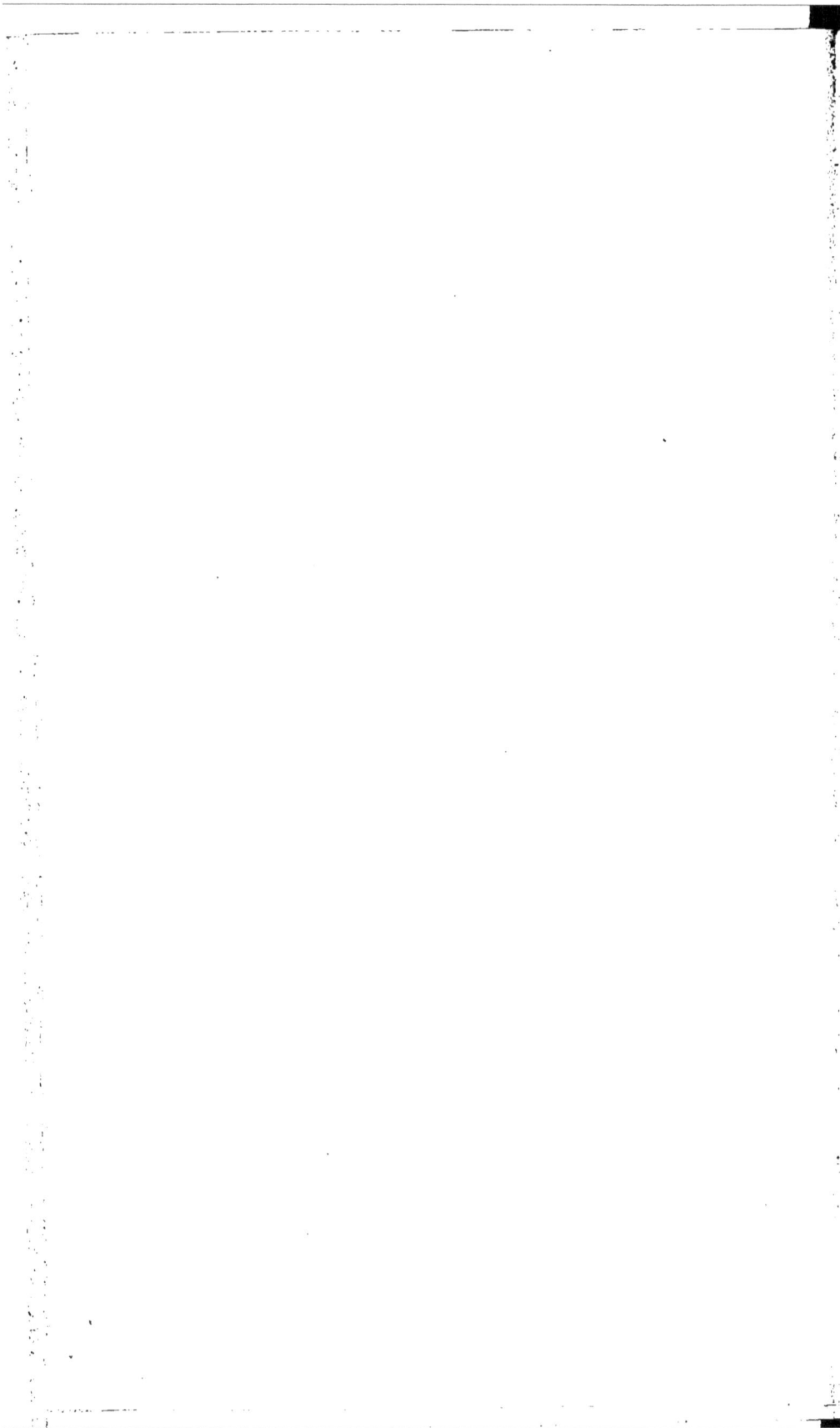

Tableau ...

1						
2						
3						
4						
5						
6		Lyre				
7						
8						
9						

R.

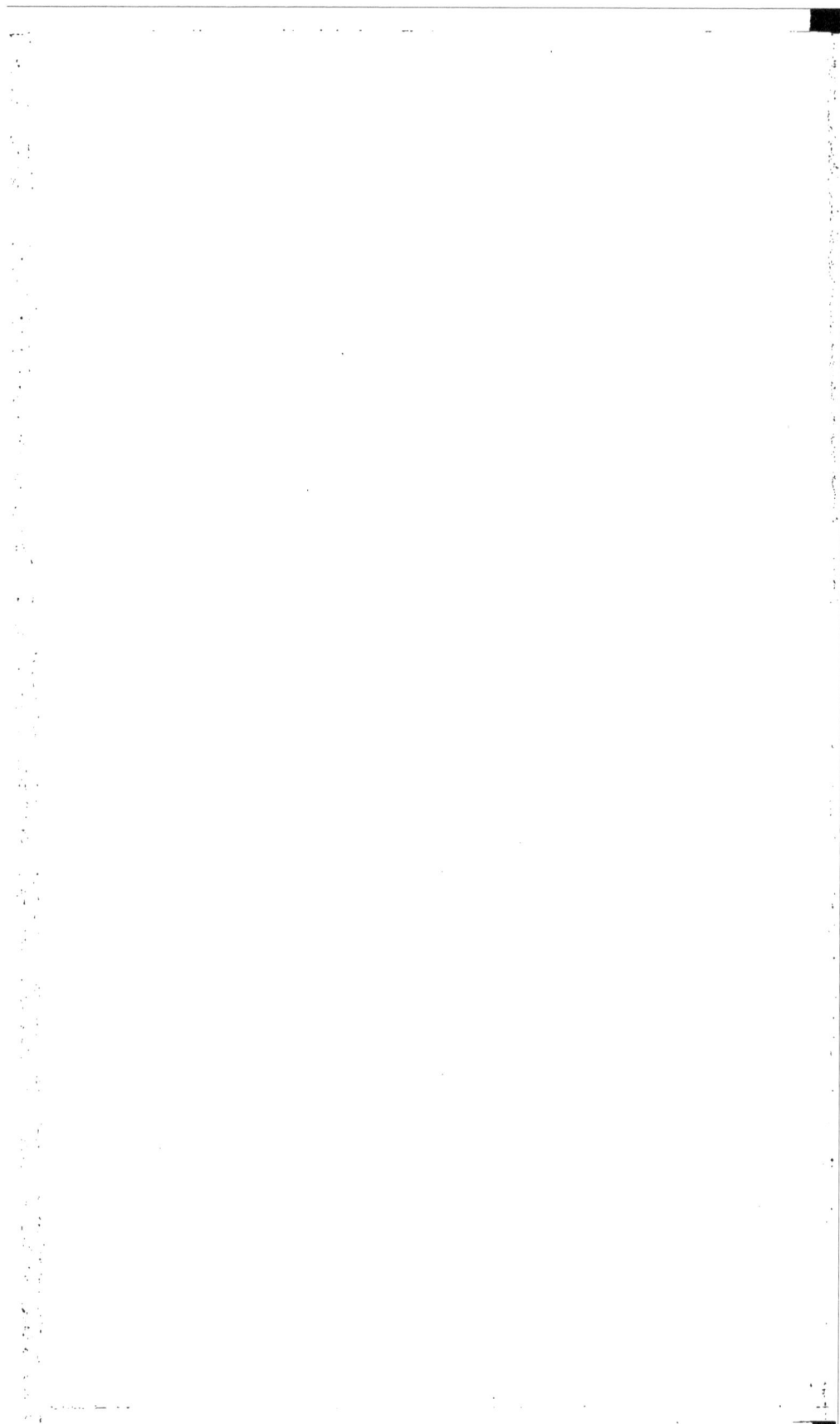

Pl. VII.

Tableau des signes qui couvrent la surface des Poinçons Bigornes et de Contre-marque fabriqués en exécution de l'Ordonnance du 1er Juillet 1818.

Grosse Contre-marque			Petite Contre-marque		
Destination	Dénomination	Types	Destination	Dénomination	Types
p.^r Paris et les Départem.^s	Nature		p.^r Paris et les Départem.^s	Fondant	
idem	Campagne		p.^r Paris seulement	idem	
idem	Bosquet		idem	idem	
idem	Criquet		pour les Départem.^s	idem	
idem	Roseleau		idem	idem	
idem	Fleuve		p.^r Paris et les Départem.^s	Fond hachuré	
Pièces pour la grosse Bigorne			idem	Fond Or	
idem	Tête de Nègre		idem	Fond Sablé	
idem	Tête de Bélier		idem	Fond ...	

R.

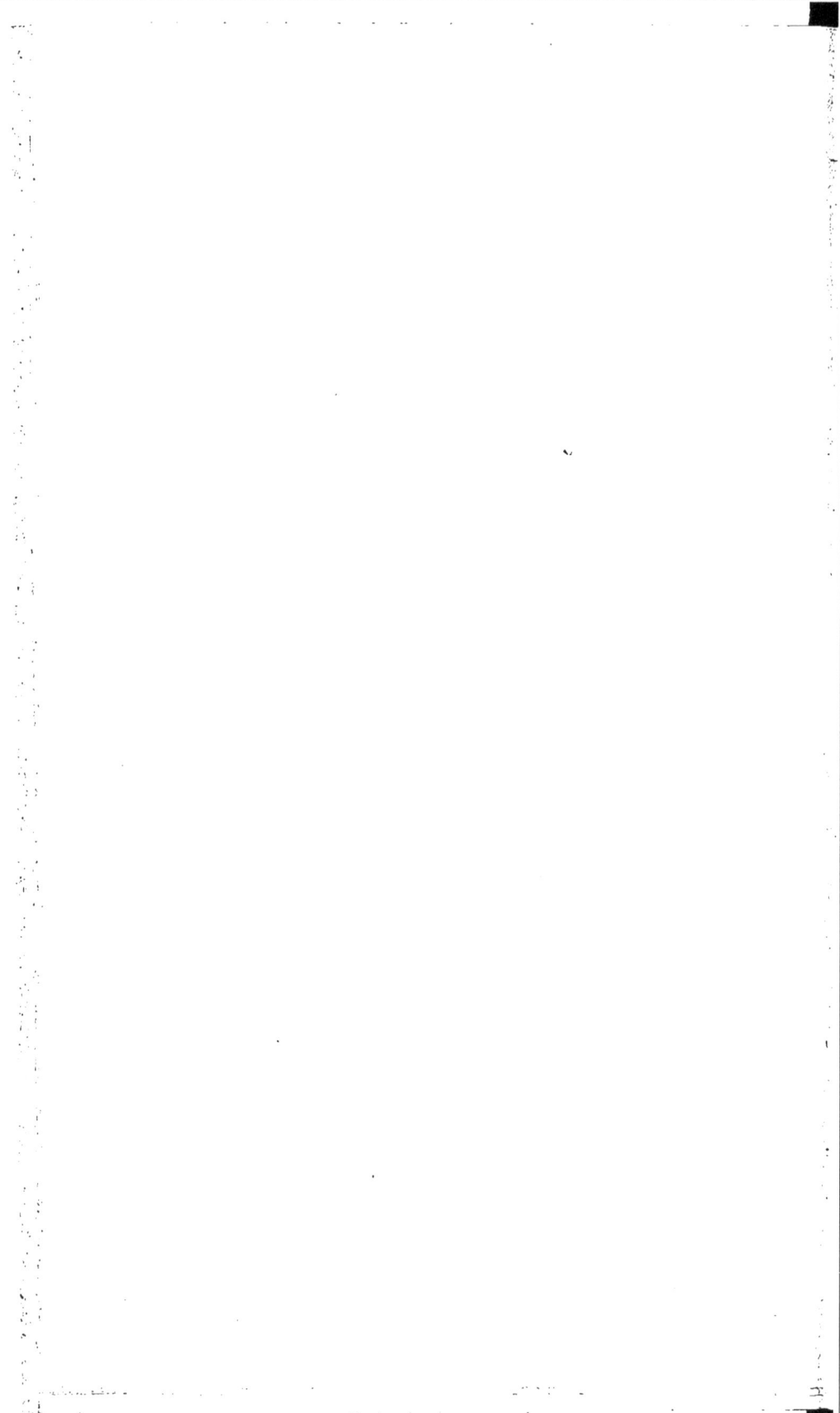

Tenaille à présenter pour faciliter la marque des Laserons

Pointes de rechange

Observations

Cette Tenaille a été propo-
sée conivencment à un moyen
mécanique inventé en 1819
par le Soussigné. Il offre
également des pointes de
rencontre et à mesure, qui
ont donné l'idée des
Monnaimes Candides dont
on fait usage maintenant
au Bureau de garantie
de Paris; mais qui ne
peuvent en ce cas être la
raison nécessaire pour
marquer les Laserons.

Raiband

Remarques.

1°. La lettre P. appliquée aux
demandes de garantie de Paris.

2°. Les Départements et le numéro
qui est indiqué pour les autres.

Lith. du Ministère des Finances.

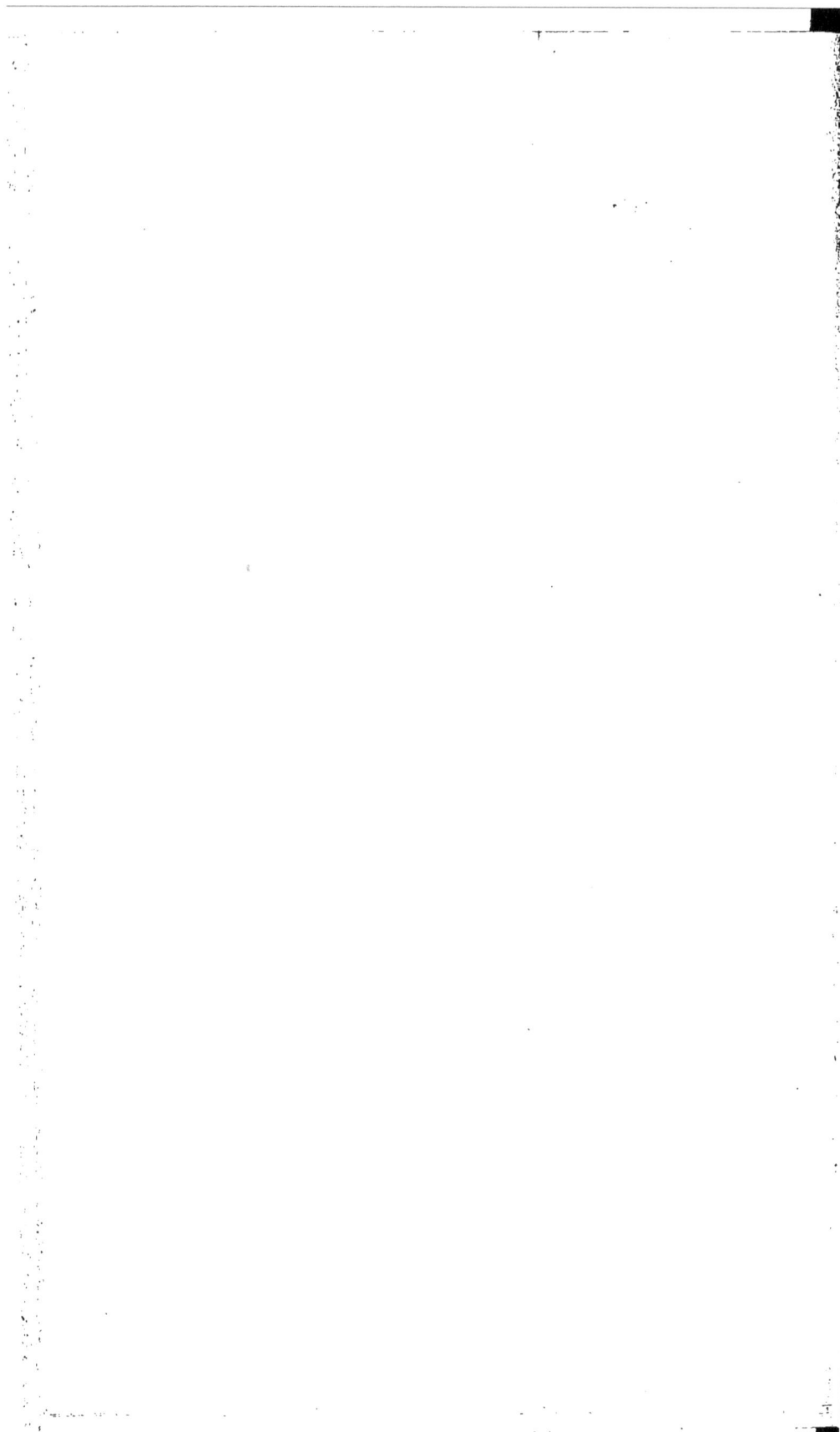

93

ETAT des bureaux de garantie de départemens, divisés en neuf régions, avec indication des signes caractéristiques qui distinguent les poinçons de garantie de chaque bureau.

DIVISIONS.		DÉPARTEMENS	BUREAUX.	SIGNES caractéristiques.	
				gros ouvrages.	petits ouvrages.
Ire	NORD.	Nord.	Lille	57	A
			Valenciennes	57*	C
			Dunkerque	57**	D
		Pas-de-Calais	Arras	60	E
			Saint-Omer	60*	H
		Somme	Amiens	75	J
		Aisne	Laon	2	M
		Seine-Inférieure	Rouen	75	S
			Le Havre	75*	N
		Oise	Beauvais	58	T
		Eure	Evreux	25	V
		Eure-et-Loir	Chartres	26	X
		Seine-et-Oise	Versailles	72	Y
		Seine-et-Marne	Melun	71	✸
IIe	NORD-EST.	Ardennes	Mézières	7	A
		Meuse	Verdun	55	C
			Bar-le-Duc	55*	D
		Moselle	Metz	55	E
		Rhin (Bas-)	Strasbourg	65	H
		Meurthe	Nanci	52	J
			Pont-à-Mousson	52*	M
			Lunéville	52**	S
		Vosges	Epinal	85	N
		Marne	Châlons	49	T
			Reims	49*	V
		Marne (Haute-)	Chaumont	50	X
			Langres	50*	Y
		Aube	Troyes	9	✸
IIIe	EST.	Rhin (Haut-)	Colmar	66	A
		Saône (Haute-)	Vesoul	68	C
		Doubs	Besançon	23	D
			Montbéliard	23*	E
		Jura	Lons-le-Saulnier	57	H
		Côte-d'Or	Dijon	19	J
		Saône-et-Loire	Mâcon	69	M
		Ain	Trévoux	1	S
		Isère	Grenoble	36	N
		Rhône	Lyon	67	T

DIVISIONS.	DÉPARTEMENS	BUREAUX.	SIGNES caractéristiques. GROS ouvrages.	PETITS ouvrages.
IVe — SUD-EST.	Var	Toulon	78	V
	Var	Grasse	78*	C
	Bes.-du-Rhône	Marseille	12	D
		Aix	12*	E
		Arles	12**	H
	Gard	Nimes	28	J
		Alais	28*	M
	Vaucluse	Avignon	79	8
	Alpes (Basses-)	Digne	4	N
	Alpes (Hautes-)	Gap	5	T
	Drôme	Valence	24	V
	Ardèche	Privas	6	X
	Loire (Haute-)	Le Puy	41	Y
	Loire	Saint-Etienne	40	✳
Ve — SUD.	Pyrénées-Orient.	Perpignan	64	A
	Aude	Carcassonne	10	C
	Hérault	Montpellier	52	D
	Tarn	Castres	76	E
	Aveiron	Rodès	11	H
	Lozère	Mendes	46	J
	Lot	Cahors	44	M
	Cantal	Aurillac	14	8
	Corrèze	Tulle	18	N
VIe — SUD-OUEST.	Ariége	Foix	8	A
	Garonne (Haute-)	Toulouse	29	C
	Pyrénées (Hautes-)	Tarbes	63	D
	Pyrénées (Basses-)	Pau	62	E
		Baïonne	62*	H
	Landes	Mont-de-Marsan	38	J
	Gers	Auch	50	M
	Tarn-et-Garonne	Montauban	77	8
	Lot-et-Garonne	Agen	45	N
	Gironde	Bordeaux	31	T
	Dordogne	Périgueux	22	V
VIIe — OUEST.	Charente	Angoulême	15	A
	Charente-Inférre	La Rochelle	16	C
		Saintes	16*	D
	Vienne (Haute-)	Limoges	82	E
	Vienne	Poitiers	81	H
	Vendée	Fontenai	80	J
	Deux-Sèvres	Niort	74	M
	Loire-Inférieure	Nantes	42	8
	Maine-et-Loire	Angers	47	N
	Indre-et-Loire	Tours	35	T
	Vienne	Châtellerault	»	✳

DIVISIONS.	DÉPARTEMENS.	BUREAUX.	SIGNES caractéristiques.	
			GROS ouvrages.	PETITS ouvrages.
VIIIe NORD-OUEST.	Finistère........	Brest.'..........	27	A
	Morbihan.......	Vannes.	54	C
	Côtes-du-Nord...	Saint-Brieux.....	20	D
	Ille-et-Vilaine... { Rennes..........		33	E
	Saint-Malo......		33*	H
	Mayenne........	Laval...........	51	J
	Sarthe.........	Le Mans........	70	M
	Orne.	Alençon.........	59	8
	Manche.,....... { Saint-Lô........		48	N
	Valognes........		48*	T
	Calvados........	Caen. ....,.	13	V
IXe CENTRE.	Puy-de-Dôme....	Clermont........	61	A
	Creuse.........	Guéret. ,.......	21	C
	Allier..........	Moulins........	5	D
	Indre..........	Châteauroux....	34	E
	Loir-et-Cher.....	Blois.	39	H
	Cher..........	Bourges........	17	J
	Nièvre.........	Nevers.........	56	M
	Yonne.......... { Auxerre........		84	N
	Sens...........		84*	T
	Loiret..........	Orléans.	45	8

CHAPITRE II.

De la manutention des poinçons.

DE toutes les parties du service de la garantie, la manutention des poinçons est celle qui exige le plus de soins et d'attention de la part des contrôleurs; puisque de ce soin dépend le maintien de l'exactitude du titre, la conservation du droit, la sûreté et la facilité des vérifications des marques apposées sur les ouvrages d'orfévrerie. Nous ferons connaître , dans ce chapitre , combien il importe aux employés responsables de ne point négliger l'entretien et l'emploi des poinçons confiés à leur garde , et de se bien pénétrer des instructions qui concernent la pratique de l'art.

TITRE Ier.

De la conservation des poinçons ; des nouvelles fournitures à recevoir, lorsqu'ils ont été mis hors de service , et de leur renvoi à l'administration des monnaies.

Les employés de la garantie sont intéressés à ne point négliger l'arrangement qui doit toujours exister dans le coffre à trois serrures , afin d'éviter les reproches qui pourraient leur être adressés dans le cas où il y aurait confusion entre les poinçons mis en activité de service et ceux qui doivent rester en réserve. Dans l'intérieur de ce coffre il doit y avoir un petit rayon percé, pour recevoir les bigornes gravées, attendu que ces poinçons de contre-marque ne doivent jamais se *heurter* les uns contre les autres, lorsqu'il s'agit de les réintégrer dans le coffre , ce qui doit avoir lieu *aussitôt qu'ils ne servent plus.* Quant aux poinçons hors de service , et insculpés comme tels sur la plaque à ce destinée, ils doivent être mis dans une case particulière de la boîte à compartimens, et rester ainsi dans le coffre à trois serrures , jusqu'à ce qu'ils soient renvoyés à Paris , suivant les formalités prescrites , ainsi qu'il sera dit ci-après.

Le contrôleur, qui dirige les opérations de la marque , est naturellement chargé de nettoyer les poinçons avant de les insculper sur la plaque carrée, et avant de

s'en servir pour marquer les ouvrages. Il doit éviter
l'emploi des liquides aqueux, des matières humides,
savonneuses, et des substances et vapeurs acides. Pour
ce nettoyage, on doit préférer des morceaux de toile
ou de mousseline bien secs, un morceau de mie de
pain et une petite brosse ; et plus souvent encore une
bande de peau de buffle, sur laquelle on essuie le poinçon pour en détacher les parties grasses, ou sécher
l'humidité qu'il peut avoir prise sur les ouvrages non
achevés.

Les employés chargés de la marque doivent examiner
souvent l'état des poinçons, les décrasser et les nettoyer
à l'ouverture et à la clôture de chaque séance du bureau, et même pendant la séance, s'il y a lieu. Il ne
faut pas que les marques qui en proviennent laissent la
moindre incertitude aux vérificateurs. On doit, à l'instant où ils reçoivent la moindre altération, mettre au
rebut les poinçons qui auraient reçu quelque défectuosité ou perdu de leur netteté. *Circ. de l'adm. des
monn., du 15 juillet 1819.*

Les poinçons doivent être insculpés sur la plaque
destinée à en recevoir les empreintes, tant au moment
de leur mise en activité (ceux qui sont envoyés avec les
plaques sont déjà insculpés), qu'au moment de leur mise
au rebut, suivant leur espèce, dans le compartiment
particulier qui leur est destiné d'après le titre de la
tête de la colonne, et dans l'ordre des numéros frappés
sur le corps de chaque poinçon, correspondant à celui
qui est indiqué sur la plaque, en présence tant de l'essayeur que du receveur. *Ibid.*

La planche d'insculpation, les états de compte et de
situation de poinçons, ainsi que la feuille de leur service, doivent être renfermés dans la caisse à trois ser-

rures, et signés des trois employés dépositaires. Ces états et feuilles doivent être tenus de manière à ce que le compte des poinçons puisse s'en faire et se balancer à chaque instant. On observe que les poinçons simples comme ceux de contre-marque doivent être préservés de la rouille par tous les moyens praticables, et ceux qui sont mis au rebut doivent même être enduits d'une matière grasse, afin que la rouille n'en augmente pas la détérioration, et n'en change pas l'état après l'insculpation que l'on a dû faire des poinçons simples sur la plaque à ce destinée avant qu'ils parviennent à l'administration. *Ibid.*

Lorsqu'il ne reste plus, en poinçons neufs d'une espèce, que le nombre nécessaire pour attendre une nouvelle fourniture, le contrôleur en donne avis à l'administration des monnaies, qui envoie de nouveaux poinçons pour remplacer ceux qui ont été mis hors de service. Cet employé ne doit ouvrir la boîte qui les renferme qu'en présence de ses collègues (1); il en vérifie avec eux le compte, l'espèce et l'état, et les place à l'instant dans le coffre à trois serrures. Quant aux poinçons mis au rebut, on ne doit les extraire de ce coffre que pour les renfermer, *sans les biffer*, dans une boîte qui doit être ficelée et scellée à l'instant du cachet du bureau, pour être chargée ainsi à la poste (2).

(1) Avant d'ouvrir cette boîte, et même en la recevant de la poste, il convient d'examiner si elle est dûment scellée du cachet, dont le *cliché* ou empreinte a été envoyée dans chaque bureau de garantie, accompagné d'une circulaire de l'administration des monnaies, à la date du 1er avril 1820.

(2) Les boîtes contenant des poinçons mis hors de service, doivent être chargées à la poste, *franches de port*, conformément aux décisions ministérielles des 19 novembre 1813, et 13 mars 1818. Mais pour effectuer ce chargement, les employés du bureau de

Le contrôleur informe l'administration des monnaies de ce renvoi, lui adresse un récépissé, dûment signé, des poinçons nouvellement reçus, et fournit un état également signé de lui et de ses collègues, du nombre et de l'espèce des poinçons hors de service qui doivent être renvoyés dans les formes ordinaires. *Même circulaire.*

TITRE DEUXIÈME.

De l'application des poinçons.

Depuis l'établissement des bureaux de garantie, l'application des poinçons a lieu par les contrôleurs de ces bureaux, conformément à l'art. 55 de la loi du 19 brumaire an 6; mais comme il s'agit, dans cette opération, de connaître l'endroit sur lequel doivent être apposés les divers poinçons de marque et de contre-marque, l'administration des monnaies a fait établir un catalogue instructif des différentes espèces d'ouvrages qui se fabriquent en France, pour indiquer aux contrôleurs le moyen de faire régner l'uniformité dans la manière de les marquer, et, conséquemment, dans l'emploi de chaque poinçon (1).

---

garantie doivent adresser au directeur de la poste une réquisition datée et signée mentionnant le nombre de poinçons renfermés dans la boîte, qui doit être ficelée et scellée du cachet du bureau, et à l'adresse de MM. les administrateurs des monnaies à Paris. On ne peut charger en franchise de port que les boîtes contenant des poinçons et des plaques d'insculpation. Il n'est pas permis d'introduire, sous quelque prétexte que ce soit, dans les boîtes chargées à la poste, aucun paquet de correspondance, ou autres objets étrangers à la nature spéciale de ces renvois. *Circ. de l'adm. des monn. du 25 mars 1818.*

(1) Ce catalogue, ayant été envoyé dans chaque bureau de garantie, il sera urgent de le consulter de temps en temps; mais l'in-

Les poinçons actuellement en usage forment deux classes particulières, que l'on distingue par ces mots : poinçons *simples*, et poinçons de *contre-marque*. Les premiers sont des poinçons de titre et de garantie ordinaires ; ils sont destinés à marquer, suivant l'usage, la partie supérieure des ouvrages d'or et d'argent, d'après la nature de chaque pièce et l'espèce de chaque poinçon. Les autres sont des tas ou bigornes gravées formant poinçon, servant à contre-marquer, par l'effet du contre-coup du poinçon supérieur, le revers des ouvrages soumis à la marque des poinçons de grosse ou de petite garantie, de grosse ou de petite recense, de gros ou petit étranger, et enfin des poinçons spéciaux pour l'horlogerie (1). Ces tas ou bigor-

---

telligence des employés doit toujours suppléer à ce qu'on ne peut écrire, attendu que la forme des ouvrages d'or et d'argent varie à l'infini. Les contrôleurs doivent donc remarquer, pendant leurs vérifications, la place où sont apposées les empreintes des poinçons de titre et de garantie, sur les ouvrages marqués à Paris, afin de suivre une règle uniforme, quand même ils devraient s'écarter de la *lettre* du catalogue. Par exemple, nous voyons journellement que les chaînes de montre d'or, composées d'anneaux brisés, et marquées à Paris, portent l'empreinte du petit poinçon de garantie sur les anneaux placés aux deux extrémités de la chaîne, et que cette même empreinte se trouve apposée *deux fois*, l'une à coté de l'autre sur l'anneau du milieu de chaque chaîne de montre, tandis que le catalogue dont il s'agit ne parle pas de répéter la marque *sur cet anneau*. L'expérience a prouvé, sans doute, que cette répétition de marque était nécessaire pour indiquer que les anneaux non marqués ont acquitté les droits. Ainsi, la double marque remplacerait aujourd'hui le poinçon dit *avec garniture*, que l'admiuistration des monnaies fit établir lors de la recense de 1809. Quoique la loi ne fasse point mention de poinçon avec garniture, ni de répétition de marque, il n'est pas moins vrai que ces mesures, purement administratives, ont leur utilité pour servir de règle aux employés chargés du service de la garantie.

(1) Voir les tableaux n°ˢ V, VI, VII et VIII,

nes servant de contre-marque sont montés sur un support auquel ils sont assujettis par une vis que l'on serre avec une clef ou tourne-vis, pour monter et démonter ces instrumens au besoin. Il faut avoir, dans ce cas, la précaution d'introduire la clef jusqu'au fond, et de se servir d'un *maillet* pour fixer les bigornes gravées sur le billot qui leur est destiné, comme pour les déplacer, lorsqu'il s'agit de les réintégrer dans le coffre après la séance.

L'une des grosses bigornes est à surface plate, et légèrement bombée, un peu plus longue et un peu plus large que l'autre ; elle sert à contre-marquer les gros ouvrages d'orfévrerie, comme plats, assiettes, couverts et autres pièces de même espèce : une autre est un peu plus étroite et aussi un peu cintrée ; elle sert particulièrement à marquer les ouvrages de forme cylindrique, tels que gobelets, cafetières, etc. Les deux petites bigornes destinées à contre-marquer les menus ouvrages, présentent deux cornes, dénommées *fourchettes*, l'une aplatie sur la surface, l'autre arrondie pour les pièces, ou plates ou cylindriques. *Circ. de l'admin. des monn.*, *du* 15 *juillet* 1819.

Les ouvrages qui doivent recevoir l'empreinte des poinçons de titre, doivent être présentés (1) et marqués sur des tas unis et polis, dont on est dans l'usage

(1) L'ouvrage doit être présenté au contrôleur par l'essayeur ou par tout autre employé, et non par le propriétaire. Voir, à cet égard, ce qui est dit Liv. II, Chap. II.

L'essayeur ou l'employé qui fait l'office de présenteur, doit éviter l'habitude qui se contracte aisément de présenter les ouvrages sur les bigornes gravées, dans le même endroit ; il doit changer souvent ce point de présentation pour multiplier les différences et les variations du signe que doit donner, par le contre-coup des poinçons ordinaires de garantie, la contre-marque du poinçon-bigorne.

de se servir dans les bureaux de garantie; mais pour l'application des poinçons de grosse et de petite garantie, de grosse et de petite recense, de gros et petit étranger (et aujourd'hui des poinçons spéciaux pour l'horlogerie), il faut poser les ouvrages sur les tas ou bigornes gravées, formant poinçon de contre-marque. C'est par l'effet du contre-coup des poinçons de garantie, de recense ou de l'étranger, que la pièce marquée reçoit, sur le revers ou côté opposé, la contre-marque de l'un des signes, ou de partie de signes dont le poinçon bigorne est couvert. *Ibid.*

Ces contre-marques sont naturellement variées, et elles peuvent l'être à l'infini; en sorte qu'il ne doit pas y en avoir plusieurs représentant des traces absolument semblables. La différence dans les contre-marques de chaque pièce, qui résulte de l'emploi de ce procédé est un moyen qui peut servir à rendre les contre-façons plus difficiles, et à reconnaître plus aisément et plus sûrement la fausseté de l'empreinte des poinçons de titre et de garantie appliqués sur la surface des ouvrages marqués. Ainsi, le contrôleur doit s'occuper, avec la plus scrupuleuse attention, de l'application et de la vérification des marques et contre-marques, ainsi que de l'observation des règles qui lui sont prescrites, tant pour l'usage de ces différentes espèces de poinçons que pour la reconnaissance des marques et contre-marques. *Même circulaire.*

L'administration des monnaies n'a pas détaillé, dans le catalogue des différens ouvrages, toutes les formes de chaque espèce, ni ceux qui sont analogues et qui ont des ornemens; c'est pourquoi elle a établi des règles tant particulières que générales pour faciliter les opérations des employés, et détruire les obstacles qu'ils pourraient rencontrer dans le point d'appui que doit fournir la bigorne pour contre-marquer les pièces.

SECTION Iʳᵉ.
Des règles particulières à l'application des poinçons.

Dans ces règles on comprendra toutes les espèces d'ouvrages qui varient selon la volonté du fabricant ou de l'acheteur, et dont la place indiquée pour l'apposition des poinçons est couverte de ciselure, de gravure ou d'ornemens. Les ouvrages dont les formes ne se prêteraient point aux dimensions des bigornes. *Circulaire de l'adm. des monn., du 30 juillet* 1819.

Dans ces deux cas, comme dans tous autres où l'on rencontrera des difficultés, on placera toujours l'empreinte du poinçon de titre sur le corps principal de la pièce, dans un endroit poli et apparent, et l'empreinte de la garantie avec la contre-marque sur une partie visible, unie, et adhérente au corps de l'ouvrage. *Ibid.*

On opérera de même pour les ouvrages d'or et d'argent qui ne pourront recevoir les empreintes des gros poinçons, et qui offriront les mêmes difficultés ; c'est à l'intelligence des employés à lever les obstacles qu'ils pourront rencontrer, mais que l'on ne peut indiquer ni prévoir, puisqu'ils sont à naître avec les nouvelles formes des ouvrages que les artistes peuvent inventer journellement. *Ibid.* (1).

SECTION IIᵉ.
Des règles générales, en ce qui concerne le poinçonnement des ouvrages d'orfèvrerie.

Les ouvrages doivent être apportés au bureau de

(1) Quant à l'application des poinçons sur les ouvrages provenant de ventes publiques, *voy.* Liv. IV, Chap. II.

garantie avant leur entière confection, et lorsqu'ils sont empreints de la marque du fabricant. Le contrôleur exigera que les redevables polissent ou brunissent la place où doivent être appliqués les poinçons de titre et de garantie. *Même circulaire que ci-dessus.*

Lorsque les ouvrages ont été essayés et délivrés au contrôleur, avec le bulletin d'essai, il doit, ainsi que ses collègues, ouvrir le coffre à trois serrures, et retirer la bigorne et les poinçons propres au titre indiqué par l'essayeur, pour les appliquer en leur présence selon la nature et la forme des ouvrages. *Ibid.*

Le poinçon indicatif du titre s'appose sur des ouvrages placés sur un tas uni et poli, sans contre-marque; celui de la garantie est frappé sur l'ouvrage placé sur la bigorne, pour qu'il puisse recevoir, par le contre-coup, une des empreintes dont elle est garnie. *Ibid.*

Les petits poinçons s'appliquent sur les menus ouvrages d'or et d'argent, et sont contre-marqués sur les petites bigornes destinées à ces sortes de pièces. On observe que la contre-marque n'étant point susceptible d'être *rengrenée*, on ne doit jamais réappliquer le poinçon de garantie à la même place, lorsqu'il a été mal apposé; car le double-coup de marteau ne produirait qu'une contre-marque hachée, et, par conséquent, indéchiffrable. Si la pièce ne permet pas que le poinçon soit appliqué sur une autre partie, on enlève la contre-marque, au moyen d'une *échappe plate et polie,* et l'on rengrène la marque du poinçon simple.

Les montres d'or ou d'argent, neuves, doivent toujours être marquées du poinçon de maître et de celui du titre dans la boîte; le poinçon spécial et la contre-marque doivent être appliqués sur le bouton du pen-

dant de la montre , sauf au monteur de boîtes de présenter son ouvrage dans nn état de confection analogue
à ce genre de poinçonnement. Quant aux montres de
hasard , le contrôleur doit les examiner avec attention
avant de les marquer , afin de déterminer la place la
plus convenable pour y appliquer , sans les endommager , les empreintes des poinçons déterminés par la
loi et les ordonnances.

Toutes les montres en cours de fabrication , présentées à l'essai et à la marque, conformément aux
articles 48 et 77 de la loi du 19 brumaire an 6 , toutes
celles de hasard rentrant dans le commerce et apportées aux bureaux de garantie suivant les dispositions
des articles 14 , 16 et 17 de la déclaration du 26 janvier 1749 , dont les fonds émaillés , garnis de perles ,
de pierres ou de tout autre objet ne pourront supporter le poinçon de titre , seront marquées de ce poinçon sur le bouton , et le poinçon spécial sera appliqué
sur la bélière. *Circulaire de l'adm. des monn. , du*
1er mai 1822.

Si le bouton des montres est émaillé , garni de perles ou de diamans , l'empreinte seule du poinçon spécial sera apposée sur la bélière. Quand les montres ,
les boutons et les bélières ne pourront supporter sans
détérioration l'empreinte de ce poinçon , il faudra les
comprendre dans les exceptions prévues par les articles
86 et 87 de la loi , et par l'art. 1er de l'arrêté du
1er messidor an 6, *Ibid.* (1).

---

(1) *Voy.* cet arrêté , Liv. IV, Chap. III.

CHAPITRE III.

Du poinçon de maître.

L'EMPREINTE du poinçon de fabricant sur les ouvrages d'orfévrerie, étant le seul titre de la garantie
due à l'acheteur par le vendeur, doit se trouver, généralement, sur toutes les pièces qui peuvent la supporter. Cette formalité, qui est de rigueur, d'après les
lois nouvelles sur cette matière, fut obligatoire dès les
premiers temps où la fabrication des ouvrages d'or et
d'argent fut soumise à des règlemens particuliers. On
trouve encore dans les ordonnances des rois de la première race, que l'on avait établi des poinçons dans
chaque ville où il y avait orfévre (*Signum suum pro-
prium*), pour marquer ces ouvrages avant leur entière
confection (1). On lit ce qui suit dans une ordonnance
de Louis XII, à la date du 22 novembre 1506, déjà
citée pour les essais. « Qu'il y ait un contre-poinçon ès-
mains des maîtres et gardes du métier d'orfévrerie,
dont ils marqueront les ouvrages desdits orfévres,
après qu'ils en auront fait essai, et qu'ils auront été
poinçonnés de l'orfévre particulier *Article* 11. »
L'article 12 porte : « Que les poinçons des maîtres
soient enregistrés en la chambre des monnaies, et
empreints à la table de cuivre de cette chambre. »

---

(1) Ordonnance de Philippe-le-Hardi, rendue à Paris le mois de
décembre 1275.

Les mêmes dispositions furent maintenues par édit du
mois de mars 1554, art. 4. « Les orfévres, y est-il
dit, porteront leurs poinçons en notre cour des monnaies pour être frappés en la table de cuivre étant en
ladite cour, ainsi que les orfévres de Paris l'ont toujours
fait. » Enfin, l'art. 7 d'une déclaration du roi, à la date
du 23 novembre 1721, est conçu dans ces termes : « Tous
les ouvrages d'or seront marqués du poinçon de maître
qui les aura fabriqués, et essayés et contre-marqués
par les jurés et gardes aux bureaux des maisons communes des orfévres, ainsi qu'il se pratique pour les ouvrages d'argent. »

La loi organique du 19 brumaire an 6 veut, par son
art. 48, que l'essayeur ne reçoive les ouvrages d'or et
d'argent qui lui sont présentés, que lorsqu'ils ont l'empreinte du poinçon du fabricant, et qu'ils sont assez
avancés pour qu'en les finissant, ils n'éprouvent aucune
altération. Cette empreinte doit être appliquée entre
autres sur les bélières des croix, sur les cachets, les
plaques de colliers, des bracelets, des chaînes de montre et autres pièces qui peuvent la supporter. *Circ. de
l'adm. des monn., du 15 octobre 1810.* Cette administration, par un arrêté du 17 nivôse an 6, a décidé,
en exécution des art. 9 et 14 de la loi de brumaire même
année, que la forme du poinçon de chaque fabricant
d'ouvrages d'or et d'argent serait en *losange*, et que les
proportions de ce poinçon seraient établies par le fabricant, en raison du genre d'ouvrage qu'il fabrique, en
y faisant graver, par tel artiste qu'il lui plaît de choisir,
la lettre initiale de son nom avec un symbole.

Les fabricans d'ouvrages d'or et d'argent sont tenus
de se faire connaître au préfet du département et à
la mairie du lieu où ils résident, et de faire insculper

dans ces deux administrations leur poinçon particulier, avec leur nom, sur une planche de cuivre à ce destinée. Le préfet veille à ce que le même symbole ne soit pas employé par deux fabricans du même arrondissement. *Loi du 19 brumaire an 6, art.* 72 (1).

Lorsqu'un orfèvre meurt, son poinçon est remis, dans l'espace de cinquante jours après le décès, au bureau de garantie de son arrondissement pour y être biffé de suite. Pendant ce temps, le dépositaire de ce poinçon demeure responsable de l'usage qui en serait fait, comme le sont les fabricans en exercice. *Ibid., art.* 90.

Si un orfèvre ou fabricant quitte le commerce, il remet son poinçon au bureau de garantie de l'arrondissement pour être biffé devant lui; lorsqu'il veut s'absenter pour plus de six mois, il dépose son poinçon au bureau de garantie, et le contrôleur fait poinçonner les ouvrages fabriqués chez lui en son absence. *Ibid., art.* 91. Cet employé doit tenir un registre du biffement des poinçons de maître, ou du dépôt qu'il en aurait reçu, afin d'y avoir recours au besoin.

La forme du poinçon de chaque fabricant de *doublé* ou de *plaqué* est un carré parfait. L'administration des monnaies fait observer à chaque fabricant de doublé ou de plaqué que, conformément à la loi, il doit ajouter sur chacun de ses ouvrages, des chiffres indicatifs de la quantité d'or et d'argent qu'il contient, et qu'au symbole de son poinçon particulier doit être joint le mot *doublé*. *Arrêté de l'adm. des monn., du 17 nivôse, an 6, art.* 3.

(1) Une déclaration du roi, à la date du 15 décembre 1783, avait ordonné que le poinçon de fabricant porterait une marque distinctive et invariable.

~~~~~~

CHAPITRE IV.

Des faux poinçons.

L'INDUSTRIE des fabricateurs de faux poinçons remonte au temps même de l'établissement des droits de marque sur l'or et sur l'argent ; car les rois de France prirent contre eux des mesures rigoureuses, et la peine de mort leur fut infligée. C'est ce que prouvent l'édit du mois de mars 1680, et notamment la déclaration du roi donnée à Versailles, le 19 avril 1759, tendante à prévenir les abus qui pouvaient s'introduire dans le commerce de l'orfévrerie. « Et d'imposer, y est-il dit, contre ceux qui se trouveraient convaincus d'avoir calqué, contre-tiré ou autrement contrefait, en quelque manière que ce soit, les poinçons de contre-marque de Paris et des autres villes de notre royaume, les mêmes peines prononcées par nos ordonnances contre les faux-monnayeurs, et par notre déclaration du 4 janvier 1724. Nous avons ordonné que tous ceux qui se trouveraient convaincus d'avoir calqué, contre-tiré ou autrement contrefait lesdits poinçons, seraient condamnés à faire amende honorable, et seraient punis de mort, comme étant un crime de faux que les rois nos prédécesseurs ont voulu être puni de mort, etc. » Suivant les articles qui prononcent cette peine, même contre ceux ou celles qui abuseraient en quelque manière que ce soit des poinçons de contre-marque, et qui les enteraient, souderaient, ajouteraient ou appliqueraient sur des ouvrages d'or et d'argent.

Les lois nouvelles sur la garantie ont abrogé celles dont il vient d'être parlé : elles condamnent à dix années de fers les fabricans de faux poinçons, et ceux qui en feraient usage. *Art.* 19 *de celle de brumaire an* 6; mais il y a lieu pour les peines à se conformer aux articles suivans du Code pénal.

1° Ceux qui auront contrefait ou falsifié. . . . le poinçon ou les poinçons servant à marquer les matières d'or et d'argent, ou qui auront fait usage des effets ou poinçons falsifiés ou contrefaits, seront punis des travaux forcés à temps, dont le *maximum* sera toujours appliqué dans ce cas. *Art.* 140 *du Code pénal.* — Les travaux forcés à temps doivent être prononcés pour cinq ans au moins et vingt ans au plus. *Même code, art.* 21.

2° L'application des peines portées contre ceux qui auront fait usage des effets et poinçons contrefaits, fabriqués ou falsifiés, cessera toutes les fois que le faux n'aura pas été connu de la personne qui aura fait usage de la chose fausse. *Ibid. , art.* 163.

3° Les coupables doivent, en outre, être condamnés à une amende, et la marque doit leur être infligée, conformément aux articles 164 et 165 du même Code, indépendamment de la confiscation des ouvrages marqués de faux poinçons.

4° Dans ces différens cas, les procès-verbaux et les prévenus doivent être mis à la disposition du ministère public, qui seul a le droit de requérir l'application des peines.

La connaissance des fausses marques et contremarques, d'avec celles qui proviennent de bons poin-

çons, est essentiellement nécessaire aux employés
chargés de découvrir et arrêter la double fraude qui
peut s'introduire dans le commerce de l'orfévrerie,
puisque les poinçons légaux établissent la foi publique,
en ce qui concerne le titre des métaux précieux, et
fournissent la preuve indubitable de l'acquittement du
droit de garantie. Or, toutes les fois que la vérification
des employés devient incertaine, faute de connaissance de leur part, c'est-à-dire, s'il est au-dessus de
leur portée de discerner la naïveté ou la fausseté des
contours et des traits particuliers qui caractérisent lès
diverses marques ; si les vérificateurs désignés par la
loi ignorent l'art de bien faire l'analyse de chaque espèce de poinçon ; s'ils n'ont pas l'œil assez exercé pour
démêler le vrai du faux, pour reconnaître la direction
et la distance des lignes périmétriques, et distinguer
les signes jetés comme au hasard sur les bigornes gravées, si, disons-nous, les employés manquent d'instruction dans cette partie essentielle du service de la
garantie, leurs exercices deviennent plus nuisibles
qu'utiles, puisqu'ils favorisent la circulation d'objets
prohibés, ou s'exposent à saisir, pour fausses, les marques légales dont ils ne peuvent apprécier l'imperfection. Dans le premier cas, ils compromettent à la fois
la sûreté du titre et les intérêts du trésor, et dans le
second, s'ils rapportent procès-verbal, ils commettent
involontairement une injustice, d'autant plus grande,
que le propriétaire de l'ouvrage saisi sera toujours vic-
time de l'impression défavorable qu'un procès de cette
nature aura fait dans l'esprit du public.

Il serait donc nécessaire, dans chaque bureau *d'ordre*, de consacrer au moins une heure par semaine à
l'examen des marques et contre-marques apposées sur

les plaques de comparaison, pour en bien connaître la forme, le type et le signe caractéristique. De plus, on choisirait quelques pièces marquées ; on en *dessinerait* les signes ou parties de signes que donne ordinairement la bigorne gravée, et l'on chercherait à deviner, en consultant la plaque de comparaison, le *point* de la bigorne qui a fourni la contre-marque. Pendant la séance, il serait utile même de conférer sur la différence qui existe entre les empreintes des poinçons légaux, et les dessins des divers faux poinçons qui ont été lithographiés et envoyés dans chaque direction (1).

Le choix d'une *loupe* pour vérifier les marques des ouvrages n'est point indifférent ; mais il est impossible d'établir une règle positive à cet égard, puisque chaque individu doit consulter la force de sa vue. Dans tous les cas, le verre doit être recouvert, *sur les bords*, d'un diaphragme ou anneau plat, afin de mieux réunir les rayons lumineux vers le milieu de la lentille, et d'éclairer la marque d'une manière égale.

CHAPITRE V.

Des divers cas d'admission à la marque, ou de la saisie, au bureau, des ouvrages d'or et d'argent.

Nous comprendrons, dans ce chapitre, les ouvrages d'orfévrerie marqués de faux poinçons ; ceux que des

---

(1) L'administration des monnaies est dans l'usage d'envoyer, dans chaque bureau de garantie, les planches portant l'effigie lithographiée des marques et contre-marques des ouvrages soumis, par

commis-voyageurs ou autres marchands domiciliés hors
de l'arrondissement du bureau de garantie, présenteraient à l'essai et à la marque. Nous y traiterons aussi
des divers genres de fraude qui ont été mis en usage
pour échapper au brisement des pièces à bas titre, ou
fourrées de matières étrangères; et nous parlerons des
ouvrages, *dits* de hasard, de ceux qui ne peuvent supporter l'empreinte du poinçon de garantie sans détérioration, et enfin des objets d'or et d'argent venant
de l'étranger, comme du remboursement des deux
tiers du droit payé sur les ouvrages qui sortent du
royaume.

TITRE PREMIER.

Des ouvrages marqués de faux poinçons.

Autrefois, les employés de la garantie étaient dans
l'usage d'admettre à leur bureau des ouvrages marqués
de faux poinçons, d'en effacer ou faire effacer les
marques fausses, d'en faire payer les droits, d'y apposer les véritables poinçons d'après l'essai, et de les
rendre au propriétaire.

Pour faire l'application des dispositions de l'art. 109
de la loi du 19 brumaire an 6, et de celles du code
pénal relatives aux fabrications de faux poinçons et
ceux qui en feraient usage, il faut procéder d'abord à
la saisie des ouvrages marqués de faux, rien n'en peut

---

les tribunaux, à la vérification, et dont elle a reconnu, ainsi que
le graveur général des monnaies, la fausseté évidente. Cette administration joint à chaque planché un état descriptif de chaque
figure, qui désigne les traits ou signes principaux auxquels on
peut distinguer, par les rapprochemens de ces caractères avec ceux
des figures des plaques de comparaison, les mauvaises marques des
bonnes.

8

dispenser. Le faux est un crime dont la poursuite et la répression intéressent l'ordre public et la sûreté générale ; car il tend non-seulement à frustrer le gouvernement de la perception du droit de garantie, mais encore à couvrir l'altération du titre, dont la fidélité doit être garantie et maintenue. Il doit, dès-lors, être déféré à la justice par les voies de droit. La saisie et la dénonciation de l'ouvrage, portant les marques fausses qui forment le corps du délit, doivent nécessairement avoir lieu ; sans cela, l'auteur n'en pourrait être recherché, et les tribunaux seraient privés des moyens de le punir (1). *Circ. de l'adm. des monn., du 8 août* 1823.

Si, au moment de la visite, le coupable de ce délit n'est pas connu, et si le possesseur de l'ouvrage ne peut ou ne veut le faire connaître aux employés, il pourra être découvert et atteint par suite de l'instruction du procès : pour en conserver le moyen à la justice, on doit mettre le corps du délit sous sa main. *Ibid.*

La saisie est de rigueur ; et, comme la confiscation d'un ouvrage, marqué d'un faux poinçon, doit avoir lieu *dans tous les cas*, aux termes de l'art. 109 déjà cité, la saisie en doit être faite aussi dans tous les cas, et par conséquent dans tous les lieux où il se trouve, au bureau même où on le présente (2), ainsi que chez

---

(1) *Voyez*, à cet égard, les dispositions du code pénal, Liv. III, Chap. IV.

(2) Les contrôleurs de la garantie ne sont point tenus de déférer aux réquisitions qui pourraient leur être faites par des particuliers ou par des marchands, de vérifier la bonté des marques dont les ouvrages sont revêtus ; et *s'ils procédaient bénévolement à cette vérification*, il leur est prescrit de saisir, conformément à l'art. 109 de la loi

le marchand et le fabricant où les employés en font
ordinairement la vérification. La bonne ou mauvaise
foi du marchand, en la possession duquel se trouve
l'objet argué de faux, ne peut être, dans l'espèce,
d'aucune considération; la raison de décider est la
même. La loi ne distingue pas entre un endroit et une
personne, et l'on ne peut, en principe de droit, admettre une distinction et une exception qu'elle n'éta
blit pas; ce serait une transaction arbitraire, qui anéan-
tirait la loi en violant ses dispositions. *Ibid.*

En définitive, la peine qui peut être la suite de cette
saisie ne porte pas sur le marchand de bonne foi qui
présente au bureau des ouvrages sujets à la confiscation; car, dans le cas où il n'aurait pas connaissance de la fausseté des marques de ses ouvrages, il

---

du 19 brumaire an 6, tous ceux de ces ouvrages qui seraient marqués
de faux poinçons *Décis. du min. des fin. du 31 décembre 1825.*

La loi de brumaire précitée, art. 102, prescrivant aux employés
des bureaux de garantie de dresser à l'instant, et sans désamparer,
procès-verbal de la saisie des ouvrages trouvés par eux en contravention, l'administration des monnaies a décidé qu'elle ne procédera à
l'avenir à des vérifications, soit pour les marques, soit pour le titre
des ouvrages d'or et d'argent, que dans quatre cas particuliers.

1° Lorsqu'elle y sera provoquée par le gouvernement dans l'intérêt
public;

2° Lorsqu'elle en sera requise par les tribunaux;

3° Lorsqu'il y aura plainte portée devant elle par un particulier
contre un essayeur;

4° Lorsqu'il y aura contestation sur le titre entre un fabricant et
un essayeur;

Hors ces cas d'exception, toutes les vérifications des ouvrages ou
de titre seront faites par les employés des bureaux de garantie, ou
autres préposés attachés à ce service. *Circ. du 28 février 1824.* Cette
circulaire avertit suffisamment les employés, qu'ils doivent, ainsi
que nous l'avons déjà fait observer, faire une étude approfondie des
marques et contre-marques, afin d'opérer avec sûreté. *Voy.* ce qui
est dit Liv. IV, Chap. 1.

8 *

n'est pas exposé à l'amende que l'art. 109 de la loi de l'an 6 ne prononce que contre le possesseur qui a connaissance du faux. La confiscation qui est prononcée *dans tous les cas des ouvrages marqués de faux poinçons* retombe nécessairement sur le *faussaire :* car le marchand qui les a achetés dans la confiance qu'ils étaient bien marqués, a un recours de garantie contre ses vendeurs; il se trouve, par l'exercice de cette action précursoire, dédommagé de la perte des objets confisqués. Il a dû, dans son intérêt, prendre, pour s'assurer ce recours, des *bordereaux de vente*, ainsi qu'il doit en donner à ses acquéreurs, aux termes de la loi de l'an 6, art. 79, ou des factures signées équivalantes à des bordereaux. *Ibid.*

S'il a négligé ces précautions, c'est une faute qu'il ne peut imputer qu'à lui ; s'il a acheté ces objets de personnes inconnues, contre lesquelles il n'aurait pas d'indemnités à répéter, il doit de même s'imputer le tort qu'il peut éprouver de sa contravention aux articles 75 et 76 de ladite loi, et aux réglemens de police, qui lui défendent d'acheter des bijoux et de l'argenterie de personnes inconnues, ou qui n'auraient pas de répondans à eux connus. *Ibid.* (1).

---

(1) La défense d'acheter de personnes inconnues existe depuis le 26 janvier 1726, par arrêt du parlement, conçu dans ces termes : «La cour fait défenses aux orfévres d'acheter aucunes pièces de vaisselles d'argent armoriées ou non armoriées, soit qu'elles aient été recommandées ou non recommandées, sinon de personnes connues ou qui donnent répondans à eux aussi connus et domiciliés, à peine d'être procédé contre eux extraordinairement, comme receleurs et complices, et de répondre en leurs propres et privés noms des dommages et intérêts des parties, et de restitution des choses volées, si elles sont en nature, sinon la juste valeur. » Le même arrêt porte outre : « Lesdits orfévres et autres seront tenus de retenir les pièces

TITRE II.

Des ouvrages présentés à la marque par les commis-
voyageurs et des divers genres de fraude introduits
dans la fabrication des bijoux.

Les fabricans et marchands d'or et d'argent porteront au bureau de garantie, dans l'arrondissement duquel ils sont placés; leurs ouvrages, pour y être essayés et marqués. *Loi du 19 brumaire an 6, art. 77.*

Ils remettront aux acheteurs des bordereaux énonciatifs de l'espèce, du titre et du poids des ouvrages
qui leur auront été vendus, en désignant si ce sont des
ouvrages neufs ou vieux. *Ibid., art. 79.*

Ces dispositions de la loi devant être observées par
les redevables, les employés sont autorisés, en conformité d'une circulaire de l'administration des monnaies,
à la date du 1er octobre 1810, à renvoyer, sous cachet, dans les bureaux de leur établissement, les ouvrages que des *étrangers* ou des *commis-voyageurs*
leur présenteraient pour être marqués. Mais, comme
la loi précitée n'a pas ordonné la saisie des ouvrages
achevés et sans marque, lorsqu'ils sont présentés au
bureau de garantie, excepté ceux qui portent l'empreinte de faux poinçons, ou qui sont prohibés par
d'autres lois spéciales (1), c'est une raison de plus
pour que les employés ne se contentent pas d'essayer

de vaisselle d'argent qui leur seront exposées en vente, et lorsqu'elles
auront été recommandées, d'en faire incessamment leur déclaration
au clerc de leur communauté, qui en avertira sur-le-champ le commissaire du quartier.

(1) Voir ce qui est dit au sujet des montres de fabrique étrangère,
Liv. IV, Chap. 1, Tit. II.

au simple touchau des bijoux, dont l'origine leur serait inconnue; ils doivent, au contraire, prendre tous les moyens que la loi leur indique pour s'assurer de la bonté du titre de ces ouvrages. C'est à l'essayeur principalement à suivre les dispositions de l'art. 65 de la loi de brumaire an 6, et de couper, suivant les circonstances, une pièce prise au hasard, afin de ne point compromettre sa responsabilité. L'essayeur doit toujours regarder comme suspects des ouvrages qui ne sont pas revêtus de l'empreinte du poinçon d'un fabricant connu et responsable. Si les ouvrages sont trop délicats pour supporter cette empreinte, ils n'en sont pas moins suspects, lorsqu'ils ont été livrés sans marque, par celui qui les a fabriqués, à des marchands forains ou autres qui ne sont pas domiciliés dans l'arrondissement du bureau de garantie où ces ouvrages auraient dû être marqués.

Aux termes de l'art. 65 précité, le dommage doit être payé *sur-le-champ au propriétaire*, lorsqu'il n'y a pas fourrure dans l'ouvrage coupé; mais, pour avoir part à cette indemnité, il ne suffit pas que l'or du bijou présenté au bureau paraisse au titre par l'épreuve de l'essai au touchau de la grenaille provenant de la fonte; il faut qu'il s'y trouve réellement par le résultat de l'essai fait à la coupelle de ce grain d'or, et qu'il n'y ait, en outre, dans *l'intérieur* des ouvrages *creux*, aucune de ces *matières étrangères* que l'on peut y introduire pour en augmenter au moins le poids, sans en altérer le titre. *Circ. de l'admin. des mon., du 10 septembre 1818.*

Indépendamment de la soudure dont les ouvrages peuvent être garnis, on a fait usage de *l'émail* pour contre-émailler certaines pièces de bijouterie émaillées

ou non émaillées à l'extérieur. Les ouvrages, ainsi trouvés, doivent au moins être rompus. Nous trouvons dans
un édit de François Ier, à la date du 22 septembre 1543,
art. 5, qu'il fut fait défense d'employer les émaux avec
excès. « Et quant à l'émail requis par lesdits orfévres,
y est-t-il dit, pour être mis et employés par eux indifféremment en tous ouvrages, iceux orfévres pourront user de tous émaux, pourvu que lesdits émaux
soyent bien et loyalement mis en besogne et sans aucun excès superflu sujet à visitation, c'est-à-dire à
répréhension (1). »

En conséquence, l'intérêt public exige que l'essayeur soit attentif à déjouer les manœuvres concertées
quelquefois entre le fabricant et celui qui colporte les
ouvrages pour les faire marquer, de préférence, dans
tel ou tel bureau de garantie, dans l'espoir de passer
des pièces à bas titre ou surchargées de soudure, et
même fourrées de matières étrangères. Pour donner
une idée des tentatives qui ont été faites à l'égard de
l'altération du titre, nous rappellerons ici quelques
expressions de l'administration des monnaies chargée
de donner toutes les instructions relatives à la pratique

(1) On attribue aux Français l'invention de la peinture sur l'émail.
L'opinion générale est qu'ils ont les premiers exécuté sur l'or des
portraits aussi beaux et aussi finis, que s'ils avaient été peints à
l'huile ou en miniature.

Le premier qui se distingua entre les artistes du 16e siècle, fut
l'orfévre Dubié, qui logeait aux galeries du Louvre.

Peu de temps après Dubié, parut Morlière d'Orléans, qui travaillait
à Blois. Il borna son travail à émailler des bagues et des boîtes de
montre. Ce fut lui qui forma Robert Vouquer de Blois. Celui-ci
mourut en 1670. Depuis cette époque, les Parisiens ont tiré parti de
cet art pour embellir une infinité de bijoux et autres ouvrages d'orfévrerie.

de l'art. « Sur une partie d'or mise en bâton , dont le titre ne va pas même à 200 millièmes , dit-elle , on applique, par des moyens connus, une autre partie d'or qui fait enveloppe , et qui est au titre de 750 millièmes; ce bâton s'alonge ensuite en passant par la filière pour ce qui doit être rond , et sous les cylindres du laminoir pour les autres objets. Il résulte de cette opération que les objets tirés à la filière sont toujours sur la surface au titre légal , quand même on les réduirait jusqu'à la grosseur d'un cheveu , et que les objets passés au laminoir ont le même résultat en les réduisant à la moindre épaisseur connue. » *Circ. du* 15 *germinal an* 10.

Ceux-ci sont employés pour faire des cachets pleins. — Un autre genre de fraude a lieu sur les ouvrages creux , dont la partie extérieure , c'est-à-dire l'enveloppe , présente toujours à la pierre de touche le titre de 750 millièmes , mais qui sont tellement fourrés de soudure , qu'à peine reviennent-ils , à l'essai à la coupelle , à 400 millièmes. — Les bijoux , ainsi fabriqués, ne se présentent pas au bureau de Paris , parce que l'essai s'y fait avec exactitude et rigueur ; mais ils s'envoient dans les départemens , et sont présentés aux bureaux de garantie qui y sont établis. *Même circulaire.*

D'après ces renseignemens, on voit combien il importe aux employés de surveiller le titre avec la plus grande attention , lorsqu'il s'agit de poinçonner des ouvrages creux ou autres qui n'ont pas été fabriqués par un redevable de l'arrondissement.

TITRE III.

Des vieux ouvrages, dits *de hasard*.

Avant l'établissement des bureaux de garantie, les ouvrages de hasard étaient assujettis, comme les ouvrages neufs, à payer le droit de marque, ainsi que le porte un arrêt du conseil, à la date du 12 septembre 1684, rendu en forme de réglement, lequel ordonne que le droit de marque sera payé pour la vieille vaisselle et gros ouvrages, que les marchands orfévres et autres traficans et travaillans en or et argent revendront, et *autant de fois qu'ils en feront la revente*, comme pour la nouvelle. Ces dispositions furent applicables à *tous* les ouvrages d'or et d'argent, par le second article de la déclaration du roi du 26 janvier 1749 : « Et ce, dit l'article, autant de fois qu'on en fera la revente, quoique lesdits ouvrages aient été auparavant marqués, et que nos droits aient été acquittés lors de la première vente. »

La loi du 19 brumaire an 6, art. 22, porte qu'il ne sera rien perçu sur les ouvrages d'or et d'argent, *dits de hasard*, remis dans le commerce; mais le même article assujettit ces ouvrages à être marqués du poinçon de vieux, désigné par l'art. 8 de la même loi. Depuis l'ordonnance du 5 mai 1819, ce *poinçon est et demeure supprimé*.

Il est à remarquer que l'art. 22 précité devait se combiner, pour la perception, avec les articles 82, 83 et 84, et qu'en conséquence les ouvrages déjà vendus qui rentreraient dans le commerce ne pourraient recevoir le poinçon de vieux, *sans frais*, que dans le seul cas où ils porteraient l'empreinte du poinçon du service courant. L'application de ce poinçon devenait ainsi une formalité surabondante, puisque tout ouvrage, revêtu des poinçons en activité ou des anciens poinçons avec les poinçons de recense, ne peut jamais être saisi : ils rentrent naturellement sans frais dans le commerce. Lorsque les ouvrages d'or ou d'argent n'offrent que les marques des anciens poinçons, ils doivent être soumis à *l'essai, titrés s'il y a lieu, et payer le droit de garantie.* Il n'est pas permis aux employés de les marquer de confiance, sur la foi d'anciennes marques, sans leur faire subir l'essai préalable auquel ils sont soumis. Il en est de même des ouvrages que les orfèvres déclarent être à leur usage personnel ; l'art. 17 de la déclaration du roi de 1749 précitée ne laisse aucun doute à cet égard, et l'art. 11 de la même déclaration fait défense d'ajouter des pièces neuves à des ouvrages vieux sans les faire essayer et marquer.

TIRRE IV.

Des ouvrages qui ne peuvent supporter l'empreinte du poinçon de garantie sans détérioration.

Les moyens mécaniques anciennement en usage ne permettant pas d'assujettir à la marque du poinçon la plupart des menus ouvrages d'or, le législateur eut recours à un cachet *particulier,* qui était adapté à chaque pièce, après essai et acquit du droit, en conformité de l'art. 7 de l'ordonnance de 1681, lequel est ainsi conçu : « Les ouvrages d'or et d'argent qui ne pourront souffrir la marque du poinçon, seront cachetés par le fermier de nos droits ou ses commis, d'un cachet sur lequel il sera empreint une fleur de lis. » Aux termes de l'art. 8 de la même ordonnance, il était défendu de contrefaire ce cachet, à peine de trois mille livres d'amende pécuniaire, d'amende honorable, et de cinq ans de galères, et, en cas de récidive, de galères à perpétuité.

La loi du 19 brumaire an 6, art. 21, veut qu'il soit perçu un droit de garantie sur les ouvrages d'or et d'argent *de toute sorte*, fabriqués à neuf; mais comme l'industrie et la mode ont inventé plusieurs sortes de bijoux garnis de pierres ou autres corps étrangers, ou qui sont trop délicats pour supporter l'empreinte des petits poinçons, malgré le perfectionnement de l'art sur la marque des menus ouvrages, le gouvernement a pris un arrêté, à la date du 1er messidor de la même année, qui dispense de l'essai et du droit tous les bijoux qui ne peuvent recevoir la marque de la garantie sans détérioration (1).

Les chaînes et chaînettes ont profité de cette exception, jusqu'à l'époque de la dernière recense générale; mais l'ordonnance du 5 mai 1819 porte, art. 1er, que ces ouvrages seront marqués de *pied en pied métrique*, quand bien même ils seraient émis dans le commerce sans aucune des pièces principales auxquelles on pourrait les adapter.

L'administration des monnaies, voulant faciliter le poinçonnement des jaserons et autres chaînes, a fait établir sept espèces de mandrins coniques, de diverses formes et de différentes grosseurs; mais l'expérience a prouvé que ces mandrins sont d'un faible secours pour marquer les jaserons, dont les anneaux sont ordinairement très-rapprochés. Quelques employés ont essayé d'introduire, dans ces sortes de chaînes, d'autres mandrins plus *effilés* que ceux fournis par l'administration,

(1) Voir cet arrêté, Liv. IV, Chap. III, Tit. II.

afin d'exécuter *à la lettre* les dispositions de l'ordonnance précitée; mais s'il était permis à chaque contrôleur de se former une méthode particulière, il n'y aurait plus d'uniformité dans les opérations de la marque, et l'arbitraire prendrait un empire absolu dans cette partie du service de la garantie. En effet, le contrôleur qui jugerait telle chaîne ou jaseron susceptible du poinçonnement, parce qu'il serait parvenu à introduire la *pointe d'une aiguille* dans quelques maillons, se croirait autorisé à saisir un ouvrage semblable et dépourvu de marque, tandis qu'un autre employé se serait refusé à le marquer, faute d'avoir pu *donner l'entrée* à l'un des mandrins envoyés par l'administration. En pareil cas, ces deux préposés s'appuieraient du texte de la loi; c'est-à-dire, le premier invoquerait l'ordonnance du 5 mai 1819, et le second se prévaudrait de l'arrêté de messidor an 6; alors quel est le tribunal qui oserait condamner le prétendu contrevenant, lorsque celui-ci prouverait que d'autres employés se sont refusés à marquer les mêmes chaînes, dans *la crainte de les détériorer?* Il est à désirer que les administrations qui régissent la garantie, adoptent un moyen quelconque pour faire cesser l'arbitraire, en traçant la ligne de démarcation qui doit exister entre le jaseron susceptible de la marque, et celui qui ne peut supporter cette opération, à cause de son extrême ténuité. L'usage d'un instrument semblable à celui dont le dessin lithographié se trouve dans ce volume, planche n° VIII, faciliterait la marque et contre-marque de toute espèce de jaserons, sans les endommager, sauf à déterminer la grosseur du dernier calibre des *pointes de rencontre et à rainures*, afin d'établir une règle invariable et uniforme dans tous les bureaux de garantie.

TITRE V.

Des ouvrages venant de l'étranger, et de ceux qui sont destinés à sortir du royaume.

La loi du 19 brumaire an 6 ayant établi les règles à suivre en ce qui concerne les ouvrages d'or et d'argent venant de l'étranger, comme de ceux qui sont destinés à sortir du royaume, nous entrerons dans quelques détails sur le mode d'exécution des art. 23, 24, 25 et 26 de la même loi.

SECTION PREMIÈRE. — *Des cas d'admission à la marque du poinçon* dit *étranger.*

Les ouvrages d'or et d'argent venant de l'étranger n'étant pas toujours au titre prescrit par les lois qui régissent le commerce de l'orfévrerie en France, il a fallu nécessairement qu'il y eût un poinçon particulier pour marquer ces sortes d'ouvrages, n'importe la quantité d'alliage contenue dans chaque pièce. Ce poinçon existe depuis le 7 mars 1749, en exécution d'un arrêt de la cour des monnaies, ainsi conçu : « Le poinçon qui doit être appliqué sur toutes les vaisselles et ouvrages d'or et d'argent venant de l'Allemagne, et autres pays étrangers, par les gardes et jurés des différentes communautés d'orfévres du ressort de la cour, sera uniforme et de la grandeur convenable pour ne point difformer lesdits ouvrages, et représentera les lettres E. T. Lequel poinçon ils seront tenus de faire insculper au greffe des monnaies, dans le ressort desquels ils sont établis, sur une planche de cuivre à ce destinée. »

Le poinçon dont il vient d'être parlé a été rétabli

par les lois nouvelles, et ne doit être apposé que sur les ouvrages présentés au bureau de garantie, sous les plombs de la douane, en conformité de l'art. 23 de celle du 19 brumaire an 6; car il y aurait trop d'inconvé-niens à marquer du poinçon étranger, qui ne garantit pas le titre, les ouvrages de *hasard* qui circulent dans le commerce de l'intérieur de la France (1).

Lorsque les ouvrages d'or et d'argent, venant de l'étranger, sont présentés aux employés des douanes, ou qu'ils en ont fait la saisie, faute par le contrevenant de les avoir déclarés en temps utile, il y a lieu à ren-voyer, devant les bureaux de garantie, tous ces ou-vrages qui ont dépassé la frontière, soit pour faire vé-rifier la légalité des marques dont ils seraient empreints, soit pour marquer, après acquit du droit, ceux qui en seraient susceptibles. Les employés de la garantie sont mieux en mesure que tous autres, de connaître les ob-jets qui sont véritablement dans le cas de recevoir la marque sans détérioration, si toutefois il s'agissait d'ou-vrages garnis de pierres, de perles fines ou fausses, ou de tout autre corps étranger. Ainsi, le renvoi au bu-reau de garantie le plus voisin de la frontière doit être effectué aussitôt que les employés des douanes ont reconnu l'existence des métaux précieux, n'importe la forme ou le poids des ouvrages qui leur sont présentés; autrement ils décideraient en dernier ressort dans une matière qui est étrangère à leur service habituel, et ils pourraient laisser entrer en franchise, à défaut d'expérience, des ouvrages susceptibles d'être mar-

---

(1) Le poinçon étranger peut cependant être appliqué sur quelques objets d'or et d'argent provenant de ventes publiques. *Voy.* **Liv. IV, Chap. II.**

qués, ce qui serait aussi préjudiciable aux fabricans de l'intérieur qu'à la perception.

Il s'est élevé la question de savoir si un particulier français ou étranger entre en France avec des bijoux d'or et des ouvrages d'argent à son usage, au-dessus de cinq hectogrammes, et fabriqués à l'étranger, est tenu de payer le droit de garantie sur la totalité, ou quelle est la *proportion* d'or et celle d'argent qui doit être prélevée, puisque cette proportion n'a pas été déterminée par l'art. 23 précitée; en outre, si les cinq hectogrammes accordés par la loi doivent être prélevés pour chaque individu composant une même famille.

Dans tous les cas douteux, lorsque l'expression de la loi laisse de l'incertitude sur le sens de ses dispositions, on doit les appliquer dans le sens le plus favorable au public, au commerce et le moins restreint. Ainsi, aux termes de l'art. 23 de la loi du 19 brumaire an 6, on doit laisser aux voyageurs, qui de l'étanger entrent en France, des bijoux d'or et de l'argenterie pour leur usage personnel, jusqu'à concurrence de cinq hectogrammes, et autant en ouvrages d'argent, sans en exiger le droit, et les soumettre à la marque du poinçon *étranger.* Mais il faut qu'il soit bien constant et reconnu qu'ils sont réellement à leur usage personnel, et ne forment pas des objets de commerce. L'excédant seulement doit être soumis au droit et à la marque.

Les ambassadeurs et envoyés des puissances étrangères ont droit à la franchise entière, généralement pour tous les objets d'or et d'argent qu'ils possèdent sans nulle exception ni limitation. On ne peut pas compter pour les autres voyageurs autant de fois cinq hectogrammes à passer en franchise et sans marque, qu'il y a de personnes composant une même famille, et qui rentrent en même temps de l'étranger en France. On ne doit considérer que le chef de famille ; sa femme et ses enfans ne comptent avec lui que pour une seule et même personne, relativement à l'introduction des objets de leur service personnel qui est commun à tous, autrement ce serait étendre à l'infini la faveur de la loi.

Le ministre des finances, voulant concilier les dispositions des art. 23 et 24 avec les égards dus aux Français qui rentrent sur le sol natal, a pris, le 31 juillet 1817, une décision qui modifie celle du 6 décembre 1814, et d'après laquelle l'administration des douanes est autorisée à admettre en franchise l'argenterie des particuliers français, lorsqu'il est prouvé, d'une part, qu'elle sert à l'usage personnel, et, en second lieu, qu'elle est marquée du poinçon de garantie en activité en France depuis l'an 6. Le contrôleur de la garantie demeure donc appelé à constater l'existence de cette seconde condition, par un certificat qu'il délivre aux employés des douanes, lorsqu'ils soumettent à sa vérification des ouvrages importés.

Ce certificat doit expliquer avec distinction : 1° si l'argenterie est empreinte du poinçon de garantie *créé en vertu de la loi du 19 brumaire an 6*; dans le cas de l'affirmative, elle a le caractère national, elle est admise en franchise; 2° si elle est revêtue *des anciens poinçons de la régie* (1), Son Excellence se réserve d'examiner s'il peut y avoir lieu de faire exception aux règles générales, en autorisant l'entrée avec exemption de droit; 3° si elle ne porte que des marques *étrangères*, ou réputées *insignifiantes et sans valeur ;* 4° ou si elle n'est empreinte d'aucune marque. Dans ces deux der-

(1) *Voy.* les tableaux, planches I, II, III.

nières suppositions, le contrôleur doit déclarer par son certificat, écrit sur l'acquit-à-caution de la douane, que l'ouvrage est étranger. Cette explication, devenue nécessaire pour indiquer l'origine nationale ou étrangère de ce genre d'ouvrage importé, suffira aux agens de l'administration des douanes pour appliquer ou refuser la faveur de la décision ministérielle ; l'initiative est accordée à M. le directeur général des douanes. *Circ. de l'adm. des monn. du 10 janvier 1818.*

Les ouvrages d'or et d'argent venant de l'étranger doivent être envoyés dans les bureaux de garantie établis à *Aix, Amiens, Arras, Bayonne, Besançon, Bordeaux, Brest, Caen, Carcassonne, Colmar, Digne, Dijon, Dunkerque, Foix, Fontenay, Gap, Grenoble, le Havre, la Rochelle, Lons-le-Saunier, Marseille, Metz, Mézières, Montbéliard, Mont-de-Marsan, Montpellier, Nantes, Pau, Perpignan, Rouen, Saint-Brieux, Saint-Lô, Saint-Malo, Saint-Omer, Strasbourg, Tarbes, Toulon, Trévoux, Valognes, Vannes et Valenciennes.* Ord. du 3 mars 1815, art. 2.

Section II. — *Des ouvrages d'or et d'argent à exporter.*

Les ouvrages neufs d'or et d'argent fabriqués en France, et ayant acquitté les droits, lorsqu'ils sortiront du royaume comme vendus ou pour l'être à l'étranger, les droits de garantie seront restitués au fabricant, sauf la retenue *d'un tiers* (1). — Cette restitution sera faite

(1) La remise *au tiers* des droits de marque et de contrôle sur les ouvrages d'or et d'argent fabriqués en France, et envoyés à l'étranger, remonte au 1er mars 1733. *Arrêt du conseil, art. 2.* Cette faveur a vraisemblablement eu pour objet de faciliter la vente des ouvrages des fabriques nationales chez l'étranger, où l'on ne paye pas les mêmes droits, afin de mettre son luxe à contribution.

par le bureau de garantie qui aura perçu les droits sur lesdits ouvrages, laquelle n'aura lieu cependant que sur la présentation d'un certificat de l'administration des douanes, qui constate la sortie de France desdits ouvrages. — Ce certificat devra être rapporté dans le délai de trois mois. *Loi du 19 brumaire an 6, art. 25 et 26.*

La restitution des deux tiers du droit de garantie accordée par les articles précités, aura également lieu pour les ouvrages d'or et d'argent fabriqués en France, qui seront exportés pour les colonies françaises. *Décis. du min. des fin. du 26 janvier* 1815 (1).

Les ouvrages doivent être accompagnés d'une déclaration *descriptive,* certifiée par les employés du bureau de garantie qui ont perçu les droits, et légalisée par le maire, ou à Paris par les administrateurs des monnaies. La douane de sortie confronte le tout; et, après l'acquittement des droits de son tarif, elle constate l'exportation définitive. Le *visa* du directeur des douanes, dans l'arrondissement duquel se trouve le bureau de sortie, et le sceau de l'administration, complètent les formalités exigées pour le remboursement des deux tiers du droit. L'empreinte du cachet du bureau de garantie doit être apposée sur la boîte ou sur l'enveloppe qui renferme les ouvrages, ainsi qu'à la marge du certificat, lequel doit constater que les ouvrages sont dûment empreints des poinçons de garantie.

L'art. 1er de l'ordonnance du 5 mars 1815 indiquait les bureaux de sortie pour les ouvrages d'or et d'argent, mais il y a été fait quelques changemens; on trouvera

---

(1) La même faveur fut accordée aux ouvrages de Paris, en vertu d'un arrêt du conseil, à la date du 24 mai 1765.

ci-après la nomenclature de ces bureaux, telle qu'elle est indiquée dans la tarif général publié par les douanes;

Bayonne, Bordeaux, la Rochelle, Nantes, Lorient, Saint-Malo, Cherbourg, Rouen, le Havre, Saint-Valeri-sur-Somme, Calais, Dunkerque, Lille, Valenciennes, Grivet, Charleville, Givonne, Forback, Strasbourg, Montbéliard, Morteau, Pontarlier, Jongne, Seyssel, Pont-de-Beauvoisin, Chapareillan, Briançon, Toulon, Marseille, Cette, Agde, Perpign n, Port-Vendre, Boulon, Hainhon, Assain et Pas-de-Beobic.

CHAPITRE VI.

De la recense gratuite.

Lorsqu'il s'agit d'empêcher l'effet de quelque infidélité relative aux titres et aux poinçons, l'autorité publique ordonne l'application d'un poinçon, dit de *recense*, sur tous les ouvrages d'or et d'argent. Le poinçon de recense s'applique *gratis au bureau de garantie* (1), après vérification faite de l'empreinte des poinçons dont l'usage cesse le jour même de l'ouverture de la recense. Ainsi, depuis l'établissement des bureaux de garantie, il y a eu trois recenses générales,

---

(1) Une circulaire du ministre des finances aux préfets contient un arrêté transitoire qui admet les marchands d'ouvrages d'or et d'argent à faire recenser leurs ouvrages *à domicile*, et règle les précautions qui doivent être employées en pareil cas, pour qu'il ne puisse résulter aucun abus du transport ni de l'usage des poinçons.

9 *

c'est-à-dire une en l'an 6, à l'égard des ouvrages marqués des poinçons de l'ancienne régie; la seconde, en 1809, et la dernière recense date du 16 août 1819, dont le dernier terme est échu le 16 novembre, même année. Il y a eu de plus une recense pour les ouvrages d'horlogerie, seulement, qui a fini le 1er mai 1822.

Les poinçons dont il ne pourra plus être fait usage seront renvoyés à l'administration des monnaies et biffés en sa présence. *Ord. du 5 mai* 1819, *art.* 4.

Après l'expiration du délai fixé pour la recense gratuite, les ouvrages d'or et d'argent marqués d'anciens poinçons, qui seraient trouvés dans le commerce ou exposés en vente sans être revêtus de nouveaux poinçons de recense et de contre-marque, seront assujettis à l'essai et soumis à l'acquit du droit de garantie, et à la marque et contre-marque des nouveaux poinçons, sans préjudice des peines portées par les art. 80, 82, 84 et 107 de la loi de brumaire an 6, en cas de contravention auxdits articles. *Même ordonnance, art.* 5.

Seront réputés non marqués les ouvrages d'or et d'argent qui ne porteront pas sur le revers au côté opposé à la marque des poinçons de titre, de garantie, de recense et du poinçon destiné aux ouvrages venant de l'étranger, l'empreinte du poinçon-bigorne ou de contre-marque; seront également réputés non marqués les ouvrages qui n'offriraient que l'empreinte du poinçon-bigorne ou de contre-marque, et sur lesquels ne se trouverait pas l'empreinte des poinçons supérieurs au côté opposé à celui marqué dudit poinçon-bigorne. *Ibid., art.* 6.

Il sera fabriqué un poinçon spécial pour les boîtes de montres et autres ouvrages d'horlogerie en or, et un différent pour les boîtes de montres et autres ouvrages d'horlogerie en argent (1). — Les poinçons spéciaux ci-dessus serviront pour la recense gratuite des boîtes de montres et autres ouvrages d'horlogerie. *Ord. du* 19 *septembre* 1821 , *art.* 2.

Les boîtes de montres d'or et d'argent neuves, et autres ouvrages neufs contenant ou destinés à contenir des mouvemens de montres, marqués des poinçons en usage antérieurement à l'ordonnance du 5 mai 1819 , et non revêtus des poinçons de recense et de contre-marque prescrits par ladite ordonnance, seront considérés et traités comme ouvrages finis et non marqués, *même dans le cas où ils seraient présentés aux bureaux de garantie.* Même ord., art. 1er.

Les boîtes de montres d'or et d'argent, et autres ouvrages d'horlogerie *dits* de hasard et appartenant à des particuliers, et qui rentreront dans le commerce après les délais de la recense gratuite, ou qui seront donnés au raccommodage , continueront d'être traités comme il est prescrit par les articles 14, 16 et 17 de la déclaration du roi, du 26 janvier 1749 (2). *Ibid.*

---

(1) Voir le tableau de ces poinçons , planche nº VIII.

(2) *Voy.* ces articles, Liv. IV, Chap. v.

~~~~~~

LIVRE IV.

Des visites de surveillance.

~~~~~~~~~

CHAPITRE PRÉLIMINAIRE.

De la nécessité des exercices de la garantie.

Les nombreuses ordonnances qui ont été rendues sur
le commerce de l'orfévrerie, depuis l'origine du poinçon commun ou de contre-marque, prouvent évidemment que les rois de France ont toujours porté une
attention particulière à établir une règle certaine pour
assurer le titre des métaux précieux. Philippe-le-Bel
nomma des prud'hommes pour garder ce poinçon dans
les diverses parties du royaume. François Ier et ses
successeurs établirent des maîtres et gardes-orfévres
dans toutes les villes où il y avait jurande, pour y
essayer et poinçonner les ouvrages d'or et d'argent,
comme pour surveiller l'exécution des réglemens sur
l'orfévrerie. Ces réglemens subsistaient encore lors de
l'avénement de Louis XVI, et ne furent point abolis
par l'assemblée constituante : elle en ordonna, au contraire, l'exécution, par une loi du 3 mars 1791, en
attendant qu'il fût pris de nouvelles mesures sur cette
partie d'ordre et d'intérêt public. Mais les progrès ra-
pides de la révolution ayant favorisé l'avidité de quelques

orfévres, on vit bientôt paraître une infinité d'ouvrages d'or et d'argent à bas titre, sans qu'il y eût la moindre opposition à leur vente. Un pareil désordre dans le commerce de ces ouvrages, dont la fixation du titre ne pouvait rester plus long-temps à la merci des ouvriers, qui, d'ailleurs, se multiplièrent considérablement par la suppression des maîtrises, obligea le gouvernement de rendre la loi du 19 brumaire an 6. Cette loi établit, dans les villes où les besoins du commerce pouvaient l'exiger, des essayeurs, des receveurs et des contrôleurs qui furent chargés, comme aujourd'hui, d'appliquer les poinçons de titre et de garantie sur les différens ouvrages d'or et d'argent, toutes les fois que ces ouvrages se trouvaient aux titres prescrits, respectivement suivant leur nature, en sorte que ces mêmes poinçons, qui ont été renouvelés deux fois depuis cette époque, sont, en quelque façon, envers les particuliers, garans de la bonté intérieure et du titre des ouvrages d'orfévrerie qui sont répandus dans la France, ou qui vont à l'étranger.

Pour faire connaître l'importance que les souverains ont toujours attachée aux visites de surveillance chez les orfévres, nous rappellerons quelques dispositions particulières à cet égard, qui prouvent combien il est nécesssaire de poursuivre la fraude sur la fabrication et la vente des ouvrages d'orfévrerie. Ainsi, par arrêt du conseil, à la date du 13 janvier 1685, *le roi y étant*, il fut permis au fermier de la marque d'or de faire des visites dans les maisons royales et privilégiées, où il y avait des orfévres, tireurs et batteurs d'or, et autres ouvriers travaillant en or ou argent.

Ces mêmes dispositions furent maintenues et mieux développées encore par l'art. 22 de la déclaration du roi, donnée à Versailles, le 26 janvier 1749, lequel est ainsi conçu : « Les commis des fermiers de nos droits pourront, assistés d'un officier de l'élection, se transporter en visites dans les chambres garnies que les orfévres ou autres ouvriers et traficans en or et en argent loueront, dans les maisons qu'ils occupent, à d'autres personnes, même dans les monastères, collé-ges, nos maisons, celles des princes de notre sang et autres lieux privilégiés, où il y aura des orfévres éta-blis, et *partout ailleurs* où ils seront informés qu'on fabrique ou qu'on fait commerce d'ouvrages d'or et d'argent, en contravention aux réglemens ci-devant faits et à la présente déclaration, à l'effet de saisir les-dits ouvrages, en observant les formalités prescrites par nos ordonnances. Voulons que les vaisselles et au-tres ouvrages d'or et d'argent qui se trouvent dans les chambres garnies, louées par les orfévres et autres ou-vriers à d'autres personnes, soient censés appartenir auxdits orfévres et autres ouvriers, et sujets à nos droits, si ce n'est que ceux qui seront logés dans les-dites chambres garnies n'affirment qu'ils y ont apporté lesdits ouvrages, et qu'ils leur appartiennent. »

CHAPITRE PREMIER.

Des visites chez les marchands d'ouvrages d'or et d'argent.

Le but des exercices chez les redevables assujettis aux lois de la garantie, est de vérifier avec la dernière

exactitude tous les objets d'or et d'argent en leur possession, afin de reconnaître la légalité des marques et
des contre-marques, qui constatent l'exactitude du
titre et l'acquittement des droits établis. Nous comprendrons dans ce chapitre les diverses classes de
marchands qui sont à portée de faire le commerce
d'ouvrages en orfévrerie, bijouterie et autres objets
garnis de métaux précieux.

TITRE PREMIER.

Des orfèvres.

La vérification des nombreux ouvrages d'or et d'argent doit se faire avec ordre, afin de ne point déranger
les marchandises qui sont étalées avec soin dans les
magasins d'orfévrerie. Ces marchandises ne peuvent
être vérifiées qu'en présence du propriétaire ou de
quelqu'un chargé de le représenter, indépendamment
de l'officier public qui accompagne les employés. Il
est même des circonstances où la prudence exige de se
faire présenter les pièces par le propriétaire, ou par
les personnes commises à cet effet, et ce, pour éviter
des contestations pénibles avec les redevables de mauvaise foi. Le contrôleur, qui fait des visites fréquentes
chez les orfévres, doit s'attacher principalement à la
vérification des ouvrages nouvellement achetés ou rendus par les ouvriers.

Lorsqu'un ouvrage d'or, d'argent ou de vermeil,
quoique marqué d'un poinçon indicatif de son titre,
sera soupçonné de n'être pas au titre indiqué, le propriétaire pourra l'envoyer à l'administration des monnaies, qui le fera essayer avec les formalités prescrites
pour l'essai des monnaies. *Loi du* 19 *brumaire an* 6,
art. 61.

On voit que cet article avertit que l'on peut faire
après la marque ce que l'on devait faire avant, pour
la sûreté du public ; mais on ne doit pas recourir légèrement à ce moyen extrême qui exigerait souvent la
destruction des pièces à essayer de nouveau, pour en
connaître le titre positif. Or donc, lorsque le contrôleur aperçoit des ouvrages qui lui paraissent suspects, quoique dûment marqués, il faut des causes
manifestes qui déterminent de justes soupçons, à l'é-
gard du titre : c'est à son intelligence et à sa sagesse de
les apprécier, afin de ne pas faire d'une mesure de prudence et de sûreté un acte de rigueur et d'injustice
qui puisse le faire accuser de vexation (1).

Il est inutile de rappeler ici que les employés chargés de la surveillance des orfèvres doivent acquérir
les connaissances nécessaires dans la partie d'art, afin
qu'ils puissent être à même de découvrir et arrêter,
non seulement les pièces dépourvues de l'empreinte
des poinçons du service courant, mais encore celles qui
sont indûment fabriquées, et d'empêcher en outre la
circulation des ouvrages marqués de faux, qui doivent
être confisqués *dans tous les cas*, indépendamment
des autres peines portées par la loi contre ceux qui
garderaient ou exposeraient ces ouvrages avec connaissance de cause.

Nous avons déjà fait observer que, pour faire une vérification exacte des ouvrages, l'employé doit choisir

(1) Une circulaire de la régie, à la date du 2 juin 1824, porte en
substance que l'on doit conserver à la marque *légale* la confiance
qu'elle doit inspirer au commerce et au public, et indique les moyens
à prendre pour réprimer la fraude, dans le cas où l'on aurait fait un
usage abusif des véritables poinçons. MM. les employés doivent consulter cette circulaire et s'y conformer exactement.

un jour convenable, afin que la lumière, tombant à plomb sur les marques à vérifier, puisse en éclairer toutes les parties. On doit éviter autant que possible de fermer un œil pendant la vérification. Cette habitude, que l'on contracte involontairement, peut fatiguer à la longue, sans produire un meilleur effet sur la loupe, qui doit être très-rapprochée de l'œil, ou à deux pouces de distance, au plus. Si l'on trouve plusieurs pièces de même ou de différente espèce, dont les marques ont fait naître quelques doutes sur leur identité avec leur type de comparaison, il convient d'examiner si les défauts n'auraient pas été occasionnés par l'usage d'un poinçon détérioré, ou par un trop faible coup de marteau, si la pièce est légère, et même si la marque a été *doublée* par la faute du marqueur, qui aurait négligé de donner un coup *brusque*, et de lever aussitôt la main qui tenait le poinçon sur la pièce à marquer.

Lorsqu'un poinçon n'a pas été trempé convenablement, il peut s'arrondir sur toutes les parties saillantes, ou s'égriser facilement sur les bords. Dans l'un et dans l'autre cas, les marques qui en proviennent se ressentent de cette altération du poinçon; et, quoique le marqueur soit attentif à mettre au rebut les poinçons détériorés par l'usage qu'il en fait journellement, néanmoins les *dernières* pièces, marquées d'un poinçon mis hors de service, sont capables d'embarrasser l'œil qui n'est pas assez exercé. Dans l'hypothèse, l'employé doit observer avec soin, et prendre tous les renseignemens nécessaires pour découvrir la vérité. On doit aussi considérer, en pareil cas, qu'une marque entière est toujours conforme à l'original, quant aux proportions et aux contours, abstraction faite des parties détériorées du poinçon.

Si le coup d'applicati on a été trop faible, et que la
marque ne soit pas entière, les signes de la contre-
marque viennent à l'appui de la vérification de l'empreinte du poinçon supérieur, à moins que cette vérification ne porte sur des anneaux brisés, dont la trempe
ne peut permettre qu'ils soient contre-marqués à fond.
La contre-marque n'offre ordinairement, sur ces sortes
d'ouvrages, qu'une légère trace des périmètres ou signes
qui garnissent la surface du petit poinçon-bigorne. Il
en est de même des boucles d'oreille et des bagues
creuses, auxquelles on soude ordinairement *un support* à l'endroit qui doit recevoir la marque. En effet,
si l'extrême dureté des pièces trempées (1) n'a pu
faire obéir la matière lors du poinçonnement, le défaut
de consistance d'une pièce extrêmement mince; dans
l'intérieur de laquelle la soudure laisse des vides inégaux, ne peut donner que des traits *floux* du poinçon-
bigorne. Mais le rapport entre les distances, les lignes
et les angles des périmètres; le placement des signes,
la direction et le nombre de traits qui existent dans
chacun d'eux, ameneront bientôt le vérificateur exercé
à la découverte du faux, ou à lui faire reconnaître la
légalité de ces contre-marques, imparfaitement empreintes sur l'ouvrage. Il est incontestablement démontré que le fabricateur trouvera toujours une difficulté insurmontable à placer identiquement les divers
signes de la bigorne gravée, quand bien même il serait

(1) On est parvenu à donner une espèce de trempe aux anneaux
brisés, afin de les rendre plus élastiques. Cette trempe de l'or peut
s'obtenir en introduisant dans les cendres froides l'ouvrage que l'on
veut durcir, à l'instant même où il sort du feu, et qu'il a pris *le rouge
de cerise* par l'effet du recuit. On ne le retire de la cendre qu'après
le temps nécessaire pour qu'il se refroidisse entièrement.

parvenu à se les procurer, l'un après l'autre, par contre-tiré ou autrement. Néanmoins, comme il est possible de rencontrer des marques et des contre-marques inappréciables sur quelques menus ouvrages, il est de la prudence du contrôleur de ne saisir que celles dont la fausseté peut se démontrer lors des expertises (1).

On convient en général qu'en matière de garantie, la vérification morale est quelquefois nécessaire, parce qu'il est possible de rencontrer des pièces dont la forme s'est entièrement refusée à prendre la contre-marque; d'autres qui n'ont pu recevoir l'empreinte d'aucun poinçon, soit par leur extrême délicatesse, soit pour être couvertes d'émail, garnies de pierres fines ou fausses, ou de tout autres corps étranger. Mais alors il convient d'avoir recours à la pierre de touche pour connaître le titre de l'ouvrage, lorsqu'il a été physiquement impossible de l'assujettir à la marque, parce qu'un intérêt plus puissant et plus général que celui du trésor est d'empêcher qu'on ne répande dans le commerce certains bijoux de mauvais aloi, sous le prétexte qu'on ne peut les marquer et contre-marquer sans détérioration. La loi de brumaire, en rétablissant le droit de marque et de contrôle a rendu la confiance que l'on doit accorder aux ouvrages d'orfévrerie, et ce serait contrevenir à ses dispositions, que de tolérer des pièces indûmeut alliées, n'importe leurs formes délicates ou l'existence d'un corps étranger qui en couvre presque toute la surface. Le titre d'une loi est ordinairement le résumé de la pensée du législateur. Or, cette loi est ainsi intitulée : *Loi relative à la surveillance du titre des matières et ouvrages d'or et d'argent.* Le lé-

---

(1) Voir, à ce sujet, ce qui est dit Liv. VI', Chap. 1, tit. x.

gislateur a donc voulu garantir au public le titre des ouvrages fabriqués avec ces métaux, quelle qu'en soit la forme, sauf aux administrations compétentes d'aviser aux moyens d'exécution pour empêcher la fraude.

En matière de garantie on distingue facilement la *contravention* de la fraude. Il y a simple contravention lorsqu'on a omis une simple formalité prescrite par la loi, et quand l'omission de cette formalité n'a pas eu pour objet spécial de se soustraire au droit de contrôle, ou de tromper le public par le défaut de titre. Les employés doivent donc saisir la nuance qui distingue la simple contravention de la fraude ; et l'usage des moyens de répression qui leur sont opposés, doit être pour eux un sujet habituel de réflexion.

Lorsque les employés sont fondés à croire qu'un redevable cherche à se soustraire aux obligations de la loi, ils ne doivent pas se borner aux heures habituelles pour le surveiller ; car la fraude n'a qu'un moment très-fugitif pour être découverte, et l'objet de la contravention échappe facilement aux recherches quand le moment n'est pas saisi à propos. Les contre-visites sont de nécessité absolue dans certains cas ; et les redevables ne peuvent se refuser aux exercices des employés, toutes les fois qu'ils le jugent nécessaire. Mais, aux termes de l'art. 106 de la loi de brumaire, les recherches ne peuvent être faites qu'en se conformant à l'art. 369 de la constitution, lequel est ainsi conçu : « La maison de chaque particulier est un asile inviolable pendant la nuit ; nul n'a le droit d'y entrer que dans le cas d'incendie, d'inondation ou de réclamation venant de l'intérieur de la maison. — Pendant le jour on peut y exécuter les ordres des autorités constituées. — Aucune visite domiciliaire ne peut avoir lieu qu'en vertu d'une loi, et pour la personne ou l'objet expressément désigné dans l'acte qui ordonne la visite (1). »

Ainsi, lorsque les employés se conforment aux dispositions de la loi du 19 brumaire an 6, pour faire des visites chez les redevables, il n'est pas de prétexte qui doive les empêcher d'agir dans l'intérêt de l'administration. La femme peut représenter le mari, lorsqu'il s'agit de procéder à des visites et à des recherches en son absence, lors même qu'il serait urgent de visiter dans tous les placards ou armoires qui pourraient se trouver dans son domicile (2). Toutefois, ceci ne doit avoir lieu que dans le cas de suspicion légitime de fraude; car les employés doivent bien se pénétrer de cette idée, que ce ne sera jamais par une sévérité excessive dans l'exercice de leurs fonctions qu'ils parviendront à fixer la bienveillance des deux administra-

---

(1) Les mêmes dispositions se trouvent retracées dans l'art. 76 de la constitution de l'an 8, et garanties par la charte constitutionnelle du 4 juillet 1814.

(2) En cas de résistance de la part des redevables ou des personnes commises par eux, qui ne céderaient pas même aux mesures prises par l'officier public, il y aurait lieu à l'application de l'art. 238 de la loi du 28 avril 1816, qui porte : « Les rebellions ou voies de fait contre les employés seront poursuivies devant les tribunaux, qui ordonneront l'application des peines prononcées par le code pénal, indépendamment des amendes et confiscations qui pourraient être encourues par les contrevenans. »

Toute attaque, toute résistance avec violence et voies de fait envers les officiers ministériels..... les préposés à la perception des taxes et contributions..... les officiers ou agens de la police administrative ou judiciaire, agissant pour l'exécution des lois, des ordres ou ordonnances de l'autorité publique..... est qualifié suivant les circonstances, crime ou délit de rebellion. *Code pénal*, art. 209.

tions, chargées de faire exécuter les lois et réglemens sur le commerce de l'orfévrerie; mais, en traitant les redevables avec beaucoup d'égards, ces égards ne doivent point dégénérer en intimité. L'employé doit éviter également, et d'encourir leur haine, et de trop captiver leur amitié; sans cette double précaution, les exercices seraient extrêmement pénibles ou mal faits.

TITRE II.

Des horlogers.

Les horlogers doivent être surveillés avec la même exactitude que les orfévres, puisqu'ils vendent des montres, et qu'ils sont libres d'ailleurs de vendre aussi d'autres ouvrages d'or et d'argent. Avant d'entrer en matière sur l'horlogerie, nous parlerons succinctement de l'origine de cet art, qui était absolument inconnu des anciens, puisqu'ils se contentaient de mesurer le temps d'une heure de soleil à l'autre, comme les Babyloniens, ou d'un coucher à l'autre, comme les Romains. Toute la connaissance qu'ils pouvaient en avoir à cet égard, était bornée aux cadrans solaires, aux clepsydres ou horloges d'eau, et aux sabliers.

La première horloge à rouage qui ait paru en France fut envoyée à Pepin-le-Bref en 760. Le calife Aaronal-Rachild fit présent à Charlemagne d'une horloge compliquée, dont nos historiens parlent avec admiration. On rapporte en outre que les horloges à balancier sont de l'invention du pape Sylvestre II, connu sous le nom de Gerbert-d'Aurillac. Celle du palais de Paris est la première grosse horloge que la capitale du royaume ait possédée : elle fut faite par Henri-de-Vic, et placée sur la tour en 1300.

On voit, dans l'histoire de Charles-Quint, qu'on lui présenta une *très-petite horloge*, comme quelque chose de fort curieux; et l'on doit rapporter l'origine des montres à cette époque. Plus tard, on inventa la fusée, et l'on se servit d'une corde à boyaux pour lui communiquer le mouvement produit par le ressort. Gruet, de Genève, parvint, dans la suite, à faire des petites chaînes d'acier, qu'on substitua au boyau. Enfin, l'invention du ressort spiral, par Huyghen, fit tout à coup changer la face de l'horlogerie, et l'on trouva le moyen d'établir des montres dont le prix était à la portée de tout le monde.

L'horlogerie de Besançon rivalise maintenant avec celle de Genève, et les soins de Berthoud, l'Epine, Bréguet et autres artistes distingués, ont placé au premier rang l'horlogerie de Paris. C'est dans l'intention de favoriser les fabriques françaises, que Sa Majesté a rendu, le 19 septembre 1821, une ordonnance relative à l'horlogerie. Les motifs qui ont rendu cette ordonnance nécessaire, sont : 1° qu'une grande quantité de montres étrangères se trouvaient répandues dans le commerce, malgré la loi du 5 brumaire an 5, qui en prohibe l'introduction en France; 2° que ces montres portaient, pour la plupart, des marques contrefaites; 3° enfin, que la surveillance de la douane luttait vainement contre ce genre de fraude, devenu d'autant plus dangereux, que quelques fabricans français en faisaient un objet de spéculation, et présentaient ces montres aux bureaux de garantie sous leur nom, avec l'empreinte de leurs poinçons particuliers. Cette ordonnance porte, art. 1er, que les boîtes d'or et d'argent neuves, et autres ouvrages neufs contenant ou destinés

10

à contenir des mouvemens de montres, marqués des poinçons en usage antérieurement à l'ordonnance du 5 mai 1819, seront considérés et traités comme ouvrages finis et non marqués, *même dans le cas où ils seraient présentés aux bureaux de garantie* (1).

Les horlogers ne peuvent avoir que de montres marquées ; mais, aux termes de l'art. 15 de la déclaration du roi du 26 janvier 1749, ils sont autorisés à enregistrer, sur le registre coté et paraphé qu'ils doivent tenir, tous les objets d'or et d'argent qui leur sont donnés à raccommoder en dépôt ou nantissement, en indiquant le nom et l'adresse du propriétaire, ainsi que l'espèce et le poids de l'objet, qui doit être désigné de manière à éviter les confusions, et à ne pouvoir élever de doute sur l'identité. Les employés ont le droit de compulser ce registre, et de n'admettre aucune déclaration qui ne serait pas inscrite, ni enregistrement qui se trouverait faux.

Quelques horlogers ont prétendu qu'ils n'étaient pas obligés d'enregistrer les montres qui leur sont données à raccommoder, et ils se fondent sur l'art. 15 précité. Il est vrai que les horlogers ne sont pas compris dans les dispositions de cet article ; mais c'est parce que ce qui les concerne est déterminé par l'article suivant, qui s'exprime ainsi : « N'entendons néanmoins assujettir les horlogers auxdits enregistremens, à la charge par eux de ne recevoir aucune montre d'or ou d'argent dont la boîte ne soit contrôlée, sous les peines portées par l'article précédent. » Ainsi, il faut qu'un horloger ne reçoive que des montres dûment marquées, ou qu'il

_____

(1) Les ouvrages d'horlogerie confisqués ne peuvent être vendus en nature par la régie. *Voy.* Liv. II, Chap. v, tit. II.

enregistre, pour ne pas être exposé à la saisie de celles qui ne seraient pas en règle (1).

TITRE III.

Des quincailliers, fourbisseurs, couteliers et autres faisant le commerce d'ouvrages d'or et d'argent.

La loi qualifie de marchand d'or et d'argent ouvré ou non ouvré, non seulement les orfévres et les horlogers, mais aussi les quincailliers, opticiens, tabletiers, fourbisseurs, couteliers, et enfin tous ceux qui font le commerce de ces métaux ouvrés ou non ouvrés. Les uns et les autres doivent avoir le registre coté et paraphé comme les orfévres, en remplissant les mêmes obligations qui leur sont imposées par les réglemens sur le commerce de l'orfévrerie. Les employés sont chargés de veiller à la tenue de ce registre, qui doit leur être représenté toutes les fois que les circonstances peuvent l'exiger, c'est-à-dire lors de chaque exercice. Le contrôleur de la garantie, ou celui qui en remplit les fonctions, doit examiner avec soin si toutes les pièces d'or ou d'argent qui garnissent les divers objets en coutellerie, quincaillerie ou autres, sont empreintes des marques des poinçons du service courant, et saisir tous ceux qui en seraient susceptibles, lorsque les redevables ont été suffisamment prévenus.

En avril 1756, la cour des monnaies fit un régle-

(1) Deux arrêts de la cour des aides, des 14 mai 1721 et 12 juillet 1724, faisaient défense aux horlogers d'avoir et de recevoir chez eux aucune montre d'or ou d'argent dont les *boites* ne fussent contrôlées, à peine de confiscation et d'amende. Quant à la nouvelle jurisprudence sur cette matière, *voy.* les arrêts de cassation rapportés Liv. VI, Chap. 1.

ment pour les couteliers, relativement à la fonte et à l'emploi des matières d'or et d'argent qu'ils avaient droit de fabriquer. Ce qui donna lieu à ce règlement, fut une saisie faite par les maîtres et gardes du corps de l'orfévrerie, au mois de décembre 1755, sur quelques marchands de la communauté des couteliers de la ville de Paris, dont les statuts sont de 1505. « Tous les maîtres couteliers de la ville de Paris, dit le règlement, seront tenus de travailler les ouvrages de leur profession qu'ils fabriquent en or et en argent, au titre prescrit par les ordonnances, etc. » Il y est aussi fait mention du poinçon de maître, et l'art. 4 est ainsi conçu : « Après avoir marqué de leur poinçon les ouvrages qu'ils auront commencés, et avant de les mettre à la perfection, ils seront tenus de porter, au bureau de la maison commune de l'orfévrerie, tous ceux de leurs ouvrages qui peuvent supporter la contre-marque, pour y être essayés et marqués par les gardes de l'orfévrerie, s'ils se trouvent au titre prescrit, sinon rompus; leur fait défenses de porter dans un même sac des ouvrages de différentes fontes, et d'exposer en vente aucun de leurs ouvrages s'ils ne sont marqués de leur poinçon, et du poinçon de contre-marque s'ils sont de nature à être contre-marqués, le tout à peine de confiscation et d'amende, même de plus grande peine, suivant l'exigence des cas, etc. »

La rédaction de cet article prouve évidemment que les visites chez les couteliers ne sont point une innovation du siècle, comme le prétendent quelques-uns d'entre eux. Ainsi, l'ancienne législation, comme la nouvelle, assujettit au droit de contrôle tous les objets fabriqués avec les métaux précieux, n'importe la forme, le poids et l'usage qui doit en être fait ultérieurement.

TITRE IV.

Des tireurs d'or.

Les art. 73, 74, 75, 76, 77, 78, 79 et 80 sont applicables aux fabricans et marchands de galons, tissus, broderies et autres ouvrages en fil d'or ou d'argent. *Loi du 19 brumaire an 6, art.* 81.

Il y a contravention de la part de ces fabricans ou marchands, s'ils n'ont pas fait leur déclaration à la municipalité, s'ils n'ont pas tenu de registre coté et paraphé, s'ils achètent de personnes inconnues, s'ils vendent pour fin des ouvrages en or et en argent faux. *Circ. de l'adm. des monn., du 1ᵉʳ prairial an* 8.

Les tireurs d'or sont tenus, en outre, de se conformer aux dispositions des anciens réglemens concernant les *argues royales*, auxquels il n'est dérogé, ni expressément par une disposition formelle qui les abroge, ni tacitement par celles de la loi du 19 brumaire an 6. L'art. 137 de cette loi enjoint seulement aux tireurs d'or et d'argent de porter leurs lingots aux argues nationales, pour y être *dégrossis, marqués* et *tirés* (1), et l'ordonnance du 5 mai 1824, art. 1ᵉʳ, rappelle ces mêmes dispositions. Mais la loi de brumaire n'ayant prononcé aucune peine contre les contrevenans aux dispositiens ci-dessus, c'est aux lois anciennes qu'il faut recourir pour chercher les règles applicables aux contraventions auxquelles la loi nouvelle n'a pas pourvu; elle a entendu nécessairement renvoyer les personnes et les choses aux dispositions des ordonnances et déclarations précédemment rendues sur cette matière. L'ap-

---

(1) *Voy.* la description de l'argue, Liv. V, Chap. 1.

plication de ce principe a été faite par la cour de cassation, dans un arrêt du 12 juillet 1817, qui contient
tout ce qu'il est possible de dire à cet égard (1).

Indépendamment d'une ordonnance rendue en 1672,
nous trouvons les règles applicables aux contraventions
dont il s'agit, dans les dispositions de celle du mois de
juillet 1681, sur les droits de marques d'or et d'argent.
L'article 15 de cette ordonnance est ainsi conçu : « Défendons aux tireurs d'or et d'argent d'en employer
d'autres pour leurs ouvrages, que celui qui aura été
tiré, forgé et dégrossi dans les forges et argues du fermier de nos droits, à peine de confiscation des lingots
et marchandises, et de trois mille livres d'amende;
comme aussi d'avoir chez eux aucuns fourneaux ni
creusets propres à fondre les lingots, ni aucunes forges,
argues, ni bancs propres à les dégrossir, sous les
mêmes peines. »

Les lingots affinés et marqués des poinçons ne pourront être tirés et dégrossis que dans les argues royales
et non ailleurs, à peine de trois mille livres d'amende
et de confiscation pour la première fois, et en cas de
récidive de punition corporelle. *Déclaration du roi du
25 octobre* 1689, *art.* 17. Quant à la répartition de ces
amendes et du produit de la confiscation, elle a été
réglée par l'art. 23 de la même déclaration, ainsi qu'il
suit : « Les amendes et confiscations qui seront adjugées
pour les contraventions faites au présent réglement,
appartiendront; savoir : un tiers au dénonciateur, un
tiers aux parties intéressées qui en auront fait la poursuite, et un tiers à nous, déduction faite, sur le total,
des frais de justice. »

(1) Voir cet arrêt, **Liv. VI, Chap.** 1, tit. 11.

Il s'est élevé la question de savoir si l'art. 104 de la loi du 19 brumaire an 6 avait abrogé cette disposition, puisqu'il n'accorde aucune part aux employés, ni au dénonciateur, sur les amendes en matière de garantie ; mais c'est parce que la répartition dont il s'agit n'est applicable *qu'aux affaires d'argue*, que l'art. 23 précité doit avoir son exécution. En effet, pour qu'une loi déroge à celles qui l'ont précédée, dit Merlin, dans son *Répertoire de jurisprudence*, il faut ou qu'elle déclare formellement qu'elle y déroge, ou que ses dispositions soient inconciliables avec les leurs ; dans tous les autres cas, la loi nouvelle est censée se référer aux lois anciennes, et les dispositions de celles-ci doivent *s'amalgamer* avec les dispositions de celles-là. » Or, la loi du 19 brumaire an 6 n'ayant fait que rétablir les argues, sans rien statuer sur les peines, les lois anciennes doivent nécessairement subsister pour la répartition des amendes, comme pour la condamnation des contrevenans. D'ailleurs, l'administration des monnaies, par une lettre du 28 octobre 1817, donne connaissance d'une décision ministérielle qui autorise cette même répartition.

Les dispositions ci-dessus, relatives aux contraventions en matière d'argue, se trouvent reproduites dans l'article 22 de l'édit du mois de décembre 1721, lequel est conçu dans les termes suivans : « Voulons qu'il ne puisse être tiré ni dégrossi aucun lingot que par les argues par nous établis, et non ailleurs, dans lesquels argues il n'en sera tiré que de ceux marqués, comme il est dit ci-dessus, le tout à peine de trois mille livres d'amende et de confiscation pour la première fois, même de punition corporelle en cas de récidive. »

Par arrêt du conseil, à la date du 24 avril 1725,

revêtu de lettres-patentes du 7 mai suivant, il a été ordonné ce qui suit, art. 2 : « Les tireurs d'or de Paris seront tenus, huit jours après la publication des présentes, de remettre au bureau de l'argue de notre fermier de Paris toutes les filières qu'ils ont propres à servir audit argue (1), de laquelle remise il sera fait mention sur un registre qui sera tenu à cet effet par le receveur audit bureau, avec une déclaration ensuite signée desdits tireurs d'or, qui ne leur en reste aucune de la grosseur des trous de celles servant audit argue. Défendons auxdits tireurs d'or, ainsi qu'aux orfévres et à tous autres particuliers, d'avoir et tenir chez eux, ni partout ailleurs, aucune desdites filières de la grosseur des trous de celles servant à l'argue, à peine de confiscation et de trois mille livres d'amende, même de déchéance de maîtrise contre les maîtres tireurs d'or ou orfévres, chez lesquels lesdites filières seront trouvées ; et, à tous autres ouvriers, d'en faire ni faire faire aucune desdites grosseurs, pour autre que pour notre fermier desdits droits, sur les mêmes peines ; dérogeant à cet effet à l'arrêt de notre conseil du 10 janvier 1688, qui permet auxdits d'or d'avoir leurs filières en leur possession (2). »

« Défendons, sous les mêmes peines, à tous tireurs, batteurs d'or, doreurs et autres ouvriers qui emploient les matières d'or et d'argent affinées, d'en employer

---

(1) Il paraît qu'autrefois on plaçait le mot *argue* au genre masculin ; mais la nouvelle nomenclature des termes d'art désigne l'argue comme appartenant au genre féminin.

(1) Une ordonnance, du 5 mai 1824, permet aux tireurs de cuivre et d'or et d'argent faux d'avoir des filières, et même de faire établir chez eux des argues particulières. Quant aux formalités à remplir, *voyez* ce qui est dit Liv. V, Chap. 1.

d'autres que celles provenant des affineurs; et à tous orfévres, tireurs d'or et autres, d'avoir, dans leurs maisons ni ailleurs, aucuns bancs attachés ni scellés en place, peur tirer aucuns ouvrages, de quelque nature que ce soit. » *Ibid., art.* 4. Enfin, deux édits des mois d'août 1757 et décembre 1760 veulent que les ordonnances, édits et réglemens concernant les tireurs, écacheurs d'or et d'argent, et autres ouvriers qui emploient ces métaux, soient gardés selon leur forme et teneur.

La surveillance des tireurs d'or ou marchands de dorures consiste : 1° dans la vérification exacte de leur registre coté et paraphé, lequel doit toujours présenter l'entrée des matières destinées à subir l'opération de l'affinage, et le retour des lingots affinés ou ceux qui sont déjà forgés et convertis en bâtons pour être dorés (1) Ces bâtons doivent porter l'empreinte

---

(1) Voici de quelle manière on opère à Lyon pour dorer les bâtons d'argent destinés à passer à l'argue, et à être réduits ensuite en fil le plus mince possible.

On prend le bâton avec les deux pinces légèrement dentées d'une tenaille, qui en saisit la pointe dans toute sa longueur; les branches de cette longue tenaille sont serrées par un anneau de fer; et, après avoir posé le tout dans l'entaille d'un chevalet ajusté sur un banc solide, un ouvrier s'assied dessus et met la tenaille entre ses cuisses, en sorte que le bâton se trouve devant lui et un peu incliné; il le racle avec un couteau à deux poignées qu'il tient devant lui, après avoir passé un anneau de cuir autour du bâton, pour éviter d'émousser le tranchant de cet outil contre le bout de la tenaille. Un autre ouvrier, debout vis-à-vis le premier, racle de l'autre partie du bâton en sens contraire, jusqu'à ce qu'il soit entièrement découvert, et qu'il n'y paraisse aucune défectuosité qui puisse empêcher l'adhérence de l'or.

Le raclage étant achevé, on couvre le bâton de charbons bien allumés, et sans qu'il y ait le moindre fumeron; et, dès qu'il a pris le rouge de cerise, on le retire et on le reprend dans la tenaille

du poinçon qui est déposé au bureau du receveur de l'argue ; 2° dans la recherche des machines et ustensiles qui peuvent faire découvrir les fausses argues, telles que filières de dimension, banc scellé à plâtre, dévarisage (1),

---

qui est replacée comme ci-devant sur le chevalet; on passe dessus rapidement un vieux linge ; et, pour achever de nettoyer ce bâton des cendres qu'il avait retenues du brasier, on le fouette avec une longue frange de fil de chanvre. Les deux mêmes ouvriers lissent le bâton chacun par un bout, avec un brunissoir sur lequel ils appuient fortement, en le tenant par ses deux poignées. Toutes les parties du précédent raclage étant abattues, on porte la tenaille et le bâton encore très-chauds sur un autre banc à chevalet peu élevé; on l'entoure d'une première couche d'un nombre déterminé de feuilles d'or, et posées graduellement l'une sur l'autre, de manière que la même quantité couvre entièrement le bâton. Après la première couche, on en met une seconde ou une troisième de même nombre, suivant l'épaisseur que l'on veut donner à la dorure, qui est de 42 feuilles l'une sur l'autre au plus, et de 28 au moins.

Pour enlever l'air intermédiaire qui reste en plusieurs endroits, on entoure le bâton d'une chevillière ou ruban de fil de chanvre, et on le remet ainsi emmailloté dans le feu : on lui fait prendre de nouveau, et également d'un bout à l'autre, le rouge de cerise. Lorsqu'il est à ce degré de chaleur, on le retire du feu en le saisissant avec la tenaille, on le fouette avec le paquet de frange pour détacher entièrement le ruban de fil qui s'est converti en cendres. Quand il est net, on le brunit avec une pierre qui, selon M. Hellot, est le *lapis ceraunias* de Pline. Ce morceau de pierre, fort dure et bien polie, est enchâssé au milieu d'un morceau de bois assez long pour être conduit avec les deux mains comme l'outil à racler. Ce brunissement exige, de la part des ouvriers, une grande habitude pour ramener l'air qui peut y avoir encore entre l'or et l'argent, et qui peut sortir par les extrémités du bâton, sans le moindre éclat. Cette méthode est préférable à l'habitude contractée par quelques ouvriers de *fendre* la dorure d'un bout à l'autre du bâton d'argent.

(1) Le banc à *dévariser* sert à mettre le bâton de calibre, après avoir été arrondi par le forgeur. Le dévarisage appartenant à l'argue royale est construit avec deux *crics* renversés; mais ceux qui servent à la fraude n'en ont qu'un, parce que les bâtons destinés à être dévarisés clandestinement sont plus minces que les autres. Au milieu

creusets et fourneaux propres à la refonte des retailles ou autres matières affinées ; 3° enfin, dans la découverte des lingots, dits *bâtards*, destinés à être tirés clandestinement (1), ainsi que des matières non enregistrées, et des fils de *cuivre* doré ou argenté, *mêlés* dans les galons ou autres ouvrages *en dorure fine.*

CHAPITRE II.

Des ventes publiques.

Nous comprendrons, dans ce chapitre, les ventes faites dans les monts-de-piété et les autres établissemens destinés à des ventes ou à des dépôts de vente ; celles qui ont lieu après décès par le ministère des commissaires-priseurs, et enfin les ventes faites, dans les foires et marchés, par des colporteurs ou autres marchands ambulans, dont la surveillance est spécialement confiée à l'administration municipale.

---

de ces deux crics est ajusté un pignon qui fait aller la machine par le moyen d'une manivelle, afin de conduire la tenaille avec laquelle on a saisi la pointe du bâton, ce qui ressemble au banc-à-tirer des orfèvres.

(1) Ces lingots, n'ayant pas été portés au bureau de garantie, sont destinés à la fraude, et peuvent conséquemment alimenter les fausses argues. Mais les fraudeurs, au lieu de diviser leurs lingots affinés en *trois* parties égales, ainsi qu'on le pratique à l'argue, subdivisent ces trois parties en six ou neuf bâtons, parce que les argues clandestines sont de plus petite dimension, afin qu'on puisse les démonter plus facilement au besoin, et transporter ailleurs ces machines frauduleuses, qui sont établies, pour la plupart, dans la campagne.

TITRE PEEMIER.

Des monts-de-piété.

Les anciens réglemens assjettissaient au droit et à
la marque les ouvrages d'or et d'argent déposés au
mont-de-piété de Paris (1) , comme les autres objets
d'orfévrerie qui rentraient dans le commerce. Il y avait
un poinçon particulier pour marquer les ouvrages vendus dans cet établissement ; ce poinçon représentait un
chapeau de Mercure, et était appliqué par l'un des
commis du fermier, dans le lieu même où s'opérait la
vente. *Arrêt du conseil du 18 mars* 1779.

La loi du 19 brumaire an 6 veut, art. 28 , que les
ouvrages d'or et d'argent déposés au mont-de-piété et
dans les autres établissemens destinés à des ventes ou
à des dépôts de vente , soient assujettis à payer le droit
de garantie, lorsqu'ils ne les ont pas acquittés avant le
dépôt.

Les employés sont tenus de surveiller cet établissement ; mais les ouvrages d'orfévrerie qui y sont exposés
ne peuvent être sujets à payer les droits *qu'au moment
de la vente*; parce qu'alors seulement ils rentrent dans
le commerce, et cessent d'être la propriété des particuliers : cette règle est devenue loi par le réglement
relatif au mont-de-piété de Paris. Ce principe est établi
dans la circulaire de l'administration des monnaies du
mois de prairial an 8 , et dans celle que le ministre des
finances a adressée aux préfets en floréal de la même
année.

En conséquence , le contrôleur de la garantie doit
s'entendre avec le directeur du mont-de-piété pour déterminer le jour de chaque semaine ou de chaque

(1) Cet établissement fut créé en France, par édit du mois de
février 1626.

mois, où l'on effectuera la vente des ouvrages d'or et d'argent, afin qu'un employé puisse y assister pour vérifier les ouvrages, et séparer ceux qui n'ont pas de marque légale, ou briser les pièces qui ne seraient achetées que pour *vieille matière*, et enfin prendre note exacte des ouvrages qui doivent être portés au bureau de garantie pour y être marqués, après essai et acquit du droit.

Une décision du ministre des finances, à la date du 15 novembre 1822, art. 3, établit comme règle gérále, que tous les ouvrages vendus au mont-de-piété de *Paris* doivent être essayés au touchau; que les ouvrages trouvés au titre légal seront marqués du poinçon ordinaire de garantie, et que les pièces qui seront reconnues à un titre inférieur seront marquées seulement du poinçon extraordinaire destiné aux ouvrages venant de l'étranger. Mais la faveur qui résulte de cette décision ayant été accordée ensuite à plusieurs monts-de-piété, par des décisions spéciales, il était dans les principes de l'équité d'en faire jouir les établissemens du même genre qui ont été institués pour le soulagement de la classe indigente. A cet effet, Son Excellence a pris une autre décision, à la date du 14 juillet 1824, qui rend applicables à *tous* les monts-de-piété qui existent dans le royaume ou qui peuvent y être établis, les dispositions de l'art. 3 de la décision du 15 novembre précitée (1),

_____

(1) Il est à remarquer que cet article doit se combiner, pour le prix de l'essai *des ouvrages d'argent*, avec l'art. 1ᵉʳ de la décision ministérielle du 4 octobre 1822, et qu'en conséquence l'essayeur doit faire sa perception à raison de 80 centimes par chaque pesée de deux kilogrammes; et ainsi proportionnellement, soit en plus, soit en moins, sans exception de fonte, puisqu'il ne s'agit ici que du simple essai au touchau. Voir les décisions, Liv. II, Chap. IV.

Les essayeurs devant éprouver au touchau tous les ouvrages provenant des ventes faites dans les monts-de-piété, ne doivent percevoir le prix de leurs essais qu'à raison de 9 centimes par décagramme pour l'or; mais il est nécessaire, pour ne causer aucun préjudice à ces établissemens et aux acheteurs, d'observer les procédés en usage pour l'essai au touchau des menus bijoux; les essayeurs doivent en outre distinguer, dans leurs bulletins d'essai et sur leur registre, les ouvrages trouvés au titre légal qui doivent être empreints des poinçons de garantie ordinaires, et les ouvrages d'un titre inférieur susceptibles de l'application du poinçon destiné aux ouvrages étrangers.

Tous les ouvrages doublés ou fourrés de matières étrangères, ne doivent recevoir l'empreinte d'aucun nouveau poinçon de garantie; l'intérêt du public et du commerce exige que les ouvrages reconnus en cet état soient brisés. *Circulaire de l'adm. des monn., du 26 décembre 1822.*

Les ouvrages des monts-de-piété, n'étant essayés qu'au touchau, ne doivent être marqués, lorsqu'ils sont au titre, que des petits poinçons de garantie, comme les menus ouvrages qui n'indiquent qu'approximativement le dernier des titres de l'or et de l'argent, ou des petits poinçons étrangers, lorsqu'ils ne sont pas au titre légal. *Même circulaire.*

TITRE II.

Des ventes publiques, après décès.

Les difficultés qui ont été élevées relativement à l'obligation de faire marquer et acquitter les droits sur les ouvrages d'orfévrerie, qui se vendent publiquement, ont fait mettre en question si la marque devait être apposée *avant* ou *après* la vente; mais S. Exc. le ministre des finances a décidé qu'il suffit d'exiger des commissaires-priseurs une déclaration des effets d'or et d'argent qu'ils veulent mettre en vente, et que c'est seulement après l'adjudication que ces effets doivent être essayés, poinçonnés et soumis à la perception du droit, à moins que, pour se dispenser de ces obligations, l'adjudicataire ne déclare ne pas vouloir conserver dans leur forme les objets qui leur ont été adjugés, auquel cas ils doivent être brisés par l'employé qui a été spécialement chargé d'assister à la vente. *Circ. de la régie, du 28 juin 1823, droits divers.*

Le ministre des finances, par l'art. 4 de sa décision du 15 novembre 1822, prescrit l'essai au simple touchau, pour tous les ouvrages d'or et d'argent provenant des ventes publiques faites après décès par les commissaires-priseurs, et détermine aussi que les ouvrages reconnus au titre légal seront marqués du poinçon de garantie ordinaire, et que les pièces trouvées à un titre inférieur recevront l'empreinte du poinçon étranger. Toutefois, les employés doivent remarquer que cette exception n'est admise qu'en faveur des héritiers au profit desquels les successions sont ouvertes par ces décès, lorsqu'ils se rendent adjudicataires de quelques-uns des objets qui en dépendent, et que cela est constaté par les procès-verbaux de ventes légalement dressées par les commissaires-priseurs qui y ont procédé, parce que, dans ce cas, l'héritier adjudicataire est considéré comme une seule et même personne avec le défunt, et que la propriété, par une fixion que l'on étend de l'héritier partageant en nature les effets de la succession avec ses co-héritiers, à l'héritier adjudicataire, semble ne pas éprouver plus de changement dans un cas que dans l'autre. *Circ. de l'admin. des mon.*, du 26 décembre 1822.

Ainsi, l'essai au touchau et l'application des poinçons, soit de garantie, soit étranger, suivant le résultat de l'essai, ne doivent avoir lieu que lorsque l'essayeur s'est assuré, par le procès-verbal de vente, qu'il doit se faire représenter, que les ouvrages, pour lesquels on réclame le bénéfice de l'exception, ont été réellement adjugés aux héritiers ayant droit à la succession; dans ce cas, l'essayeur doit suivre, pour ses essais au touchau, des ouvrages provenànt des ventes publiques après décès, et la marque des ouvrages adjugés aux héritiers, les règles concernant ce mode d'essai, et distinguer, sur son registre et dans ses bulletins, les ouvrages au titre qui sont susceptibles de l'apposition des poinçons de garantie, et les pièces qui, n'étant pas au titre, sont susceptibles de recevoir l'empreinte du poinçon étranger; il doit y énoncer les noms du défunt de la succession duquel dépendent ces objets, les noms des héritiers qui s'en sont rendus adjudicataires, et la date des procès-verbaux de vente, afin de pouvoir justifier ses opérations et celles de la marque des ouvrages, dans tous les temps et dans toutes les circonstances. *Ibid.*

On ne doit pas faire jouir de la faveur de l'exception accordée aux héritiers adjudicataires les personnes étrangères à l'hérédité, auxquelles peuvent être adjugés des objets d'or et d'argent vendus en public, après le décès du propriétaire; cette exception, étant limitée à la personne des héritiers, ne peut profiter à d'autres. Les exceptions, en principe général, doivent être restreintes et non pas étendues par ceux qui, dans la pratique, sont chargés d'en faire l'application ; on ne peut étendre les exceptions, établies par la décision ministérielle, des cas qu'elle a prévus et des personnes au profit desquelles elles sont nominativement créées, à des cas non prévus et non spécifiés, à un établissement spécial et à des personnes non désignées. L'essayeur, ainsi que les employés de la garantie, ne pourraient y donner de l'extension qu'en franchissant les limites dans lesquelles la décision de Son Excellence renferme ces exceptions (1), et ils se compromettraient gravement. *Ibid.*

Les boîtes de montres vendues dans les ventes publiques des départemens, lorsqu'elles sont adjugées à des héritiers, doivent, comme celles qui sont vendues à des ventes publiques qui s'opèrent à Paris, lorsque les héritiers en sont adjudicataires, recevoir, lorsqu'elles sont au titre, l'empreinte non seulement du poinçon de garantie, mais aussi du poinçon spécial de l'horlogerie. Si elles sont fourrées ou garnies de cercles ou ornemens de cuivre, de fer, de platine ou autre matière étrangère, elles doivent être brisées ; mais elles doivent être marquées des poinçons étrangers, lors même qu'elles sont seulement à bas titre, comme les ouvrages d'un autre genre, et on doit y ajouter la marque du poinçon spécial de l'horlogerie. *Ibid.*

Si l'adjudicataire de l'un ou de plusieurs ouvrages trouvés trop faibles de titre par l'essai au touchau, croit souffrir quelque lésion par l'application qui serait faite du poinçon étranger sur les ouvrages qui lui auraient été adjugés, il peut, aux termes de l'art. 5 de

---

(1) Voir cette décision, Liv. II, Chap. IV.

11

la décision de Son Excellence, exiger, conformément
à l'art. 57 de la loi du 19 brumaire an 6, qu'il en soit
fait un autre essai à la coupelle ; mais il doit, dans ce
cas, payer le prix de cet essai, suivant le taux fixé par
les articles 62 et 63 de la loi précitée. L'essayeur doit
procéder à se second essai dans les formes voulues par
la loi et par les règles de l'art. Si l'ouvrage est au titre,
les pièces peuvent être revêtues des poinçons indicatifs
de leur titre réel, et des poinçons de garantie ordinaires : dans ce cas, on doit biffer l'empreinte des
poinçons étrangers ; dans le cas contraire, il faut la
laisser subsister. Dans tous les cas, l'essayeur est fondé
à se faire payer le prix de cet essai, qui a été requis
par l'adjudicataire. *Même circulaire.*

TITRE III.

Des foires et marchés.

Les employés de la garantie et autres, quel que soit
leur grade dans la régie des contributions indirectes,
doivent vérifier les ouvrages des marchands qui s'établissent sur les foires et marchés, pour assurer l'exécution des lois et réglemens sur le commerce de l'orfévrerie. L'art. 93 de celle du 19 brumaire an 6
charge le maire ou son adjoint de faire examiner les
ouvrages d'or et d'argent par des personnes connaissant les marques et poinçons, afin d'en constater la
légitimité ; et, dans le cas de contravention, c'est l'officier public qui fait saisir les ouvrages dépourvus des
marques des poinçons de l'état, et les fait remettre au
tribunal de police correctionnelle de l'arrondissement.
Même loi, art. 94.

Si la loi précitée a mis les marchands forains ambulans ou autres se qualifiant *commis-voyageurs*, spécialemeut sous la surveillance des administrations municipales, c'est que les bureaux de garantie ne sont pas assez multipliés pour les avoir mis exclusivement sous celle des employés ; mais cette attribution donnée aux commissaires de police, ou aux maires et leurs ad- joints dans les petites communes, n'exclut pas la sur- veillance générale donnée par la loi, art. 71, 101 et 105, aux employés des bureaux de garantie ; ils doi- vent les exercer concurremment avec ces officiers. *Circ. de l'admin. des mon.*, *du 13 germinal an 10.*

Depuis l'ordonnance du 5 mai 1820, les contrôleurs de la garantie étant placés sous les ordres du directeur des contributions indirectes, comme les autres em- ployés de la régie, doivent partager, avec les contrôleurs de ville, la surveillance chez les marchands et fabri- cans d'ouvrages d'or et d'argent, établis ou vendant sur les foires et marchés, dans le lieu de leur résidence; mais, excepté les cas d'urgence reconnus par le direc- teur, les contrôleurs ne peuvent sortir de leur rési- dence. D'après cette disposition, et lorsqu'il n'y a pas urgence de déplacer le contrôleur de la garantie, c'est aux employés des recettes rurales à vérifier les ou- vrages d'or et d'argent, qui peuvent être étalés sur les foires et marchés, en observant, d'ailleurs, les forma- lités prescrites par la loi du 19 brumaire an 6. La vé- rification exacte de tous ces ouvrages est d'autant plus nécessaire, que les brocanteurs et autres marchands ambulans sont nantis, pour la plupart, de bijoux à faux titre, et, conséquemment, dépourvus de mar- que légale, au mépris des lois sur le commerce de 'orfévrerie.

11*

CHAPITRE III.

Des visites chez les fabricans, affineurs et départeurs.

LES orfévres, les bijoutiers, les joailliers et autres fabricans d'ouvrages d'or et d'argent, formant diverses classes d'assujettis aux exercices de la garantie, nous les désignerons séparément dans ce chapitre, afin de prémunir les employés contre les abus qui pourraient s'introduire dans les divers ateliers où l'on fait une différente manipulation des métaux précieux, et auxquels on fait subir tant d'épreuves pour varier les formes des ouvrages, comme pour les embellir de toutes sortes d'ornemens, soit par le secours de la ciselure, soit par d'autres moyens de fabrication qui sont mis en usage suivant l'idée de l'ouvrier, et la nature du métal qu'il veut employer (1).

TITRE PREMIER.

Des bijoutiers.

Les ateliers de bijouterie doivent être surveillés avec exactitude par des employés connaissant la partie d'art, puisque les formes des ouvrages confectionnés

(1) On donne aujourd'hui une nouvelle richesse à nos bijoux d'or, en variant leurs ornemens extérieurs par des dessins d'un goût le plus recherché, que l'on relève, comme on le pratiquait autrefois, par des ors de différentes couleurs. C'est à Paris principalement que se fabriquent ces sortes d'ouvrages pour toute l'Europe.

dans ces ateliers varient à l'infini, et que les creu-
sistes (1) font quelquefois un usage abusif de la soudure,
d'autres qui cherchent à fourrer leurs ouvrages de matière étrangère, contrairement à l'art. 65 de la loi du
19 brumaire an 6, qui prononce, outre la confiscation
des pièces fourrées, une amende de vingt fois la valeur
des objets saisis.

La surveillance chez les bijoutiers consiste d'abord
à connaître le nombre d'ouvriers, apprentis et polisseuses qui peuvent travailler dans chaque fabrique ; à
examiner les diverses sortes de bijoux que l'on y fait
habituellement ; s'ils sont creux ou massifs, à filigrane,
garnis de canetilles, ou composés d'autres pièces réunies
ensemble par des soudures; et même si les ouvrages sont
garnis de corail, de perles, de cristaux ou de tout
autre corps étranger. Ces bijoux, avec complication de
pièces, même en or de couleur (2), exigent, quant à
la surveillance du titre, des remarques particulières en
ce qui concerne la pratique de l'art.

Le contrôleur de la garantie et les autres employés
en exercice chez les bijoutiers, doivent s'assurer du
titre de la matière employée dans les pièces principales

----

(1) Dans le langage de la fabrication, l'on nomme *creusiste* celui
qui travaille sur des bijoux creux. C'est pour donner plus de consistance aux différentes pièces, qui sont prises sur une plaque laminée
très-mince, que le creusiste fait usage de la soudure en *limaille*.
Cette soudure facilite les moyens de fabrication ; mais elle doit être
employée de manière à ce qu'il n'y ait pas de *surcharge répréhensible*,
afin d'éviter le brisement des ouvrages, lorsqu'ils sont soumis à
l'essai.

(2) L'or de couleur, qui sert d'ornement aux bijoux, est composé
de trois parties d'or fin et d'une d'argent, pour ce qui est de l'or *vert*.
L'or *rouge* est allié avec le cuivre de rosette, et l'or *gris* contient une
partie d'acier.

des ouvrages trouvés en fabrication, et examiner, en outre, si les rosettes, les grains, les supports, les viroles, les fils taraudés ou unis, soudés ou ajustés intérieurement ou extérieurement sont aussi de bon aloi. Il importe de s'assurer encore si l'on n'aurait pas introduit, dans les parties creuses, quelques-unes de ces matières étrangères, qui peuvent augmenter le poids des ouvrages, sans en altérer le titre. Les plaques de colliers, les cadenas ou fermoirs et autres objets émaillés à l'extérieur, ne doivent pas être *contre-émaillés en dedans*, parce que, toutes les fois que l'émail est caché et couvert d'or, il peut être considéré comme une fourrure dans le sens de l'art. 65 précité.

On fabrique aujourd'hui de grandes quantités de clefs de montres et des cachets à pierres, qui sont composés, pour la plupart, de pièces creuses. Les clefs, principalement, sont entourées d'un carré creux, indépendamment de la sertissure, et il importe de s'assurer si le fabricant ne laisse pas le *mandrin* ou broche d'argent ou de cuivre, dont il a nécessairement fait usage pour faire passer cette pièce creuse dans la filière. On a trouvé aussi des bagues, des boucles d'oreille et autres objets composés de fils ronds ou carrés, mais creux d'un bout à l'autre, et auxquels on avait laissé le mandrin dont il s'agit, pour leur donner l'apparence et le poids du massif.

L'administration des monnaies, dans une circulaire à la date du 15 germinal an 10, signale d'autres genres de fraude, d'autant plus dangereux, qu'ils sont plus difficiles à découvrir (1); et elle défend la surcharge de soudure dans les ouvrages creux. La défense d'em-

---

(1) Voir ce qui est dit Liv. III, Chap. v, Tit. 11.

ployer la soudure avec profusion lors de la confection des ouvrages d'or et d'argent, existe depuis le 13 octobre 1687, par arrêt de la cour des monnaies. « Les orfèvres, y est-il dit, ne pourront employer trop de soudure dans leurs ouvrages, sous quelque prétexte que ce soit, encore qu'ils en fussent requis par des particuliers ou autres personnes, à peine de 50 livres d'amende et de confiscation des ouvrages. »

Dire, comme certains fabricans, que l'administration ne consulte pas l'intérêt de la classe industrieuse, en exigeant, *sans égard pour la soudure*, que le titre des ouvrages creux se trouve rigoureusement dans la tolérance, c'est supposer que l'on peut mettre dans le commerce divers bijoux tellement fourrés ou surchargés de soudure, qu'il n'y ait plus de règle certaine dans la valeur intrinsèque de la matière employée dans ces bijoux. Mais alors à quoi bon un législateur, si l'on peut enfreindre la loi qui n'accorde plus rien au delà de la tolérance? A quoi bon l'essayeur, s'il est permis de baisser le titre de certains ouvrages, par un moyen quelconque? A quoi bon le poinçon de garantie, si le public doit être trompé sur la foi même de ce poinçon? La première condition d'une loi, c'est qu'elle puisse atteindre le but que le législateur s'est proposé, et ce but serait manqué, en matière de garantie, si l'on ne veillait à la conservation du titre.

Le contrôleur qui veut s'assurer de l'exactitude, ou de la mauvaise volonté des fabricans à présenter leurs ouvrages au bureau de garantie, doit comparer, chaque mois, la quantité de grammes d'or portés sur le registre de contrôle, suivant l'espèce d'ouvrage, avec le nombre d'ouvriers trouvés dans chaque atelier lors des exer-

cices. Supposons, par exemple, que cinq ouvriers
puissent confectionner tous les jours, en divers ménus
ouvrages d'or, 25 grammes pesant, le maître doit envoyer à la marque 625 grammes d'or par mois, en ne
comptant que 25 jours de travail. Si, d'après ce calcul,
fait seulement par approximation, parce que les différentes espèces d'ouvrages ne fournissent aucune donnée
positive à cet égard ; si, disons-nous, le contrôleur
aperçoit une différence trop sensible en moins, lorsqu'il a compulsé les registres de son bureau, et qu'il
s'est assuré, en outre, que les cinq ouvriers ont ac-
compli leurs journées, c'est une preuve à peu près
certaine des intentions frauduleuses du fabricant. Il
convient alors de multiplier les visites de surveillance,
afin d'empêcher qu'il ne soit livré des ouvrages sans
marque, ou saisir tous ceux qui seraient achevés et
non marqués. On observe que les ouvrages d'or et
d'argent *non achevés*, quoique fourrés de matière
étrangère, ne sont pas saisissables. Ainsi jugé par la
cour de cassation (1) ; mais ces ouvrages doivent être
brisés sur-le-champ, et l'ouvrier qui les a faits doit être
surveillé de manière à le forcer d'abandonner ce genre
de fabrication illicite.

Les dispositions de l'art. 107 de la loi du 19 brumaire an 6 étant générales et absolues, tout ouvrage
d'or et d'argent achevé et non marqué, trouvé chez
un redevable, doit être saisi et confisqué, n'importe
que les objets en contravention soient ou non exposés
en vue dans l'atelier, ou dans toute autre partie du

(1) *Voyez* l'arrêt qui est rapporté en entier, Liv. VI, Chap. 1,
tit. 11, sect. 3.

domicile occupé par ce redevable. Les fabricans qui portent tous leurs ouvrages à la marque, prouvent que tel nombre d'ouvriers peut effectivement fournir tel ou tel nombre de grammes d'or par mois au bureau de garantie, *suivant l'espèce d'ouvrages qu'ils ont adoptés.* D'ailleurs, il est toujours facile de distinguer les orfèvres qui jouissent de la confiance publique, d'avec ceux dont la conduite équivoque fait naître des soupçons désavantageux sur leur compte : et ceux-là sont heureusement en très-petit nombre.

S'il est vrai de dire qu'en adoptant, comme autrefois, l'exercice des bijoutiers en *charge* et *décharge*, le législateur mettrait une entrave à la fabrication des menus ouvrages, on ne peut contester que cette mesure serait indispensable, s'il était possible que la fraude s'étendît dans toutes les fabriques de bijouterie. Mais quoique l'on ne puisse s'arrêter à une pareille supposition, on sait néanmoins qu'il existe des fraudeurs ; et si l'on ne prenait des précautions contre la fraude, bientôt la garantie d'or et d'argent deviendrait illusoire, et les droits du trésor se trouveraient considérablement frustrés.

TITRE II.

Des joailliers.

On lit dans un édit du roi Jean, rendu le mois d'août 1355, plusieurs articles qui établissent dans un grand détail, la manière dont les joailliers de Paris devaient se comporter dans le travail et l'emploi des pierreries, pour éviter les fraudes qui pouvaient se glisser dans le commerce de ces marchandises ; mais alors on employait fort rarement le diamant, parce qu'on n'avait pas encore trouvé le secret de le tailler, et ce n'est même que sous Louis XIV que l'on a

commencé à en faire usage (1). Les anciens le connais-
saient ; mais ils en faisaient peu de cas, ne sachant point
lui donner tout son brillant par la taille, et par l'art
de le monter. Ils estimaient beaucoup plus les pierres
de couleur, et surtout les perles. Au commencement
du XVIᵉ siècle on portait des agrafes de différentes
pierres de couleur, et quelquefois on y attachait un
diamant au milieu. Ensuite les diamans brillans de-

---

(1) Le diamant est, de toutes les pierres, la plus dure, la plus
pesante, la plus brillante. Il doit être sans couleur comme l'eau,
quoiqu'on en trouve quelquefois de colorés. Il résiste à la lime, et
ne peut être poli qn'avec la poudre de diamant même.

La règle pour l'évaluation du diamant, est que sa valeur croisse
selon le carré de son poids, ainsi qu'on le verra dans la table suivante.

En terme de joaillerie, un diamant qui pèse vingt grains, est un
diamant qui pèse 5 karats.

Les petits diamans se vendent au poids du karat, et le prix du
karat varie selon le temps et la qualité des pierres. Au-dessus de
4 grains, les pierres se vendent à la pièce et non au karat.

Table du prix des diamans taillés.

KARATS.	FRANCS.	KARATS.	FRANCS.	KARATS.	FRANCS.
1	192	4 ¼	3,468	7 ½	10,800
1 ¼	300	4 ½	3,888	7 ½	11,532
1 ½	432	4 ¾	4,332	8	12,288
1 ¾	588	5	4,800	8 ¼	13,068
2	768	5 ¼	5,092	8 ½	13,872
2 ¼	972	5 ½	5,808	8 ¾	14,700
2 ½	1,200	5 ¾	6,348	9	15,552
2 ¾	1,452	6	6,912	9 ¼	16,428
3	1,728	6 ¼	7,500	9 ½	17,328
3 ¼	2,028	6 ½	8,112	9 ¾	18,252
3 ½	2,352	6 ¾	8,748	10	19,200
3 ¾	2,700	7	9,408	20	76,800
4	3,062	7 ½	10,092	30	172,400

vinrent en vogue, et insensiblement on vit augmenter le commerce et le travail des pierreries (1).

La nouvelle législation interdit aux joailliers de mêler, dans les mêmes ouvrages, des pierres fausses avec les fines, sans les déclarer aux acheteurs, à peine de restituer la valeur qu'auraient eue les pierres, si elles avaient été fines; de payer l'amende, et même de plus fortes peines. *Loi du* 19 *brumaire an* 6, *art.* 89, *code pénal, art.* 423.

Avant l'établissement des bureaux de garantie, les joailliers employaient de l'or à bas titre pour monter les diamans et autres pierres, disant qu'ils ne vendaient pas la matière *au poids*, et ils voulaient, pour la plupart, continuer de régler le titre de leurs ouvrages, en s'appuyant des articles 86 et 87 de la loi

---

On a supposé que le diamant était d'une belle eau, et qu'il avait toute la perfection requise.

Si le diamant a quelque imperfection dans sa forme et dans la couleur de l'eau, ou s'il a quelque glace ou quelques points noirâtres, il doit perdre beaucoup de son prix.

Nous lisons dans l'Encyclodédie méthodique, que le diamant, dit *le régent*, appartenant au roi de France, pèse 136 karats $\frac{3}{4}$, qu'il est taillé en brillaut, qu'il a coûté 2,500,000 livres, et qu'il en vaut le double.

(1) On distingue deux genres de pierreries : les pierres précieuses et les pierres fines. Voici le rang que donnent les bons lapidaires aux pierres précieuses : le *diamant*, le *rubis*, le *saphir*, la *topaze*, l'*émeraude*, l'*améthyste*, l'*aigue-marine*, la *chrysolite*, le *grenat* et l'*hyacinthe*.

Les pierres fines sont les *agates*, l'*onyx*, la *sardonyx* ou *sardoine*, les *cornalines*, la *calcédoine*, le *girasol*, l'*opale*, les *pierres chatoyantes*, le *jade*, l'*aventurine*, la *turquoise*, etc.

On sait avec quelle perfection les pierres précieuses sont aujourd'hui imitées par des compositions adamantoïdes. C'est assez indiquer qu'il faut des connaissances approfondies, et même beaucoup de sagacité pour se livrer à ce commerce.

de brumaire, qui dispensaient de l'essai et du droit certains bijoux montés en pierres ou émaillés. L'abus que ces fabricans firent de cette disposition de la loi obligea bientôt le gouvernement à en interpréter le sens, et à restreindre l'extension abusive qu'on s'efforçait de lui donner. C'est ce qu'il fit par l'arrêté du 1er messidor an 6, lequel est ainsi conçu : Art. 1er. « Les ouvrages de joaillerie dont la monture est très-légère, et contient des pierres ou perles fines ou fausses, des cristaux, dont la surface est entièrement émaillée, ou enfin qui ne pourraient supporter l'empreinte des poinçons sans détérioration, continueront d'être seuls dispensés de l'essai, et du paiement du droit de garantie, qui a remplacé ceux de contrôle et de marque d'or et d'argent. »

Art. 2. « Tous les autres ouvrages de joaillerie et d'orfévrerie, sans distinction ni exception, auxquels seraient adaptés, en quelque nombre que ce soit, des pierres ou des perles fines ou fausses, des cristaux, ou qui seraient émaillés, seront sujets à l'essai et au paiement du droit dont il s'agit, ainsi qu'il est prescrit par la loi précitée (du 19 brumaire an 6). »

Dans cette expression, *qui ne pourraient supporter l'empreinte*, la fraude cherche encore un moyen de se soustraire aux peines prescrites par la loi, et la falsification du titre se pratique principalement sur les menus ouvrages d'or. Ces ouvrages sont presque tous des objets de bijouterie et de joaillerie d'un genre assez délicat ; aussi, dans la plupart des saisies opérées à raison du défaut de poinçon, les contrevenans s'empressaient-ils de déclarer que les objets non marqués étaient compris dans l'exception établie par l'arrêté précité, et qu'ils n'auraient pu supporter l'empreinte du poinçon *sans détérioration*. Les tribuuaux, en général, adoptaient ce moyen de justification ; ceux qui montraient le plus de sévérité se contentaient de nommer dés experts pris parmi les gens de l'art, c'est-à-dire parmi des parties intéressées, qui ne manquaient guère de déclarer qu'en effet les objets saisis étaient trop délicats pour être poinçonnés, d'où il résultait nécessairement un jugement d'absolution.

Cette marche était d'autant plus dangereuse, qu'elle interdisait même le recours en cassation ; car il est évident que, par le résultat de l'expertise et par le jugement qui en était la suite, *on ne décidait qu'un point de fait;* savoir, que les ouvrages n'étaient pas susceptibles d'être marqués. Dès-lors il n'y avait violation d'aucune loi, et la cour de cassation ne pouvait annuller des jugemens fondés sur un fait dont la connaissance lui est étrangère ; mais aujourd'hui les tribunaux sont dans l'usage de renvoyer la solution des questions à l'administration des monnaies. Cette marche est conforme à l'esprit et à la lettre de la loi de brumaire, art. 37, ainsi qu'à la jurisprudence de la cour régulatrice (1), et par suite à une décision ministérielle du 12 décembre 1809, qui rappelle que le perfectionnement des moyens mécaniques envoyés par l'administration des monnaies, dans chaque bureau de garantie, permet aux contrôleurs d'assujettir graduellement à la marque les ouvrages qui précédemment n'auraient pu la supporter sans détérioration.

Ainsi, les employés en exercice chez les joailliers doivent, comme dans les ateliers de bijouterie, s'assu-

(1) *Voyez* les arrêts de cassation qui ont été rendus sur cette matière, Liv. VI, Chap. I, Tit. ii, sect, 8.

rer du titre des ouvrages trouvés en fabrication , en les essayant au touchau , surtout lorsque ces ouvrages n'offrent qu'un mauvais déroché (1). Il importe également de prendre note des pièces trouvées entre les mains des ouvriers , dans leurs tiroirs ou partout ailleurs., afin de veiller à ce qu'elles soient régulièrement portées au bureau de garantie pour être essayées et marquées , s'il y a lieu.

On observe que la note prise par les employés , dans le cours des exercices , ne peut servir dans les tribunaux à établir une contravention et une condamnation, dans le cas où quelques jours après ils ne trouveraient plus les objets pris en note chez le fabricant; car la fraude ne s'établit pas par induction , et ne se prouve pas par de simples présomptions. Le fabricant peut avoir donné ces objets à polir, à graver ou à émailler hors de chez lui ; et il serait possible qu'en les finissant il s'y soit trouvé quelque défaut qui les ait fait briser, et que se trouvant ou trop légers ou trop forts pour la vente , on se soit décidé à les fondre pour en employer la matière à un autre usage. Mais c'est aux employés qu'il appartient d'apprécier ces sortes de déclarations, qui ne sont pas toujours fidèles, et de diriger leurs recherches de manière à découvrir la vérité.

TITRE III.

Des ouvriers à façons.

On qualifie d'ouvrier à façons celui qui ne fournit pas la matière nécessaire à la confection des bijoux qui lui

---

(1) Terme d'art, ôter la crasse de l'or; le *déroché* signifie la couleur de l'or, quand il a trempé ou bouilli dans le blanchiment (l'eau seconde). L'or à bon titre, lorsqu'il est déroché , a une couleur plus belle et plus jaune que celui qui est indûment allié.

sont commandés. Les brocanteurs s'adressent ordinairement aux ouvriers à façons pour faire fondre les vieux objets qu'ils achètent de toute part, et qu'ils destinent à être convertis en d'autres ouvrages, sans faire subir à la matière la moindre opération pour en relever le titre.

Les coureurs de foires, qui cherchent à faire des dupes, se permettent souvent de marquer les menus objets d'or fourrés de soudure ou à bas titre d'un poinçon dont l'empreinte est insignifiante, mais qui ressemble à celle d'un *matoir* (1). Il est de la plus grande importance, pour le bien du service, de découvrir et arrêter ce genre de fraude aussi contraire à l'esprit et à la lettre de la loi, que préjudiciable à l'intérêt général et particulier.

L'administration des monnaies a signalé dans son temps les abus que quelques fabricans avaient introduits dans le commerce de la bijouterie, en se servant d'un moyen artificieux pour échapper à la surveillance. « Ils présentaient au bureau de garantie de petites épingles ou de petits anneaux à bon titre, dit-elle, et qui, par conséquent, étaient poinçonnés. Ces mêmes épingles, ainsi marquées, servaient à faire des *cliquets* pour des boucles d'oreille creuses, ils y tenaient avec des goupilles. On sait que l'art. 108 a prévu ce genre de fraude, et qu'il ordonne la saisie et la confiscation de tous les ouvrages d'or et d'argent sur lesquels les marques des poinçons se trouvent entées, soudées ou contre-tirées en quelque manière que ce soit. Substituer à un objet marqué et essayé des parties étrangères qui n'ont pas été présentées et essayées au bureau,

---

(1) Ciselet qui sert à matir l'or et l'argent.

c'est d'abord une fraude contre le droit de garantie; mais lorsque la partie ajoutée est à faux titre, c'est un délit grave qui ne peut être puni trop sévèrement. » *Circ. du 13 germinal an 10.*

On présume que ces sortes d'ouvrages sont commandés de préférence aux ouvriers à façons, puisqu'on les oblige quelquefois à n'employer que la matière dont on a réglé le titre arbitrairement; mais le marchand qui fournit de l'or à 750 millièmes ou dans la tolérance, ne doit recevoir les ouvrages *qu'après l'opération de la marque.* Les marchands sont d'autant plus intéressés à faire vérifier ces ouvrages, souvent trop faibles pour supporter l'empreinte du poinçon de fabricant, *qu'ils n'auront aucun recours contre lui* dans le cas où, par suite de plaintes par des particuliers trompés sur le titre, ils seraient condamnés aux peines portées par l'art. 423 du code pénal, lequel est ainsi conçu : « Quiconque aura trompé l'acheteur sur le titre des matières d'or et d'argent, sur la qualité d'une pierre fausse vendue pour fine, sur la nature de toute marchandise...., sera puni d'un emprisonnement pendant trois mois au moins, un an au plus, et d'une amende qui ne pourra excéder le quart des restitutions et dommages-intérêts, ni être au-dessous de 50 fr. —Les objets du délit ou leur valeur, s'ils appartiennent encore au vendeur, seront confisqués. »

TITRE IV.

Des ateliers clandestins.

C'est principalement dans les villes populeuses que la fraude, sur le titre de l'or et de l'argent, cherche à s'étendre de plus en plus, et à prendre des formés mul-

tipliées et trompeuses pour échapper à la vigilance des
agens de l'administration. Cette fraude semble trouver
un refuge plus assuré dans les ateliers clandestins, où
elle se met à l'abri de toute poursuite, et prend un
caractère d'autant plus dangereux, qu'il est plus difficile de la découvrir. Il est donc nécessaire que les
employés puissent connaître non-seulement le domicile
de tous les fabricans assujettis aux exercices de la garantie, mais encore celui de leurs ouvriers qui pourraient travailler aussi dans des lieux inconnus au contrôleur.

L'art. 32 de la loi sur les patentes reconnaît pour
fabricans ou manufacturiers tous ceux qui convertissent des matières premières en des objets d'une
autre forme ou qualité, soit simple, soit composée. Il
est donc bien évident, d'après les dispositions de la loi,
que l'on ne reconnaît pour ouvriers en orfèvrerie, bijouterie, horlogerie, etc., que ceux qui travaillent chez
les maîtres ; que ceux qui travaillent dans leur domicile pour leur compte ou pour celui d'autrui sont réputés fabricans, et qu'en cette qualité ils sont soumis
à toutes les obligations que contient la loi du 19 brumaire an 6. *Circ. de l'adm. des monn. du 1er prairial
an 8.*

En conséquence, lorsque les employés de la garantie
ont raison de croire qu'il existe un atelier clandestin,
où peuvent se fabriquer de faux poinçons comme des
ouvrages d'orfèvrerie, ils ont le droit, d'après les dispositions de l'art. 71 de la loi de brumaire, de faire des
recherches, saisies ou poursuites, dans le cas de contravention à cette loi, dans les formes déterminées en
l'art. 8. Les art. 72, 74, 75, 76, 77, 78 et 79 établissent
les obligations que doivent remplir ceux qui veulent

fabriquer des ouvrages d'or et d'argent; et ceux qui se livrent à la fabrication sans se conformer à celles qu'ils leur prescrivent, encourent les amendes prononcées par l'art. 80, pour contravention aux articles précédens; les contrevenans ne peuvent se soustraire à la peine, si la contravention est bien établie et clairement prouvée.

Celui qui fabrique ne peut le faire sans établi, sans matériaux; et, en constatant que l'on a trouvé chez un particulier une forge, des fourneaux, un établi et tous les ustensiles propres à la fabrication, ainsi que des ouvrages neuf achevés, il ne peut rester à celui contre lequel on a dirigé ses recherches et ses poursuites, aucun moyen de défense ni aucune excuse; le succès de l'affaire dépend des faits établis dans le procès-verbal. Quand les preuves manquent, il n'y a pas lieu de verbaliser; les employés doivent être les premiers juges des faits, et ne procéder qu'avec sûreté.

On convient en général que ce n'est point par de nombreux procès-verbaux qu'un employé peut espérer de mériter la bienveillance de l'administration; sans doute les préposés ne doivent pas hésiter de réprimer la fraude lorsqu'ils la découvrent, mais il est bien mieux de chercher à la rendre difficile par une surveillance soutenue. Celui qui aura soin de prévenir la fraude dans son arrondissement, obtiendra toujours la préférence sur celui qui ne s'attacherait qu'à la constater lorsqu'elle est effectuée. Il est inutile d'observer ici que jamais l'employé ne doit avoir en vue, lorsqu'il rédige un procès-verbal de saisie et de contravention en matière de garantie, la part qui doit lui revenir sur le produit de la confiscation. Cette part doit être considérée comme récompense du zèle de l'employé, mais elle ne doit jamais faire le motif de sa conduite. Le législateur, en n'accordant aucune part sur *les amendes*, a semblé vouloir indiquer aux employés des bureaux de garantie de ne rapporter procès-verbal que lorsqu'il y a fraude *réelle;* mais un orfévre qui travaille clandestinement fournit la preuve évidente d'une volonté coupable, et ne mérite aucune indulgence.

TITRE V.

Des fabricans de jaserons, chaînes et chaînettes.

Nous avons déjà fait observer que la surveillance des bijoutiers, en ce qui concerne la pratique de l'art, mérite une attention particulière de la part des employés de la garantie, puisqu'il est impossible de tout comprendre dans une même règle. Ainsi, quoique le premier article de l'ordonnance du 5 mai 1819 assujettisse les jaserons, chaînes et chaînettes à l'essai, au droit et à la marque des poinçons du service courant, il est bien démontré qu'il existe des chaînes, tellement délicates, qu'il est impossible, malgré le perfectionnement de l'art, de leur appliquer le plus petit poinçon sans les détériorer; dans ce cas, il faut accorder l'exception de l'arrêté du 1er messidor an 6, et éviter la saisie de pareils ouvrages, lorsqu'il y a impossibilité *réelle* de les marquer (1).

C'est une règle aussi ancienne que la justice, et qui est consacrée au barreau par une jurisprudence immuable, que la *fraude ne se présume pas*, et que c'est à celui qui prétend qu'il y a fraude à la prouver. Il faut donc que la fraude soit constante aux yeux des

(1) Voir ce qui est dit au sujet de la marque des jaserons. Liv. III, Chap. v, Tit. iv.

magistrats chargés de la punir, et elle ne peut être constante que par le corps du délit.

Les jaserons et autres chaînes en cours d'apprêt, lorsqu'ils sont trop faibles pour être marqués sans détérioration, doivent être brisés, s'ils ne sont pas au dernier des titres déterminés par la loi.

Pour juger du vrai titre des jaserons, il ne suffit pas de les essayer en nature sur la pierre de touche, puisqu'il en existe qui sont *doublés* d'or sur cuivre, et d'autres sur *or à bas titre;* et que la superficie de ceux qui ne sont pas doublés se trouve affinée par l'effet des acides, lorsque les chaînes ont passé dans la couleur (1). Il faut donc couper un bout de jaseron à

---

(1) Cette couleur est composée d'une partie d'alun, une autre de sel ordinaire, de même poids que la première, et d'autant de salpêtre qu'il y a d'alun et de sel.

Lorsque les pesées sont faites, on pile le tout ensemble ou séparément, mais de manière à ce que le mélange en soit bien fait.

Pour mettre les bijoux en couleur, on les fait d'abord recuire *à feu couvert*, dans un coffret de tôle, et sans qu'il y ait le moindre fumeron. Aussitôt que les ouvrages sont refroidis, on les fait dérocher, on décante l'eau seconde ou blanchiment, qui doit être remplacé à l'instant par une eau pure et bien claire. Ensuite, on met les ouvrages dans un vase de dimension convenable en terre cuite et bien propre. On y joint la quantité de couleur nécessaire; on y verse un demi-verre d'eau, et l'on fait bouillir le tout jusqu'à siccité, en ayant l'attention de se servir d'une petite baguette *de bois* pour remuer les ouvrages, de manière à ce qu'ils se trouvent entièrement enveloppés par la couleur, lorsqu'elle s'épaissit et que l'eau est presque toute consumée. Alors on verse une seconde fois de la même eau et en même quantité; on fait encore bouillir et sécher comme auparavant, et l'on verse de l'eau pour la troisième fois; mais aussitôt que la couleur est dissoute, on sort l'ouvrage du vase et on le trempe de suite dans l'eau claire et froide. Enfin, on fait sécher les objets mis en couleur; on les gratte-bosse, on les brunit ou on les roule seulement dans la mie de pain rassis, suivant leur espèce.

Quelque personnes, pour obtenir une couleur plus belle et donner

éprouver, le placer sur un charbon auquel on a dû faire un petit creux, et, après y avoir ajouté un peu de borax, on approche le charbon vers la flamme d'une lampe à souder; on souffle dans un chalumeau, de manière à diriger cette flamme sur l'objet que l'on veut mettre en fusion pour le convertir en une petite grenaille. Après cette opération, on écrase le grain d'or sous le marteau, on le place entre les deux mâchoires d'une tenaille plate; on lui donne un coup de lime, et l'on frotte la partie limée sur la pierre de touche, à côté de la trace qu'a laissée le touchau de comparaison. Si la goutte d'eau-forte que l'on met dessus, attaque plutôt la matière fondue que celle du touchau, au titre de 750 millièmes, c'est une preuve que l'ouvrage n'est pas au titre légal, et qu'il doit être brisé de suite, en s'appuyant de l'art. 1er de la loi du 19 brumaire an 6, à moins que le propriétaire n'exige qu'il en soit fait essai à la coupelle. On observe qu'au lieu de couper la chaîne en morceaux, *lorsqu'elle n'est pas au titre*, on doit la forger dans toute sa longueur, afin qu'elle ne puisse servir à aucun usage.

TITRE VI.

Des monteurs de boîtes.

Les monteurs de boîtes de montres en or et en argent sont, comme les bijoutiers, assujettis aux exercices des employés de la garantie, et doivent avoir le registre coté et paraphé, pour y inscrire tous les objets d'or et d'argent qu'ils sont dans le cas d'acheter, de vendre

à l'or un peu de brillant, ajoutent une portion d'*acide muriatique* aux trois mordans qui composent la couleur dont il s'agit.

ou de recevoir en raccommodage. Cette formalité est prescrite par les art. 74 de la loi du 19 brumaire an 6, et 14 de la déclaration du roi du 26 janvier 1749 : ce dernier article a été imprimé à la suite de l'ordonnance du 19 septembre 1821, relative à l'horlogerie.

L'essayeur ne doit recevoir que des boîtes de montres fabriquées dans son arrondissement, et revêtues du *seul* poinçon de maître. Ces boîtes doivent être envoyées à l'essai sur le *déroché*, et avant que les fonds soient polis en dedans et en dehors, afin que la prise d'essai puisse être levée sans détériorer l'ouvrage, qui doit être marqué des poinçons de titre et de garantie. Les employés doivent examiner même si les boîtes de montres, présentées à l'essai par un fabricant connu et responsable, n'ont point été finies, et si leurs fonds n'ont pas été dépolis après pour leur donner l'apparence d'ouvrages non achevés, afin de pouvoir par ce moyen éluder les dispositions de l'art. 1er de l'ordonnance précitée. *Circ. de l'adm. des monn. du 1er mai 1822.*

L'attention des employés en exercice chez les monteurs de boîtes, doit donc se porter à distinguer si les ouvrages sont achevés ou non, s'ils proviennent réellement de leurs travaux, et si leur poinçon se trouve apposé au fond de la boîte. Ces préposés doivent examiner en outre si les mouvemens qui sont ajustés aux boîtes de montres soupçonnées d'avoir été dépolies, sont de fabrique française ou étrangère, ou si ce sont de vieux mouvemens qu'on a voulu remboîter, ce qui a lieu très-souvent chez les fabricans dont il s'agit. Toutes ces remarques sont nécessaires pour assurer l'exécution de l'ordonnance relative à l'horlogerie, et toute infraction à ses dispositions doit être constatée par un procès-verbal régulier, qui ne puisse être attaqué ni sur la forme ni sur le fond,

TITRE VII.

Des fabricans de vaisselle et autres gros ouvrages d'or et d'argent.

Les gros ouvrages, qui décident la supériorité de l'orfévrerie française, ne sortent pour la plupart que des fabriques parisiennes (1), où la surveillance s'exerce d'une manière exemplaire, quoique cette surveillance, en ce qui concerne les gros ouvrages, n'exige pas la même activité que celle à exercer dans les ateliers de bijouterie. Il est vrai que l'on fabrique une très-grande quantité de pièces chez les *cuilleristes*; mais la fraude n'a rien à gagner sur ces sortes d'ouvrages, à moins qu'on ne se serve de faux poinçons pour les marquer, ce qui serait facile à découvrir lors des vérifications dans les magasins d'orfévrerie. On convient en général que les acheteurs montreraient de la répugnance à faire l'acquisition de couverts d'argent sans marque, parce que l'absence de l'empreinte des poinçons de titre et de garantie laisserait quelques doutes sur la nature, ou au moins sur la qualité du métal dont ils seraient composés. D'ailleurs, les marques de ces poinçons, si apparentes sur les couverts, sont une espèce d'ornement qui semble achever ces sortes d'ouvrages; mais il n'en est pas ainsi d'une infinité d'autres pièces d'argent façonnées, et qui pourraient être livrées plus faci-

---

(1) Autrefois les orfèvres de Paris étaient érigés en *corps*, dont les premiers statuts datent de l'année 1260, et paraissent avoir été dirigés sur d'autres plus anciens.

lement sans marque, ou après avoir fait un usage abusif des empreintes des poinçons du bureau de garantie.

C'est pour mieux tromper le public et frustrer les droits du gouvernement que l'on a cherché le moyen criminel d'*enter* les marques légales sur des objets d'un poids considérable ; mais si les employés ont quelques notions de la fabrique de l'orfévrerie, s'ils connaissent la véritable place où doit être apposé le poinçon de titre ; s'ils observent même l'effet que doit produire la contre-marque, il leur sera facile de découvrir cette fraude, d'autant plus dangereuse, que les marques légales se trouvent presque toujours entées sur des pièces dont le titre est inférieur à celui indiqué par le poinçon. La découverte d'une pareille contravention doit, sans doute, être constatée sur-le-champ, et les employés doivent procéder en vertu de l'art. 108 ; mais on observe que l'application de cet article exige beaucoup de circonspection, parce qu'il n'y a pas de peine afflictive contre le possesseur dont la bonne foi est reconnue, et qui n'a pas connaissance que la marque se trouve entée, soudée ou contre-tirée.

Lorsqu'un orfévre est établi chez ses parens, le contrôleur a le droit de vérifier dans toutes les parties du local occupé par ce redevable, et par conséquent celui d'examiner toutes les pièces d'or et d'argent qui peuvent s'y trouver. Il serait injuste, sans doute, d'exiger un nouveau droit pour des objets d'ancienne fabrication qui seraient à l'usage individuel d'un père et d'une mère ; mais cette faveur doit être limitée, surtout lorsqu'il peut en résulter des abus tels que celui de laisser des ouvrages neufs sans marque, sous le prétexte qu'ils sont à l'usage particulier des parens du re-

devable. La prévoyance des employés doit toujours leur
faire distinguer la bonne ou mauvaise foi, afin de déterminer les cas où il y a contravention réelle, et d'appliquer les principes généraux qui peuvent, sans s'é-
carter des ménagemens ordinaires, se concilier avec
l'exécution de la loi.

TITRE VIII.

Des fabricans de plaqué.

Les employés des bureaux de garantie sont chargés
de surveiller les fabricans de plaqué et doublé sur tous
métaux, puisque le titre vii de la loi du 19 brumaire an 6 établit les obligations de ces fabricans,
qui sont assujettis, comme les orfévres, à n'acheter
que de personnes connues ou ayant des répondans à
eux connus.

Ceux qui veulent se livrer à la fabrication du plaqué
doivent en faire la déclaration à la mairie et à la préfecture, ainsi qu'à l'administration des monnaies, conformément à l'art. 95 de la loi précitée. Ils peuvent, suivant l'art. 96, employer l'or et l'argent dans telle proportion qu'ils jugent convenable, en mettant, sur chacun de
leurs ouvrages, le poinçon déterminé par l'art. 97. Quant
aux menus ouvrages en bijouterie d'argent doublés
d'or, ou de cuivre doublé d'argent, qui ne pourraient
supporter l'empreinte des poinçons, ou qui n'auraient
pas une surface assez grande pour distinguer les caractères de chaque empreinte, la fabrication ne peut en
être tolérée. La loi est claire; tout ouvrage doublé,
sans distinction ni exception, doit porter : 1° le mot
doublé en toutes lettres; 2° les chiffres indicatifs de la
quantité d'or et d'argent contenu dans les ouvrages.

Les fabricans ne doivent donc pas entreprendre des ouvrages qui ne pourraient supporter ces caractères ; on ne peut tolérer la vente d'objets doublés qui ne les porteraient pas ; ce serait exposer le public, que la loi a voulu garantir des dangers de fraude facile à commettre à son préjudice, par des objets doublés qu'on lui présenterait comme or ou argent, à être trompé par des marchands peu délicats. On ne peut autoriser d'exception que la loi ne fait pas, lorsque surtout elle présente la crainte de tels dangers, et la facilité de commettre de tels délits.

L'invention de plaquer les métaux précieux sur d'autres métaux, est une des plus belles productions de l'industrie manufacturière ; mais il est à regretter que le fabricant ne soit pas tenu de faire apposer, par l'essayeur du bureau de garantie, le poinçon indicatif de la quantité de *fin* contenue dans ces sortes d'ouvrages. Sans cette formalité nécessaire, l'acheteur sera toujours dans la crainte d'être trompé, sur la foi même de ce poinçon, qui ne peut inspirer assez de confiance, étant à la disposition de celui qui fabrique l'ouvrage sur lequel il est appliqué. Ce défaut de garantie pourrait introduire un abus, d'autant plus dangereux aujourd'hui, que l'on étend la fabrication du plaqué, jusqu'à imiter parfaitement les plus utiles et même les plus beaux ouvrages d'orfèvrerie. Ainsi, dans l'intérêt général et particulier, il serait urgent d'assujettir le fabricant de plaqué d'argent sur cuivre, à faire *titrer* son ouvrage en désignant s'il est au 10ᵉ, au 20ᵉ, etc., et, conséquemment, à payer le droit de garantie sur la quantité de matière fine indiquée par l'essayeur. Cette marque établirait alors une règle certaine sur la valeur intrinsèque des objets plaqués qui se multiplient de plus en plus en France. On conçoit aisément qu'en l'état actuel, ces objets portent un grand préjudice à l'important commerce de l'orfévrerie, puisque la fabrication du doublé jouit d'un *privilége exclusif*, en affranchissant du droit de contrôle la matière d'argent employée en assez grande quantité dans les nombreux ouvrages qui vont à l'étranger, ou qui se répandent dans le royaume. Quelques orfévres établis dans les départemens commencent à garnir leurs magasins de ces diverses pièces d'*orfévrerie bâtarde*.

TITRE IX.

Des polisseuses et graveurs.

Quoique les polisseuses et les graveurs ne fabriquent point les ouvrages d'orfévrerie, bijouterie et autres en or et en argent, qui peuvent se trouver dans leurs ateliers pour être seulement polis ou gravés (1), ces assujettis sont tenus cependant de prendre le registre coté et paraphé, prescrit par l'art. 14 de la déclaration du roi du 26 janvier 1749, et de porter sur ce registre les objets d'or et d'argent qu'ils reçoivent, même ceux qui leur sont donnés pour modèle ou dépôt, ou *sous quelque autre prétexte que ce puisse être* (2). Ainsi, les visites de surveillance chez les polisseuses sont indis-

---

(1) L'art de graver sur les métaux fut porté à son degré de perfection chez les anciens. Pline, Pausanias et autres parlent avec éloges de plusieurs graveurs ; mais ils confondent presque toujours les ciseleurs avec ceux qui gravaient en creux, en sorte qu'il est impossible de les distinguer.

La gravure a fait de nouveaux progrès sous le burin de plusieurs modernes, et nos artistes se font distinguer aujourd'hui par la variété des dessins qu'ils forment avec un goût parfait sur une infinité d'ouvrages d'or et d'argent.

(2) Voir ces articles, Liv. IV, Chap. v.

pensables pour suivre la fabrication des bijoux jusqu'à leur entière perfection, afin de s'assurer si les ouvrages n'ont pas été livrés sans marque.

Il y a des bijoutiers qui font polir leurs ouvrages dans le lieu même où ils ont été fabriqués; mais c'est aux employés qu'il appartient de se rendre compte de l'espèce et du nombre de pièces trouvées en fabrication lors des exercices, comme de prendre connaissance de toutes les parties du local, où l'on peut fabriquer émailler, graver ou polir des ouvrages en bijouterie. Ces diverses branches de la fabrication exigent un emplacement spacieux et divisé en plusieurs pièces qu'il est urgent de connaître à fond, pour veiller à ce qu'on ne puisse soustraire des ouvrages en contravention aux lois de la garantie.

Les visites chez les graveurs sont également nécessaires, lorsqu'ils reçoivent des ouvrages d'or et d'argent qui peuvent amener à la découverte de la fraude. C'est entre les mains des graveurs que les employés trouvent quelquefois des objets en orfévrerie déjà vendus, et non encore livrés à l'acheteur, lorsque celui-ci veut faire graver un chiffre, des armes ou tout autre ornement. De pareilles rencontres peuvent avoir lieu, même chez les polisseuses, en ce qui concerne les pièces isolées, dites *de commande*, qui passent souvent des mains de l'orfévre à celles des particuliers, sans leur faire subir l'essai préalable, ce qui peut faire soupçonner, avec fondement, qu'elles sont fourrées de matière étrangère, ou qui n'ont pas été fabriquées au titre prescrit par la loi.

TITRE X.

Des affineurs et départeurs.

La profession d'affiner et départir les matières d'or et d'argent est libre dans toute la France. *Loi du* 19 *brumaire an* 6, *art.* 112.

Avant la promulgation de cette loi, et le décret du 21 mai 1791, qui supprima toutes les charges, le nombre d'affineurs était limité dans chaque ville où l'affinage était permis. Une déclaration du roi, à la date du 25 octobre 1689, avait établi, en 28 articles, les obligations des affineurs qui ne pouvaient mettre le feu dans la *cahuffe* ou fourneau, sans une déclaration préalable, faite aux commis du fermier, en sorte que les employés pouvaient assister à toutes les opérations d'affinage, et prendre en charge le poids des matières affinées. Aujourd'hui la section première du titre ix de la loi de brumaire an 6, oblige seulement les affineurs et départeurs de se faire connaître à la municipalité du canton, ainsi qu'à l'administration du département et à celle des monnaies. Cette loi fixe la quotité du droit à percevoir sur les matières d'or et d'argent affinées, et établit les peines contre les affineurs qui contreviendraient aux dispositions des art. 113, 114, 115 et 116. Mais les diverses interprétations qui ont eu lieu à l'égard des matières affinées, ayant fait naître quelques difficultés entre les employés et les affineurs, il était nécessaire de connaître l'opinion de l'administration des monnaies, qui s'est exprimée ainsi qu'il suit : « Les affineurs libres du commerce, ayant rempli les formalités et satisfait aux obligations qui leur sont imposées, doivent porter au bureau de garantie de leur arron-

190

dissement les lingots affinés provenant de leur travaux, pour y être essayés, marqués, et y acquitter les droits prescrits par la loi ; mais ce n'est pas lorsqu'ils sortent naturellement fins de la fonte des matières fines, c'est lorsqu'ils sont réellement affinés par des procédés de l'art, et des opérations composées et calculées d'un affinage spécial (1), et lorsqu'ils peuvent passer en dé-

---

(1) L'art d'affiner l'or et l'argent est très-ancien ; plusieurs passages de l'*Exode* prouvent qu'il était connu des Hébreux. Pline nous apprend qu'il était également connu des Romains.

L'affinage par le plomb dans la coupelle, se fait par la scorification de tout ce que ces métaux contiennent de substances métalliques étrangères.

A mesure que le plomb entraîne avec lui les métaux grossiers, il se sépare de la masse à épurer, avec laquelle il ne peut plus rester uni. Il vient alors nager à la surface, parce qu'ayant perdu une partie de sa densité, il a perdu aussi une partie de sa pesanteur spécifique ; enfin il se convertit en litharge fluide.

Cette litharge, lorsqu'il s'agit d'un affinage en grand, et non d'un essai ordinaire, s'accumulerait de plus en plus à la surface du métal, à mesure que l'opération avancerait; elle garantirait, par conséquent, cette surface du contact de l'air, absolument nécessaire pour la scorification des autres métaux, et arrêterait ainsi l'opération, qui ne finirait jamais, si l'on n'avait trouvé le moyen de lui donner un écoulement.

Cet écoulement peut avoir lieu, en partie, par la nature même du vaisseau dans lequel la masse métallique est contenue, et qui, étant poreux, absorbe et imbibe la matière scorifiée à mesure qu'elle se forme ; mais il est nécessaire de pratiquer, au bord de ce vaisseau, une échancrure pour laisser écouler doucement le surplus de la litharge.

Le vaisseau dans lequel on fait l'affinage est plat et évasé, afin que la matière qu'il contient présente à l'air la plus grande surface possible. Cette forme le fait ressembler à une coupe, et lui a fait donner le nom de *coupelle*.

A l'égard de la chauffe ou fourneau, il doit être en forme de voûte, afin que le chaleur ou la flamme de bois que l'on y a mis se porte sur la surface du métal pendant tout le temps de l'affinage. Il se

livrance à la Monnaie ; ils ne sont dans ce cas que lorsqu'ils ne contiennent pas plus de cinq millièmes d'alliage si c'est de l'or, et de vingt millièmes si c'est de
l'argent (art. 118 et 119). Les matières ayant subi
l'opération d'un affinage régulier, et se trouvant con-
verties en masses ou lingots qui contiendraient une
plus grande quantité d'alliage , ou qui ne se trouveraient
pas propres et destinés au tirage de l'argue, ne doivent
pas être considérés comme lingots affinés sujets au
droit de garantie ; ils ne peuvent être envisagés que
comme lingots de commerce qui doivent être essayés
sans autres frais que ceux fixés par le prix d'essai.
C'est ce que la cour de cassation a jugé formellement
en faveur des sieurs Meyer, négocians à Bordeaux ,
chez lesquels on avait saisi des lingots fins et non marqués des poincons de garantie, qui avaient été vendus
par un affineur ou marchand de matières d'or et d'argent de Paris , et qu'ils destinaient au directeur de la
monnaie de Bordeaux. » *Lettre du* 28 *décembre* 1822.

Il est donc bien démontré que les employés de la
garantie ne doivent considérer comme lingots affinés ,
que ceux qui sont empreints de la marque de l'affineur, conformément à l'art. 117 de la loi du 19 bru-

---

forme perpétuellement à la surface du métal une espèce de croûte
ou peau obscure ; mais dans le moment où tout ce qu'il y a de métaux grossiers est détruit, et où par conséquent la scorification cesse,
la surface des métaux précieux se découvre, se nettoie, et paraît
beaucoup plus brillante ; cela forme une espèce d'éclair, qu'on
nomme effectivement *éclair*, *fulguration*, *corrurcation* ; c'est à cette
marque qu'on reconnaît que le métal est affiné.

Les matières départies par d'autres moyens chimiques , à la faveur
des acides , sont également des matières affinées dans le sens de
l'art. 113 de la loi du 19 brumaire an 6, et sujettes au droit fixé par
l'art. 29 de la même loi.

maire an 6, et lorsqu'ils sont bons à passer en délivrance, suivant le vœu de l'art. 119. C'est alors seulement que ces lingots sont assujettis à payer le droit de
garantie, fixé par l'art. 29 de la même loi, et à être
marqués, en multipliant les empreintes du poinçon de
manière que l'une de grandes surfaces du lingot en
soit entièrement couverte (1).

Les affineurs tiendront un registre coté et paraphé
par l'administration du département, sur lequel ils
inscriront, jour par jour, et par ordre de numéros, la
nature, le poids et le titre des matières qui leur seront
apportées à affiner, et de même pour les matières
qu'ils rendront après l'affinage. *Loi du 19 brumaire
an 6, art.* 116.

Le registre dont il s'agit est visé par les employés
lors des exercices; et les contraventions découvertes
chez les affineurs ou départeurs, ne peuvent être constatées que dans les formes prescrites par la loi de brumaire précitée.

CHAPITRE IV.

*De la surveillance dans les communes situées dans le
ressort du bureau de garantie.*

La garantie publique peut retirer un grand avantage
des dispositions de l'ordonnance du 5 mai 1820, puisqu'elles chargent la régie des impôts indirects de faire

(1) Quant à la forme et au type de ce poinçon, *voyez* la planche
n° III.

surveiller les orfévres , horlogers et autres faisant le commerce d'ouvrages d'or et d'argent , parmi lesquels il s'en trouve un assez grand nombre qui sont établis hors de la résidence des contrôleurs de la garantie. Mais pour donner une juste idée des principales opérations auxquelles les préposés ont à se livrer pendant leurs exercices chez les orfévres , M. le directeur général indique , par diverses circulaires , les connaissances que chaque employé doit acquérir sur la législation et le matériel de la garantie , et a déterminé les formes dans lesquelles les contraventions doivent être constatées. On trouvera , dans leurs chapitres respectifs , toutes les instructions nécessaires à cet égard ; mais nous croyons utile de rapporter ici un long paragraphe de la circulaire du 8 octobre 1822, en ce qui concerne les visites à faire , et les moyens d'étendre la surveillance dans toutes les villes où il y a des redevables assujettis aux lois de la garantie. « Les formalités dont la loi entoure la surveillance qui doit être exercée sur les fabricans et marchands d'ouvrages d'or et d'argent, dit la circulaire précitée , et sur le commerce auquel ils se livrent , exigent, comme règle générale, qu'aucune visite ne puisse être faite chez ces *assujettis* , si l'un des deux employés agissant n'a au moins le grade de receveur à cheval. Mais ce n'est pas une raison pour que les autres employés ne fassent pas une étude particulière des lois et règlemens sur la garantie, puisqu'ils sont tous aptes à obtenir ce grade , et que d'ailleurs ils sont journellement dans le cas d'assister les employés supérieurs dans leurs visites et dans la rédaction de leurs procès-verbaux. Je charge particulièrement les contrôleurs de la garantie de répandre l'instruction parmi

13

les employés : je me ferai rendre compte par les directeurs si cette obligation a été remplie avec exactitude, et je distinguerai ceux qui auront obtenu le
plus de succès. Ces préposés devront donc continuer
provisoirement les tournées qu'ils effectuént hors de
leur résidence, dans l'intérêt du service spécial qui
leur est confié ; ils devront même les multiplier davantage, puisqu'elles vont avoir pour objet, non seulement
la surveillance sur les marchands et fabricans d'ouvrages d'or et d'argent établis dans les recettes rurales, mais encore le soin non moins important d'instruire les employés de ces recettes, et de les mettre
promptement à même de *concourir* à cette surveillance.
Pour atteindre plus sûrement ce but, je prescris dès à
présent aux contrôleurs de la garantie de ne plus faire
aucune vérification sans être accompagné par les employés des lieux où ils y procéderont. A cet effet, les
directeurs des *villes où sont établis les bureaux de ga-*
rantie, auront l'attention de faire connaître d'avance
à leurs collègues qui résident dans la *circonscription du*
bureau, les époques et les lieux où devront se faire les
vérifications; ils s'entendront d'ailleurs avec eux, pour
que, sans nuire au service ordinaire de la *marque*, les
contrôleurs puissent rester dans leurs arrondissemens
respectifs pendant le temps nécessaire à l'instruction des
employés. Ainsi ces contrôleurs auront à parcourir successivement toutes les recettes à cheval situées dans le
ressort de leur bureau; leur marche sera réglée, comme
il est dit ci-dessus, par le directeur sous les ordres duquel ils sont immédiatement placés, qui aura soin de
m'en tenir informé. Ce dernier m'adressera, lorsque
les tournées seront complètement achevées, l'état en
double expédition des frais qu'elles auront occasionnés;

en prenant pour base l'indemnité d'un franc par lieue, fixée par décision ministérielle dont il est fait mention dans la circulaire de l'administration des monnaies, en date du 10 janvier 1812. »

Dans les communes où il n'y a pas d'orfévre, les marchands de drap vendent quelquefois des bijoux d'or, sans avoir satisfait aux obligations prescrites par la loi, à ceux qui veulent fabriquer ou vendre les ouvrages d'orfévrerie. Ce genre de commerce illicite doit être surveillé avec d'autant plus de zèle par les employés, que ces marchands, ne s'étant point fait connaître à l'autorité, vendent impunément des ouvrages d'or et d'argent sans marque ou à bas titre.

Lorsque les employés parviennent à découvrir ce genre de fraude, et que la contravention est évidente, ils doivent, pour la validité de leur opération, constater que le marchand fait notoirement le commerce d'ouvrages d'or et d'argent, et que les objets trouvés en sa possession étaient exposés en vente; ils doivent aussi constater si le contrevenant n'a pas fait sa déclaration à la mairie, et, dans le cas contraire, lui déclarer qu'il est en contravention à l'art. 73 de la loi du 19 brumaire an 6. Le contrôleur, ou celui qui en remplit les fonctions, doit exiger en outre la représentation du registre coté et paraphé, et constater cette autre contravention à l'art. 74, dans le cas où elle serait constante. Enfin, il doit faire les sommations nécessaires pour éviter qu'un défenseur adroit puisse faire valoir quelque moyen de nullité ou de justification en faveur de son client. Toutes les fois que le tribunal peut acquérir la preuve que le délinquant fait le commerce de l'orfévrerie en même temps que celui de drap ou d'autres objets étrangers à l'inspection des employés

13 *

de la garantie, il ne peut manquer d'appliquer la peine prononcée par la loi.

Les mesures qui ont été prises par la régie à l'égard de la surveillance des orfévres, dans toutes les recettes rurales, achèvent de comprimer la fraude, puisque les employés des contributions indirectes sont répandus dans toutes les villes du royaume, et se trouvent mieux à portée de suivre la fabrication des ouvrages d'or et d'argent, comme d'en surveiller la vente. Il importe donc à ces employés, pour remplir les intentions de M. le directeur général, d'acquérir les connaissances nécessaires dans cette nouvelle partie de leurs attributions. Le service de la garantie est toujours dans de bonnes mains, lorsqu'un peu de jugement, beaucoup de zèle et d'exactitude, plus de probité encore, sont les qualités qu'on remarque en celui qui en est chargé.

CHAPITRE V.

Du registre coté et paraphé des redevables.

L'OBLIGATION d'enregistrer les achats et les ventes des objets d'or et d'argent remonte au 16ᵐᵉ siècle. On lit ce qui suit dans un arrêt du conseil, à la date du 17 janvier 1696 : « Seront tenus lesdits orfévres, y est-il dit, d'avoir des registres en bonne forme où ils écriront eux-mêmes la qualité et la quantité des matières d'or et d'argent, ensemble les noms et les demeures de ceux à qui ils les auront vendus et de qui ils les auront achetées ;

lesquels registres ils seront tenus de représenter aux commissaires de la cour des monnaies, toutes fois et quantes qu'ils feront chez eux leurs visites, le tout à peine d'amende arbitraire, etc. » Un autre arrêt du 20 avril 1726, en forme de règlement, contient à peu près les mêmes dispositions, et veut en outre qu'il soit donné des bordereaux aux particuliers, dans lesquels, dit l'arrêt, seront distingués le prix de la matière, celui de la façon et les droits de contrôle. »

Nous croyons utile de rapporter ici les articles 14, 16 et 17 de la déclaration du roi, du 26 janvier 1749, qui ont été imprimés à la suite de l'ordonnance du 19 septembre 1821. Art. 14 « Enjoignons à tous orfévres, joailliers, fourbisseurs, merciers, graveurs et autres travaillant et trafiquant des ouvrages d'or et d'argent, de tenir des registres cotés et paraphés par un des officiers de l'élection, dans lesquels ils enregistreront, jour par jour, par poids et espèce, la vaisselle et autres ouvrages vieux ou réputés vieux, suivant l'article 3, qu'ils acheteront, pour leur compte ou pour les revendre, ceux qui leur seront portés pour les raccommoder, ou donnés en nantissement, pour modèle ou dépôt, ou sous quelque autre prétexte que ce puisse être, et ce à l'instant que lesdits ouvrages leur auront été apportés ou qu'ils les auront achetés; seront aussi tenus de faire mention, dans lesdits enregistremens, de la nature et qualité des ouvrages, et des armes qui y seront gravées, des noms et demeures des personnes à qui ils appartiennent, sans qu'ils puissent travailler aux ouvrages qui leur auraient été apportés pour les raccommoder, qu'ils ne les aient portées sur leurs registres, le tout à peine de confiscation et de trois cents livres d'amende. »

Art. 16 « Seront tenus, lesdits orfévres et autres, de

rayer sur leur registre les ouvrages qui y auraient été portés en exécution de l'article 14, à mesure qu'ils les rendront; et où ils ne rendraient pas en même temps tous ceux contenus à un seul article, ils feront mention, à la marge, des pièces qu'ils auront rendues, par espèce, poids et qualité, et représenteront aux commis du fermier, hors de leurs visites, le surplus des pièces restant entre leurs mains, ou indiqueront les ouvriers auxquels ils les auront donnés pour les raccommoder, le tout à peine de cent livres d'amende. »

Art. 17. « Lesdits orfévres et autres, travaillant et trafiquant des ouvrages d'or et d'argent, seront tenus de faire marquer et de payer les droits des ouvrages qu'ils acheteront pour leur compte, soit pour les revendre, soit pour leur usage particulier, et ce dans les vingt-quatre heures après qu'ils auront porté lesdits ouvrages sur leurs registres, ainsi qu'il est prescrit ci-dessus. A l'égard des ouvrages qu'ils auront achetés et qui ne seront pas en état d'être vendus, ou qu'ils ne voudraient pas vendre ou prendre pour leur compte, ils seront tenus de les rompre et briser dans l'instant, en sorte que lesdits ouvrages soient hors d'état de servir à aucun usage; le tout à peine de confiscation et de trois cents livres d'amende. »

On doit remarquer qu'aucune personne, faisant un commerce quelconque d'ouvrages ou matières d'or et d'argent, ne peut se soustraire à l'obligation de tenir le registre coté et paraphé. L'article 74 de la loi du 19 brumaire an 6 le prescrit aux fabricans et marchands d'or et d'argent ouvré ou non ouvré; l'art. 81, aux fabricans et marchands de galons, tissus, broderies ou autres ouvrages en fil d'or ou d'argent; l'art. 86, aux joailliers; l'art. 98, aux fabricans de plaqués; l'art. 116, aux affineurs et, comme on vient de le voir dans l'art. 14 de la déclaration de 1749, cette obligation s'étend aux merciers, graveurs et autres travaillant et trafiquant des ouvrages d'or et d'argent. Ainsi, les contrevenans aux dispositions des articles précités ne peuvent se soustraire à la peine, si la contravention est constatée par un procès-verbal régulier; mais c'est aux agens de l'administration à distinguer si le défaut de registre ou d'enregistrement des ouvrages n'a pas eu pour objet de couvrir la fraude, ou de recéler des pièces d'or et d'argent volées. » Toutes les lois doivent se rapporter à l'intérêt du public, dit l'orateur romain; c'est dans ce sens qu'il faut les entendre. » Or, chaque fois qu'un employé parvient à découvrir un faux enregistrement, ou qu'il trouve chez un redevable des ouvrages d'orfévrerie provenant de vol, sans avoir été portés sur le registre légal comme vendus par une personne connue et responsable, c'est une preuve évidente de la culpabilité du contrevenant. Mais lorsqu'il y a seulement omission d'une formalité prescrite, et que l'objet non enregistré se trouve hors d'état de payer les droits, par le brisement qui en a été fait; lorsque les pièces entières sont revêtues de poinçons légaux, sans qu'il y ait la moindre réclamation de la part de qui que ce soit sur la légitimité de la vente qui en a été faite, l'employé doit consulter son directeur avant de verbaliser sur la simple omission de cette formalité, parce qu'un procès-verbal en matière de garantie, une fois dressé, doit suivre *rigoureusement* le cours de la justice.

Il y aurait beaucoup à dire sur la tenue du registre coté et paraphé des redevables, puisque chaque fabricant et marchand se forme une méthode particulière, qui est souvent opposée aux dispositions de la loi. Mais pour établir l'uniformité dans les enregistremens, MM. les orfévres, horlogers et autres assujettis aux exercices de la garantie, pourraient adopter un modèle semblable à celui que nous avons tracé ci-après, en soumettant au timbre extraordinaire un registre de dimension convenable, afin de profiter du bénéfice accordé pour ce qui concerne le prix du timbre, qui n'est que de cinq centimes la feuille. *Loi du 16 juin 1824.*

Modèle pour la tenue du registre coté et paraphé des fabricans et marchands d'or et d'argent, ouvré ou non ouvré.

DATES.	DÉSIGNATION des objets achetés, vendus ou donnés à raccommoder, en nantissement pour modèle ou dépôt.	NATURE des objets.	POIDS.	TITRES.	NOMS ET DEMEURES des particuliers.
1825			gram.		
1ᵉʳ janv.	Acheté une tabatière.	or.	60	5	M...rue. n°..à
3 id.	Vendu deux couverts unis.............	arg.	280	1ᵉʳ	M...rue., n°..à
4 id.	A raccommoder une soupière.........	arg.	1350	»	M...rue .n°..à
dud it.	Acheté six couverts à filets et un plat, forme ovale......	arg.	2000	1ᵉʳ	Mad..rue..n°..à

Nota. MM. les horlogers ont un numéro d'ordre qui est copié du registre pour être adapté à la montre, afin de reconnaître l'identité des enregistremens qui ont lieu pour ce qui est des montres à raccommoder.

TARIF *des ouvrages d'or et d'argent de France,
d'anciennes et nouvelles fabrications.*

DÉSIGNATION des OUVRAGES D'OR.	TITRES D'APRÈS L'ESSAI,		VALEURS.	
	noūv.	anciens.	le gros.	les cinq grammes
	millièmes	karats 32e	f. c.	f. c.
Ancienne vaisselle marquée de trois poinçons de Paris............	906	21 24	11 90	15 56
Anciens bijoux marqués des mêmes poinçons...	750	18 »	9 85	12 88
Nouvelle vaisselle, tit. 1er.	920	22 2½	12 08	15 80
Celie du deuxième titre.	840	20 5	11 03	14 42
Nouveaux bijoux, au troisième titre..........	750	18 »	9 85	12 88

DÉSIGNATION des OUVRAGES D'ARGENT.	TITRES D'APRÈS L'ESSAI,		VALEURS.	
	nouv.	anciens.	le gros.	les 50 grammes
	millièmes	den. grains	f. c.	f. c.
Vaisselle à l'ancien poinçon de Paris, tant plate que soudée et non soud.	948	11 9	6 35	10 37
Vaisselle montée, au même poinçon..........	938	11 6	6 28	10 26
Vaisselle plate des départemens, à l'ancien poinçon................	934	11 5	6 25	10 22
Vaisselle soudée et montée des départemens, à l'ancien poinçon......	927	11 3	6 21	10 19
Argenterie de Lorraine marquée d'un aigle, et celle marquée de la lettre A surmontée d'une croix..............	785	9 10	5 26	8 59
Nouveaux ouvrages du royaume, au 1er titre...	960	11 9½	6 36	10 39
Ceux au titre deuxième.	800	9 14⅓	5 36	8 75

Ouvrages d'Allemagne.

Les ouvrages qui se fabriquent en Allemagne sont à divers titres ; savoir : pour l'or ,

Le premier , de 22 karats (917 millièmes), qui est celui d'Autriche , de Hongrie et de Bohême.

Le deuxième , de 19 karats 24 trente-deuxièmes (823 millièmes) , qui est celui de presque tous les cercles et villes de l'empire.

Pour l'argent , le premier , de 10 deniers 12 grains (875 millièmes) , qui est celui des états de l'empire.

Le deuxième , de 9 deniers 18 grains (813 millièmes) , qui est celui de Bavière et de presque tous les cercles de l'empire.

Le troisième , de 9 deniers 12 grains (792 millièmes) , qui est celui des principales villes impériales.

Le quatrième titre , de 9 deniers (750 millièmes) , qui est celui de toute la Saxe.

Chaque pays a son poinçon particulier. On voit notamment sur les ouvrages d'orfévrerie de *Vienne* , l'aigle impériale et la double lettre W ; sur ceux de *Saxe* , deux épées. Le poinçon de *Hambourg* et de *Lubeck* représente également l'aigle impériale ; celui de *Dantzick* , deux croix couronnées ; celui de *Nuremberg* , un N ; celui de *Brunswick* , un lion , et celui de *Lumbourg* , un cheval.

LIVRE V.

De la surveillance relative aux argues clandestines et à la fausse monnaie.

CHAPITRE PREMIER.

Du service de l'argue.

TITRE PREMIER.

Description de cette machine.

L'argue (1) est une machine dont les tireurs d'or se servent pour dégrossir et rendre plus menus leurs lingots d'argent et de doré, en les faisant passer à travers de grosses filières, dont les pertuis ou trous ronds vont toujours en diminuant de grosseur.

L'argue est composée d'un billot d'environ huit pouces en carré, sur cinq pieds de haut, et d'un gros arbre ou pivot de neuf à dix pieds aussi de haut, auquel est attaché un câble.

Le billot est scellé de trois poids en terre, en sorte qu'il n'en paraît qu'un bout de deux pieds que l'on nomme communément la tête de l'argue.

Cette tête a deux entailles de 18 pouces de profon-

---

(1) Le mot *argue* vient par corruption du mot grec *ἔργον opus*, parce que l'invention et la machine nous ont été apportées de Grèce.

deur, l'une en large et l'autre en long. Celle en largeur
sert à placer et appuyer la filière, et celle en longueur
est destinée à faire passer les lingots par les pertuis de
filières.

L'arbre est placé perpendiculairement entre deux
gros poteaux, où il est enclavé de manière qu'on peut
le faire tourner par le moyen de deux barres longues
de vingt-quatre pieds, qui passent au travers en croix,
de même que celles d'un cabestan.

Il y a aussi de grosses tenailles courtes, dont les mords
sont crénelés en dedans, et les branches crochues par
les extrémités. Les mords servent à serrer le bout du
lingot, et les crochets pour fixer les tenailles à l'un des
bouts du câble : l'autre extrémité est attachée au corps
de l'arbre, que huit hommes font tourner par le moyen
des barres, de manière que le câble venant à s'entor-
tiller sur l'arbre, il se roidit de telle sorte et avec tant
de force, qu'il attire avec lui la tenaille et le lingot qui
s'alonge et s'amincit à mesure qu'il passe à travers les
pertuis de la filière. On frotte le lingot de cire neuve,
pour qu'il puisse passer avec plus de facilité.

TITRE IIᵉ

Des argues royales.

Il y a, dans l'enceinte de l'hôtel des monnaies de
Paris, une argue destinée à dégrossir et tirer les lingots
d'argent et de doré. *Loi du 19 brumaire an 6, art. 136.*

L'administration des monnaies est chargée de l'établissement et de l'entretien du service de l'argue, sans
cependant pouvoir ajouter de nouveaux préposés à ceux
qu'elle a déjà sous son autorité. Elle passe en dépense
les frais de l'argue, et en fait verser les produits au

caissier de la monnaie, et chaque année elle rend sur le tout un compte séparé au ministre des finances, qui le met sous les yeux du gouvernement. *Ibid.*, *art.* 139.

Par arrêté des 15 pluviôse et 25 ventôse an 6, des argues ont été établies à Lyon et à Trévoux.

Indépendamment des employés attachés aux argues royales (1), ceux du bureau de garantie et des contributions indirectes concourent à la découverte de la fraude, puisque ces employés sont tenus de veiller à l'acquittement du droit de 80 centimes par kilogramme d'argent, sur les lingots dits de *tirage*, comme de visiter les fabricans et marchands de galons, tissus, broderies, ou autres ouvrages en fil d'or ou d'argent, pour assurer l'exécution de l'art. 81 de la loi de brumaire précitée.

La surveillance dont il s'agit exige, de la part des employés, beaucoup de zèle et quelques connaissances dans la fabrication des galons, comme dans le travail qui se fait à l'argue, afin d'être à même de découvrir la fraude qui a lieu dans les argues clandestines montées, pour la plupart, à la campagne ou dans des endroits peu connus.

Des lois antérieures à celle du 19 brumaire an 6 ont établi les peines contre ceux qui font dégrossir et tirer leurs lingots d'argent et de doré dans de fausses argues, et elles prononcent, outre la confiscation des

---

(1) Il y a seulement un contrôleur et un receveur dans chacun de ces établissemens. Les autres individus employés au travail de l'argue, de même que le forgeur, sont payés par les tireurs d'or qui les occupent.

Autrefois il y avait des inspecteurs aux argues de Paris et de Lyon. Ces places, érigées en office, furent créées par édit du mois de janvier 1708, et supprimées par autre édit du mois d'août 1777.

matières ou marchandises , une amende de trois mille
francs , et même de punition corporelle en cas de
récidive (1).

Quant aux bâtons de cuivre dorés et argentés , ils
sont également tirés dans les argues royales , en conformité d'un arrêté du gouvernement du 7 floréal an 8;
mais une ordonnance du 5 mai 1824 permet aux fabricans qui voudront convertir du cuivre affiné en traits
de laiton , de cuivre doré et argenté , ou simplement
mis en couleur jaune ou blanche , d'établir chez eux
des argues particulières , et d'avoir des filières de calibre , semblables à celles dont on fait usage dans les
argues royales , ou des instrumens et machines propres
à y suppléer. « Ces fabricans , dit l'ordonnance, seront
préalablement , et avant de commencer leur travail ,
tenus de faire , tant à la préfecture du département où
sont établis leurs ateliers , qu'à l'administration des
monnaies et à celle des contributions indirectes , une
déclaration énonçant leurs noms et prénoms , leur profession , le lieu de leur domicile et celui de leurs ateliers ; ils joindront à leur déclaration un plan indiquant la description et l'élévation des machines dont ils
entendent se servir. » *Art.* 2.

Les tireurs de cuivre et d'or et d'argent faux seront
tenus de filer leurs traits faux sur fil , et ne pourront
les tirer sur soie , sous les peines portées par les règlemens qui prescrivent ces moyens de garantie. *Même
ordonnance , art.* 3. (2)

Ils ne pourront aussi , sous les mêmes peines portées
par les mêmes règlemens et l'art. 423 du code pénal ,

---

(1) Voir ces lois et règlemens, Liv. IV, Chap. 1, Tit. IV.

(2) Ces règlemens remontent à l'année 1583.

mélanger des traits faux avec des traits fins, dans leurs ouvrages, et sur les bobines sur lesquelles ils seront dévidés. *Ibid.*, *art.* 4.

Les tireurs de cuivre ou traits d'or et d'argent faux seront soumis aux visites des préposés de l'administration des monnaies et des contributions indirectes. Les contraventions seront constatées dans les formes prescrites par la loi du 19 brumaire an 6. *Ibid.*, *art.* 5.

Dans les ateliers particuliers et fabriques de traits de cuivre pur ou doré, argenté ou mis en couleur, il ne sera procédé au tirage des bâtons de cuivre, que du lever du soleil à son coucher. *Même ordonnance, article* 6 (2).

Le salaire du travail pour le cuivre, dans les argues royales, est le même que celui fixé avant la loi du 19 brumaire an 6; savoir : pour les bâtons de cuivre doré, de 12 centimes par hectogramme; pour les bâtons de cuivre argenté, 8 centimes par hectogramme. Les propriétaires desdites matières fourniront les filières, et paieront les frais de forge et de tirage. *Arrêté du 7 floréal an 8, art.* 2 *et* 3.

L'article 138 de la loi de brumaire ayant établi une différence de prix, à l'égard des lingots d'argent et de doré, lorsque les propriétaires n'ont pas de filières, on peut toujours faire tirer les matières fines dans les

(1) Le but de cette ordonnance est de favoriser l'industrie française; car autrefois l'Allemagne fournissait tous les bâtons de cuivre destinés à l'emploi des galons, dits *mi-fins;* mais les affineurs de Lyon, après de nombreuses expériences, sont enfin parvenus à rendre le cuivre indigène assez ductile pour être converti en *filé* doré ou argenté, après les préparations d'usage. Cette découverte atteste, comme tant d'autres, de quels succès sont couronnés les efforts de nos manufacturiers, qui ont voulu s'affranchir des tributs qu'il leur fallait payer à l'étranger.

filières appartenant à l'argue, en payant les frais de forge et de tirage. Les lingots d'argent destinés à l'argue sont ordinairement du poids de 12 à 14 kilogr. au plus, c'est-à-dire, suivant les proportions de cette machine qui ne serait pas assez longue pour tirer des lingots d'un poids au-delà de ce terme; et l'on procède à ce tirage, ainsi qu'il suit (1) :

Les lingots sont préalablement portés au bureau de garantie, empreints de la marque de l'affineur. *Loi du 19 brumaire an 6, art.* 117. L'essayeur, après avoir fait son opération pour connaître le titre de la matière, passe ces lingots en délivrance, en conformité de l'art. 118 de la même loi; le receveur perçoit le droit de garantie fixé par l'art. 29, et le contrôleur appose le poinçon à ce destiné, art. 119. Ensuite ces mêmes lingots sont portés au bureau de l'argue pour être marqués de nouveau, art. 137, et le receveur de cet établissement perçoit le prix du travail, conformément à l'art. 138. Ces lingots, affinés et ainsi marqués, sont portés au forgeur de l'argue, pour être divisés en trois bâtons d'égale longueur et épaisseur, lesquels passent tout de suite au dévarisage qui les met de calibre, et aplanit les coups de marteau qui sont restés en les forgeant (2).

---

(1) Les lingots, dits de *tirage*, sont forgés à quatre marteaux, et ce travail exige beaucoup d'attention pour éviter de les rendre *pailleux*, ce qui occasionnerait indubitablement la refonte de la matière, ou un déchet considérable pour les racler. On fait observer que les quatre marteaux à *main* pourraient être remplacés par un *bélier* qui agirait au moyen de l'eau, ou d'une machine à vapeur. Ce bélier, qui aurait un mouvement uniforme, donnerait des coups réglés en étendant la matière, sans la rendre pailleuse, et abrégerait considérablement le travail.

(2) Voir la description du dévarisage, page 90, note 1.
On ne dévarise point le bâton qui doit être tiré en *traits blancs* :

La dimension de ces bâtons , lorsqu'ils sont dévarisés , est de deux pieds de long , et de trois pouces quatre lignes de circonférence.

Lorsque les bâtons sont ainsi confectionnés , le contrôleur de l'argue les marque de son poinçon , et les remet au propriétaire pour être dorés (1). Après cette opération , le tireur d'or les rapporte à l'argue où on les passe par autant de traits de filières qu'il est nécessaire, ce qui fait environ 40 à 45 pour les réduire au diamètre de trois lignes et demie. Ensuite on les enroule sur un cylindre de bois de six à sept pouces de diamètre. Cet assemblage de tours en spirale sur le cylindre se nomme *bracelet*. chaque moitié se nomme *gavette* (2). Les gavettes sont encore marquées du poinçon de l'argue , afin de remplacer l'empreinte qui avait été apposée sur le bâton avant le tirage ; et elles sont rendues au tireur d'or qui peut en disposer pour le faire dégrossir au *ras*.

Ce qu'on nomme ainsi est une filière percée de 25 trous très-bien alaisés et polis , dont le plus grand a un peu moins de trois lignes et demie environ. Cette

---

de plus, on ne le passe à l'argue que par 25 trous de filière ; ainsi , pour le réduire de 13 lignes à 13 lignes 1/2, on emploie 17 trous de moins , parce qu'il n'est pas nécessaire de le ménager comme le bâton doré dont on ferait refouler l'or, si on le tirait par des trous trop serrés.

(1) Voir la manière de dorer les bâtons d'argent , page 89, note 3.

(2) Dans le langage du commerce de la dorure, à Lyon, la gavette n'est que le tiers de celle dont il est parlé ci-dessus, qui est dégrossie et réduite au diamètre d'une ligne et demie. Ainsi les tireurs d'or appellent *pièce* ce qu'on nomme *gavette* à l'argue , et *gavette* ce qui est connu sous la dénomination de *fil d'or*.

14

première filière du travail permis au tireur d'or, diminue la gavette de deux lignes dans toute sa longueur.

Après que les gavettes ont été dégrossies et réduites à la grosseur d'un ferret de lacet, elles perdent le nom de gavette pour prendre celui de *fil d'or*. Ce fil est ensuite tiré sur un autre banc que l'on nomme *banc-à-tirer*, où on le fait passer par vingt nouveaux traits d'une autre espèce de filière appelée *prégaton*; après quoi il se trouve en état de passer par la plus petite filière qu'on nomme *fer-à-racler*, pour le porter à son dernier point de finesse, ce qui se pratique de la manière suivante (1) :

Premièrement, on passe le fil d'or par le trou du fer à tirer, appelé *pertuis-neuf*, qu'on a auparavant rétréci avec un petit marteau sur un tas d'acier, et poli avec un petit poinçon d'acier très-pointu que l'on nomme *pointe*.

---

(1) Lorsqu'on fait l'apprimage du fil d'argent non doré, au septième trou le *prégaton* ne sert, pendant quelque temps, que d'appui à une petite filière nommée le *fer-à-racler*, qu'on tient avec la main gauche : on rend tranchans les trous de cette petite filière, en la passant sur la meule; ainsi le fil, en y passant, laisse en arrière sa première couche salie par la cire, puis une seconde couche plus nette au second trou, et enfin une troisième plus brillante que les deux autres. Alors le fil, considérablement diminué par ces trois raclages, est très-brillant. Lorsque ce fil d'argent entre dans les trous du fer-à-racler ou filière, sa raclure se divise ordinairement en trois petits rubans frisés par les bords, large d'une ligne environ, et quelquefois en quatre, surtout au troisième trou; cela dépend de celui qui tient de la main gauche cette filière appuyée contre le prégaton, qui, de la main droite, conduit le fil pendant qu'il se déroule de dessus la roquette. Tant que dure cette opération des trois raclages, il faut mouiller le fil d'argent avec un linge trempé dans l'eau, avant qu'il enfile le trou; sans cela, le tranchant de ce trou s'émousserait en se détrempant. Malgré cette précaution, la raclure est si chaude, qu'on ne peut y toucher sans se brûler.

Ce pertuis est ainsi rétréci et poli successivement avec de pareilles pointes, toujours de plus fines en plus fines, et le fil y est aussi successivement tiré jusqu'à ce qu'il soit parvenu à la grosseur d'un cheveu ; quelque fin et délié que soit ce fil, il se trouve si parfaitement doré sur toute la superficie, qu'il serait impossible de penser, sans le savoir, que le fond en est d'argent.

Le fil d'or, en cet état, s'appelle *or-trait*, et peut s'employer à toute sorte d'ouvrages en dorure.

Il faut remarquer qu'avant que l'or-trait soit réduit à cet extrême point de finesse, il a dû passer par plus de 140 traits de calibre, de filières, de ras, de préga-ton et de fer-à-tirer ; et que, chaque fois qu'on l'a fait passer par un de ces pertuis, on l'a frotté de cire neuve, soit pour en faciliter le passage, soit aussi pour empêcher que l'argent ne se découvre de l'or qui est dessus.

Pour disposer l'or-trait à être filé sur la soie, il faut l'écacher ou aplatir ; ce que plusieurs appellent battre l'or et le mettre en lame ; on lui donne cette façon en le faisant passer entre deux rouleaux d'une petite ma-chine nommée *moulin à battre* ou *moulin à écacher*.

Ces rouleaux, qui sont d'un acier très-dur, très-net et très-bien poli, environ de trois pouces de diamètre, épais de douze à quinze lignes, et très-serrés l'un contre l'autre sur leur épaisseur, sont tournés par le moyen d'une manivelle attachée à l'un des deux qui fait mou-voir l'autre, en sorte qu'à mesure que le fil-trait passe entre les deux rouleaux, il s'écache et s'aplatit, sans pourtant rien perdre de sa dorure, et il devient en lame si mince et si flexible qu'on peut aisément le filer sur la soie par le moyen d'un rouet et de quelques rochets ou bobines passées dans de menues broches de fer.

14 *

Lorsque l'or en lame a été filé sur la soie, on lui donne le nom de *filé-d'or* : ce filé est doux et uni.

Pour faire connaître jusqu'à quelle longueur s'étend l'argent en passant par tous les trous des différentes filières, nous rapporterons un fait extrait de l'original du procès-verbal de toutes ces opérations, lorsqu'elles furent faites, en 1701, à l'hôtel-de-ville de Lyon, en présence des ducs de Bourgogne et de Berry.

Un lingot, ou plutôt le tiers d'un lingot de figure cylindrique, du poids de 17 marcs, long de deux pieds et de trois pouces quatre lignes de circonférence, produisit un trait d'argent de la longueur d'un million quatre-vingt seize mille sept cent quatre pieds. Ainsi, ce bâton d'argent s'alongea, par l'art du tirage, de plus de cinq cent quarante-trois mille fois sa longueur primitive, ce qui équivaut à une étendue de 73 lieues communes de France.

Quelle que soit la ductilité de l'argent, l'or est cependant plus ductile encore. Une expérience de Réaumur prouve qu'un seul grain d'or, même dans nos feuilles d'or communes, peut s'étendre à une surface de 46 pieds et demi carrés (1).

Mais la distention de l'or sous le marteau, quoique très-considérable, n'égale pas celle qu'il acquiert en passant par la filière. Il y a des feuilles d'or qui ont à peine l'épaisseur de $\frac{1}{36000}$ de pouce ; mais cette épaisseur est considérable en comparaison de l'or filé sur la soie dans nos galons d'or. Aussi, Fourcroi a-t-il distingué la ductibilité à la filière de celle du marteau.

« La chaleur favorise la ductilité de tous les métaux ; elle écarte les parties intégrantes, dit M. Chaptal (1) ,

(1) Mém. de l'Acad. royale des sciences, année 1713.
(2) Élémens de chimie, t. ii, *substances métalliques.*

et forme des espaces ou des interstices qui permettent aux molécules comprimées de s'aplatir et de s'étendre; c'est ce qui engage les artistes à emprunter le secours de la chaleur pour travailler plus aisément les métaux; sans cette précaution ils *s'écrouissent* ou se déchirent, parce que les molécules trop rapprochées ne peuvent pas céder sous le marteau.

« La ductilité des métaux nous permet, comme on vient de le voir, d'en disposer à notre gré, et c'est sur cette admirable propriété que sont fondés presque tous les arts qui ont le travail des métaux pour objet : sans elle ce seraient des blocs informes ou des masses grossières, tels que la fonte pourrait nous les fournir, mais nous serions privés de cette foule d'objets variés que les arts ont successivement fournis à nos besoins et à notre luxe.

« La nature nous présente rarement les métaux avec ces degrés de perfection; elle les a cachés dans l'intérieur de la terre, les a combinés avec diverses substances qui en marquent ou en altèrent les propriétés métalliques (1), et a laissé à l'industrie de l'homme le pénible soin de les soustraire, de les débarrasser de leurs entraves, et de leur donner les qualités précieuses qui n'appartiennent qu'au métal. »

(1) La chimie moderne admet l'existence de l'or en nature dans les végétaux, mais en faible quantité. M. Bertholet a retiré cent quarante grains huit vingt-cinquièmes d'or par quintal de cendres. MM. Rouelle, Darcet et Deyeux en ont aussi retiré. *Élémens de chimie*, T. 11, pag. 140.

~~~~~~

CHAPITRE II.

De la monnaie.

Parmi les attributions données aux contrôleurs des bureaux de garantie, celle de surveiller la fabrication et l'émission de la fausse monnaie est très-importante, et ses résultats intéressent à la fois le monarque et les sujets. Un motif aussi puissant devait nous engager, sans doute, à fournir quelques documens nécessaires pour compléter les instructions que nous avons à donner, en tout ce qui concerne l'emploi des matières d'or et d'argent. Jetons d'abord un coup d'œil rapide sur les causes qui ont nécessité la conservation de la valeur intrinsèque des monnaies.

Les monnaies d'or et d'argent sont presque toujours alliées avec une certaine quantité de cuivre; ainsi, il faut distinguer dans ces monnaies deux espèces de valeur, la valeur réelle et la valeur numéraire. La valeur réelle est la quantité d'or ou d'argent pur, qui se trouve dans chaque espèce de pièces de monnaies; c'est sur ce pied que les nations évaluent les monnaies qu'elles reçoivent en échange. Elles ne comptent pour rien le cuivre qui sert d'alliage, et n'estiment l'or et l'argent des monnaies que comme matière, suivant le prix que ces métaux précieux ont dans le commerce. La valeur numéraire est celle qu'il plaît au souverain de donner à telle pièce de monnaie, et cette valeur arbitraire doit s'écarter très-peu de la valeur intrinsèque. Les sujets d'un état commercent entre eux sur la valeur numéraire, et, avec les étrangers, sur la valeur réelle des monnaies. D'où il suit que la nation, qui met plus d'alliage qu'une autre dans ses monnaies, perd aussi davantage dans ses échanges. Rien n'est donc si pernicieux, au commerce d'un pays, qu'une monnaie qui est au-dessous du titre des monnaies des peuples avec lesquels il trafique. C'est un axiome en politique qu'il ne faut pas toucher aux monnaies. Cependant, lorsqu'il survient des variations dans la valeur de l'or et de l'argent, soit par l'abondance ou par la rareté de ces métaux, il est alors de la prudence du souverain de diminuer ou d'augmenter la valeur numéraire des espèces, afin de maintenir la juste proportion qu'il doit toujours y avoir entre le prix de l'or et de l'argent purs en lingot, et le prix de ces métaux monnayés.

TITRE PREMIER.

Des ateliers monétaires.

L'histoire nous apprend qu'après l'entrée des Romains dans la Gaule, les espèces d'or, d'argent et de cuivre ne se fabriquaient point dans les mêmes ateliers monétaires, quoique chacun de ces ateliers eût, comme aujourd'hui, sa marque particulière pour le distinguer (1).

Sous les premiers rois de France, il y avait des hôtels des monnaies dans les principales villes du royaume. Ils étaient établis sous l'autorité des ducs et comtes de

---

(1) Il y avait anciennement un point particulier que l'on nommait *point secret*, et qui n'était connu que des officiers de chaque hôtel des monnaies. Il se mettait sous quelque lettre des legendes pour indiquer le lieu des fabriques. Ce point n'est plus d'usage aujourd'hui. On se sert maintenant d'une lettre de l'alphabet romain.

ces villes, quoique soumis à l'inspection de l'intendant ou des généraux maîtres des monnaies ; mais la surveillance de ces officiers ne put empêcher l'altération des espèces ; car Charlemagne, pour arrêter le désordre que causait le faux monnayage, se vit dans la nécessité de supprimer tous les ateliers monétaires, et d'ordonner que la monnaie ne serait plus fabriquée que dans son palais. Cette restriction, cependant, ne passa point la durée de son règne : les ateliers monétaires furent rétablis dans les villes considérables du royaume, et ils éprouvèrent dans la suite beaucoup de changement. François Ier les porta au nombre de 25 ; mais un édit du mois de février 1772 les réduisit à 17.

Dans le cours de la révolution de 1789, les ateliers monétaires furent tous supprimés, par une loi du 6 pluviôse an 2, excepté celui de Paris ; ils étaient, en effet, inutiles alors, puisque le numéraire avait été remplacé par les assignats. Une autre loi du 22 vendémiaire an 4 les rétablit au nombre de huit, particulièrement pour la monnaie de cuivre, qui était alors indéterminée ; et enfin, l'arrêté du prairial an 11 les porta au nombre de 16 ; mais ils ne furent établis que pour l'espace de trois années, à l'expiration desquelles le ministre des finances devait proposer la conservation de ceux qui présentaient le plus d'avantage, et qui étaient jugés nécessaires.

Peu de temps après sa création, la monnaie de Genève fut supprimée ; et les villes de Turin et de Gênes, n'appartenant plus à la France, le nombre des ateliers monétaires demeure fixé à treize, et sont organisés ainsi qu'il suit :

VILLES.	LETTRES.	DIFFÉRENS.
Paris.......	A.	Une ancre et un C entrelacés.
Rouen.....	B.	Un agneau portant une bannière.
Lyon......	D.	Une arche.
La Rochelle.	H.	Un trident.
Limoges....	J.	Deux mains jointes.
Bordeaux...	K.	Une feuille de vigne.
Bayonne...	L.	Une tulipe.
Toulouse...	M.	Un F et un C entrelacés.
Perpignan..	Q.	Une grappe de raisin.
Nantes.....	T.	Une clef.
Strasbourg..	BB.	Une gerbe de blé.
Marseille...	M.	Un palmier.
Lille.......	W.	Un caducée.

Ces ateliers monétaires, comme on vient de le voir, sont placés dans les principales villes de commerce et de fabrique, qui renferment, par conséquent, une grande quantité d'espèce, et ce motif ne doit laisser aucun doute sur une conversion rapide, aussitôt que la refonte générale sera commencée (1).

(1) La refonte générale, commencée en janvier 1726, a été la dernière opération de cette nature ; et les dispositions de l'édit qui en ordonna l'exécution, ont servi de règlement pour la fabrication des espèces d'or et d'argent, depuis cette époque jusqu'au 30 octobre 1785.

Monnaies d'or.

Les louis d'or de France, de fabrications antérieures à 1726, sont portés dans le tarif du gouvernement au titre de 904 millièmes (21 karats 22 trente-deuxièmes).

Les louis, dits *à lunettes*, fabriqués depuis l'édit du mois de

TITRE II.

Des fonctionnaires des monnaies.

Sous les rois de première et seconde races, l'administration des monnaies était dirigée, comme aujourd'hui, par trois officiers monétaires, qui furent remplacés ensuite par des généraux maîtres, dont le nombre fut porté jusqu'à onze.

Cette administration qui, jusqu'au milieu du 16e siècle, avait eu le titre de chambre des monnaies,

---

janvier 1726 jusqu'au 30 octobre 1785, époque de leur démonétisation, sont portés, dans le tarif du gouvernement, au titre de 896 millièmes (21 karats 16 trente-deuxièmes).

Les louis fabriqués en vertu de la déclaration du roi, du 30 octobre 1785, dits *aux deux écussons accolés;* ceux qui ont été fabriqués d'après la loi du 9 avril 1791, dits *constitutionnels*, et ceux que l'on a fabriqués suivant le décret du 5 février 1793, dits *républicains*, sont portés au titre de 901 millièmes (21 karats 20 trente-deuxièmes).

Les napoléons, fabriqués en vertu de la loi du 7 germinal an 11, au titre de 900 millièmes (21 karats 19 tente-deuxièmes). Ce dernier titre de 900 millièmes est celui qui a été invariablement conservé pour les monnaies, sauf la tolérance de deux millièmes pour l'or, et de trois millièmes pour l'argent.

Monnaies d'argent.

Les écus et divisions des fabrications antérieures à 1736, sont portés, dans le tarif du gouvernement, au titre de 913 millièmes (10 deniers 23 grains).

Les écus fabriqués en vertu de l'édit du mois de janvier 1726, dits *aux armes;* ceux que l'on a fabriqués d'après la loi du 9 avril 1791, dits *constitutionnels*, et ceux qui l'ont été suivant le décret du 6 février 1793, dits *républicains*, sont au titre de 906 millièmes (10 deniers 21 grains).

Les demi-écus des mêmes fabrications sont également admis à ce titre. On pourrait aussi y recevoir les autres divisions des pièces qui auraient conservé des traces de leur empreinte.

On sait que les pièces de cinq francs et leurs divisions sont toutes au titre de 900 millièmes.

fut érigée en cour souveraine. Les généraux maîtres prirent la qualité de conseillers et présidens, et le nombre varia suivant les circonstances.

La cour des monnaies avait la surveillance sur tous les officiers employés à la fabrication des espèces; elle jugeait en dernier ressort de tout ce qui concernait les monnaies tant au civil qu'au criminel, et elle avait le droit de condamner à toutes sortes de peines afflictives, même à celle de mort.

Parmi les officiers attachés à chaque atelier monétaire, l'on comprenait aussi les monnayeurs, ajusteurs, tailleurs et tailleresses, dont les charges étaient également érigées en offices. Nul ne pouvait être admis s'il n'était *d'estoc et de ligne :* les aînés étaient monnayeurs, les cadets ajusteurs; les filles, qui étaient reçues comme tailleresses, transmettaient à leurs enfans le droit de monnayeur ou d'ajusteur, suivant leur rang de naissance (1).

En 1791, l'assemblée nationale supprima la cour des monnaies, et créa une commission qui fut remplacée ensuite par trois administrateurs généraux. Ce nombre, qui nous rappelle l'organisation simple qui existait sous les premiers rois de France, et même du temps des Romains, a été maintenu par l'arrêté du 1er prairial an 11, portant règlement sur l'administration des monnaies.

Cette administration, qui est comprise dans les attributions du ministre des finances, est chargée de diriger la fabrication des monnaies; d'en juger le poids et le titre; de surveiller les fonctionnaires; de vérifier

_____

(1) Ces divers emplois sont maintenant à la disposition des directeurs des monnaies.

la comptabilité des ateliers monétaires et le titre des espèces étrangères ; de proposer la rectification des tarifs qui règlent leur admission au change ; de statuer sur les difficultés qui pourraient s'élever entre les porteurs des matières et les caissiers ; de surveiller la fabrication des poinçons, matrices et carrés et leur emploi; de l'épreuve des carrés nécessaires aux monnaies, avant d'en faire l'envoi aux commissaires, et généralement de maintenir l'exécution des lois sur les monnaies et la garantie d'or et d'argent. *Arrêté du 10 prairial an 11, art. 2.*

Les fonctionnaires attachés à l'administration centrale sont : 1° un inspecteur général des monnaies; 2° un inspecteur des essais, un vérificateur des essais et deux essayeurs; 3° un graveur; 4° un secrétaire général garde des archives et dépôts.

Les fonctionnaires de chaque atelier monétaire sont : un commissaire, un directeur de la fabrication, un contrôleur du monnayage et un caissier. Tous ces divers fonctionnaires sont nommés en conformité de l'arrêté précité, et se trouvent placés sous les ordres immédiats de l'administration des monnaies.

TITRE III.

De la fausse monnaie et des peines encourues par les faux monnayeurs.

La fausse monnaie est celle qui n'est pas fabriquée avec la garantie du souverain, comme seraient des louis de cuivre doré ou d'or à bas titre ; des écus d'étain ou autres métaux grossiers mélangés avec une faible partie d'argent ou argentés. Il y a aussi la monnaie *fourrée* qui est faite d'un morceau de fer, de cuivre ou tout autre métal que le faux monnayeur couvre de plaques d'or ou d'argent, suivant les pièces qu'il veut contrefaire.

« Une longue expérience a démontré, dit l'administration des monnaies, dans une circulaire de messidor an 12, que les fabricateurs de fausse monnaie, comme ceux qui altèrent la monnaie nationale (1), sont pour la plupart des ouvriers en orfévrerie, ou des orfévres eux-mêmes ; la police leur permettant de faire usage du laminoir, du découpoir ou emporte-pièce, ils profitent des facultés que leur donnent ces machines (2), ainsi que les procédés de leur profession, pour faire la fausse monnaie. Ainsi, lorsque les employés trouvent, chez un orfévre, horloger, etc., soit un laminoir, soit un emporte-pièce ou toute autre ma-

---

(1) On est heureusement parvenu à établir un système monétaire invariable, et qui doit dissiper toute inquiétude à l'égard de l'altération des espèces. Nous croyons utile néanmoins de faire connaître le poids de chaque pièce fabriquée d'après le nouveau système.

Monnaie d'or.

La pièce de 40 francs pèse 12 grammes 9 décigrammes, plus une légère fraction de trois millièmes que la tolérance fait disparaitre.

La pièce de 20 francs 6 grammes 45 centigrammes, plus une légère fraction.

Monnaie d'argent.

La pièce de 5 francs pèse 25 grammes ;

Celle de 2 francs, 10 grammes ;

Celle d'un franc, 5 grammes ;

Celle d'un demi-franc ou 50 centimes pèse 2 grammes 5 décigrammes ;

Celle d'un quart de franc ou 25 centimes pèse un gramme 25 centigrammes.

(2) Une loi de germinal an 5 prescrit à ceux qui veulent faire usage de ces machines de les déclarer à l'autorité locale.

chine qui puisse servir à la fabrication des pièces de
monnaie, quoique destinée en apparence aux ouvrages
d'orfévrerie, ils doivent d'abord s'assurer si l'orfévre en
fait réellement usage pour sa profession : les employés
obtiendront bientôt ce premier renseignement, puisque
l'inspection des ouvrages fabriqués ou en cours de fabrique leur fera connaître de quelle machine on se sert
pour les confectionner. »

Une autre circulaire de la même administration, à
la date du 25 décembre 1817, réveille l'attention des
employés de la garantie, à l'égard de la surveillance
de la fabrication et la circulation de la fausse monnaie, qui doit être biffée, dans quelque main qu'elle
puisse se trouver. Toute pièce de monnaie d'or ou d'argent fausse, que l'on présente dans un bureau de
change ou autre, ou une caisse publique, doit y être
percée ou coupée : tout particulier est même autorisé
à la mettre hors de circulation, quand celui qui la présente n'est pas suspect; car, si on le soupçonne de par-
ticiper à une émission criminelle, la pièce fausse doit
être remise et dénoncée aux tribunaux, ainsi que la
personne qui cherche à la faire passer avec connaissance de cause.

Quiconque aura contrefait ou altéré des monnaies
d'or ou d'argent, ayant cours légal en France, ou participé à l'émission ou exposition desdites monnaies
contrefaites ou altérées, ou à leur introduction sur le
territoire français, sera puni de mort, et ses biens
seront confisqués (1). *Code pénal*, art. 132.

---

(1) La peine de la confiscation des biens est abolie et ne pourra
être rétablie. *Charte constitutionnelle*, art. 66.

La peine de mort a toujours été prononcée contre les faux mon-

Celui qui aura contrefait ou altéré des monnaies de billon ou de cuivre, ayant cours légal en France, ou participé à l'émission ou exposition desdites monnaies contrefaites ou altérées, ou à leur introduction sur le territoire français, sera puni de travaux forcés à perpétuité. *Ibid.*, *art.* 133.

Tout individu qui aura en France contrefait ou altéré des monnaies étrangères, ou participé à l'émission, exposition ou introduction en France des monnaies étrangères contrefaites ou altérées, sera puni des travaux forcés à temps. *Ibid.*, *art.* 134.

La participation énoncée aux précédens articles, ne s'appliquera point à ceux qui, ayant reçu pour bonnes des pièces de monnaies contrefaites ou altérées, les ont remises en circulation. — Toutefois celui qui aura fait usage desdites pièces après en avoir vérifié ou fait vérifier les vices, sera puni d'une amende triple au moins et sextuple au plus de la somme représentée par les pièces qu'il aura rendues à la circulation, sans que cette amende puisse, en aucun cas, être inférieure à 16 francs. *Ibid.*, *art.* 135.

Ceux qui auront eu connaissance d'une fabrique ou d'un dépôt de monnaie d'or, d'argent, billon ou cuivre, ayant cours légal en France, contrefaites ou altérées, qui n'auront pas, dans les vingt-quatre heures, révélé ce qu'ils savent aux autorités administratives, ou de police judiciaire, seront, par le seul fait de non révélation, et lors même qu'ils seraient reconnus exempts de toute culpabilité, punis d'un emprisonnement d'un mois à deux ans. *Ibid.*, *art.* 136.

---

nayeurs : autrefois elle était encourue par les *billonneurs*, ou ceux qui trafiquaient sur les espèces plus ou moins fortes, pour se procurer un bénéfice illicite.

Sont néanmoins exceptés de la disposition précédente, les ascendans et descendans, époux, même divorcés (1), et les frères et sœurs des coupables, ou les alliés de ceux-ci aux mêmes degrés. *Ibid.*, *art.* 137.

Les prévenus des crimes mentionnés aux art. 132 et 133 seront exempts des peines, si, avant la consommation de ces crimes et avant toutes poursuites, elles en ont donné connaissance et révélé les auteurs aux autorités constituées, ou si, même après les poursuites commencées, elles ont procuré l'arrestation des autres coupables. — Elles pourront néanmoins être mises pour la vie ou à temps sous la surveillance spéciale de la haute police. *Même code*, *art.* 138.

On sait qu'il existe un grand nombre de pièces de 24 francs fausses; mais le tableau suivant offre l'indication précise des signes qui distinguent ces diverses sortes de louis d'or de fabrique d'avec les bons. Ce même tableau, ayant servi à des personnes qui manient les fonds du trésor public, sera utile jusqu'après la refonte générale de l'ancienne monnaie. Quant aux pièces d'argent fausses, elles ont été si multipliées, qu'il est impossible d'établir les mêmes points de comparaison qu'à l'égard de celles en or. D'ailleurs, les écus qui ne sont qu'argentés ou qui sont coulés en étain, et ceux même qui ne contiennent qu'une faible partie d'argent alliée avec le cuivre, se distinguent facilement d'avec les bons : mais il existe des pièces de cinq francs et autres contrefaites, dont la coupable perfection mérite d'être signalée à la vindicte publique.

---

(1) Le divorce est aboli, *Loi du 8 mai 1806, art.* 1er.

TABLEAU *indicatif des signes qui distinguent les fausses pièces d'or d'avec les bonnes.*

ANNÉES.	LETTRES.	LOUIS OU PIÈCES DE VINGT-QUATRE FRANCS, DE FABRIQUE.
1784	J	Ils sont rognés, et les deux fleurs de lis touchent en haut de l'écusson.
1785	A	Ils ont 18 à 20 grains de moins; ils sont rognés et beaucoup plus grands que les bons; les deux fleurs de lis en haut touchent à l'écusson; la couronne est plus à droite, et par conséquent plus éloignée du dernier chiffre de l'année.—Il en existe d'autres de la même année et à la même lettre qui ont leur poids et qui sont bien faits; on ne les distingue que par leur blancheur.
1786	A	Ils sont en général plus grands et ne sont pas ronds; ils ont la surface rouge; la couronne est beaucoup plus à droite; la lettre M, du mot IMPER., touche à l'écusson, et des deux fleurs de lis en haut, l'une est plus haute que l'autre.—Il y en a d'autres qui sont bombés et blancs; toutes les lettres sont mal faites et plus petites qu'aux bons: l'on remarque principalement que la lettre D, du mot LUD., n'est fermée qu'à demi, de même que l'x du mot REX.—Il en existe de la même année et à la même lettre qui sont rouges et dont la fleur de lis en bas est écrasée; la couronne est plus à droite et ne touche pas à l'écusson, et les deux fleurs de lis en haut sont plus près de la ligne qui les renferme.
1786	A B	Ils sont très-rouges et bien frappés.
1786	B	Ils sont comme ceux ci-dessus; la couronne n'est pas bien placée, et la lettre N, du mot REGN., touche à l'écusson, de même que les deux fleurs de lis en haut.

ANNÉES.	LETTRES.	LOUIS OU PIÈCES DE VINGT-QUATRE FRANCS, DE FABRIQUE.
1786	D	Le côté de l'effigie est bombé ; ils sont mal frappés, et les lettres des mots NAV. REX sont si mal faites qu'elles se touchent les unes aux autres, et n'ont pas la distance qu'elles doivent avoir de la face.—Il y en a d'autres de la même année et à la même lettre qui ont les fleurs de lis mal faites, principalement celle du haut, à droite, qui est de travers.
1786	H S	Ils sont bien frappés, mais le cordon est mal fait ; les fleurs de lis sont trop hautes, et le nez de l'effigie est trop pointu.
1786	J	Ils sont plus grands et ne sont pas ronds ; les deux fleurs de lis en haut touchent à l'écusson ; la couronne est beaucoup plus à droite ; le mot VINC. est picoté, et la lettre N, du mot REGN., touche à l'écusson.—Il en existe d'autres qui sont coulés ; ils ont une couleur pâle, et le côté de l'écusson est picoté et graveleux.
1786	H	Ils sont très-mal faits des deux côtés ; ils sont ovales et pâles, et ont ordinairement 5 à 4 grains de moins.
1786	N	Ils sont très-mal faits des deux côtés, et toutes les lettres sont grossières et matérielles.
1786	A	Ils sont bombés et blancs, et la lettre A, au lieu de se trouver entre l'I et l'N du mot VINC., se trouve directement sur l'N.—Il y en a d'autres qui sont rouges, et dont les fleurs de lis sont plus grosses qu'aux bons.—Il y en a une troisième sorte, plus épais et plus grands, dont le cordon est mal fait, de même que toutes les lettres ; le fond en est blanc.
1786	B	Ils sont en général beaucoup plus épais ; la couronne est plus à droite ; dans le mot IMPER., l'I et l'N touchent à l'écusson, de même que l'N du mot REGN.

ANNÉES.	LETTRES.	LOUIS OU PIÈCES DE VINGT-QUATRE FRANCS, DE FABRIQUE.
1787	D	Ils sont mal faits, l'or est pâle et verdâtre; ils n'ont pas moitié de la valeur des bons.
1787	H	La tête est fort mal faite, et les fleurs de lis sont on ne peut plus maigres.
1787	H S	Ils sont mal faits des deux côtés, et ne sont pas ronds; la couronne se trouve plus à droite, et les fleurs de lis d'en haut touchent à l'écusson.
1787	V W	Ils sont plus larges et plus épais que les bons; la couronne est un peu de travers et n'est pas au milieu des deux écussons; le cordon est mal fait; ils pèsent en général 2 grains de moins.
1787	R	Ils sont rouges et plus grands que les autres, et ne sont pas ronds; la couronne se trouve plus à droite, et les fleurs de lis en haut touchent à l'écusson.
1788	V W	Il y en a de la même fabrique aux deux mêmes lettres, et à l'année 1787, dont la valeur n'est que de 12 à 13 livres.
1788	A	Ils sont blancs, la fleur de lis en bas est un peu de travers, le cordon est mal fait; ils pèsent 10 à 12 grains de moins; d'autres ont à peu près le poids, sont en platine, doublés d'or.
1788	J	Ils sont comme ceux de 1784, même lettre.
1788	N	Ils sont bien faits, mais les fleurs de lis sont trop hautes et mal placées; les parties usées sont rouges.
1789	A	Ils sont mal faits; ils sont très-rouges, et la couronne n'est pas au milieu des deux écussons.
1791	»	Ils sont mal frappés et sans cordon; toutes les lettres sont mal faites, et la fleur de lis en bas est écrasée.

15*

Pièces de quarante-huit francs.

Il y a peu de double-louis de fabrique ; on ne reconnaît les uns que par leur pâleur, et lorsque le dernier v du mot DUVIV., qui se trouve au bas de l'effigie, est moins haut que les autres lettres : ils sont ordinairement en platine, et recouverts d'une lame d'or assez forte. Les autres pièces de quarante-huit francs fausses sont fabriquées avec de l'or à 747 millièmes, et elles ont l'effigie trop rapprochée du mot et des chiffres LUD. XVI. Les lettres sont généralement mal faites. Le mot DUVIV. dont il est parlé ci-dessus, est composé de lettres beaucoup plus grandes que dans les bonnes pièces, et les chiffres 7 et 8 du millésime 1786 se touchent. Il est à remarquer, en outre, que, dans la longueur de l'écusson, il n'y a que neuf points, tandis qu'on en compte *onze* dans les double-louis dûment monnayés.

Nouvelle monnaie.

Indépendamment des espèces contrefaites avec les métaux grossiers, on trouve dans la circulation des pièces de 5 francs composées, 1° de deux morceaux d'argent plats et amincis, *enlevés d'une bonne pièce* au trait de soie ; 2° d'un cordon rapporté et qui forme la tranche de la pièce ; 3° d'un *flan de cuivre* placé au centre et auquel les deux feuilles d'argent sont soudées à l'étain. Le moyen de reconnaître ces pièces fausses est à la qualité du son, à l'épreuve de la balance et à la comparaison de l'épaisseur, qui est plus considérable que dans les bonnes pièces.

Le flan, c'est-à-dire le morceau de cuivre que le faux monnayeur place dans les pièces dont il s'agit, porte une *rainure sur la tranche* qui reçoit la virole d'argent où se trouve imprimée la *légende*. Cette virole, qui sert pour ainsi dire de clef au fabricateur pour cacher l'objet de sa criminelle cupidité, ne peut manquer de faire découvrir la fraude, lorsqu'elle se détache par l'effet naturel de la circulation. Quant aux défectuosités de l'empreinte, il ne peut en exister aucune, puisque les deux morceaux d'argent ont été enlevés d'une bonne pièce; mais la soudure pouvant laisser, entre l'argent et le cuivre, des vides inégaux, le champé ou fond de l'écu n'est pas toujours bien correct, attendu que la pression à laquelle les pièces de monnaie sont continuellement exposées, abaisse insensiblement la doublure d'argent dans ces vides. Enfin, la pesanteur spécifique de l'argent et celle des métaux grossiers n'étant pas la même, on a donné plus *d'épaisseur* à ces fausses pièces de cinq francs qu'aux bonnes, quoiqu'elles soient *courtes* de 9 grains environ.

On voit quelques pièces d'un et de deux francs, qui sont également doublées d'une feuille d'argent *excessivement mince*, et empreintée sur une bonne pièce.

Il existe aussi des pièces fausses de 50 centimes d'Italie au millésime 1811 et à la lettre *M*. Elles sont de bas aloi, au titre de 510 millièmes; et, quoiqu'elles soient très-bien frappées, les parties *usées* sont naturellement plus jaunes que le fond de la pièce.

Parmi la nouvelle monnaie d'or, on a trouvé des pièces de deux francs d'Italie, *parfaitement dorées*, et auxquelles on avait effacé le chiffre et le mot 2. lire, afin de leur donner l'apparence des pièces de 40 francs.

On doit se défier encore de la monnaie altérée à laquelle on enlève quelques parties de la superficie avec de l'eau régule si c'est de l'or, ou avec l'eau-forte si c'est de l'argent. Ce moyen d'altérer les espèces, sans les limer, a été mis en usage long-temps avant la fabrication de la nouvelle monnaie. On conçoit aisément que celle-ci ne peut être altérée avec la lime, sans que l'altération ne s'aperçoive à première vue.

CHAPITRE III.

De la surveillance chez les changeurs des monnaies.

Les changeurs des monnaies étaient autrefois nommés par le souverain, ou autorisés par la cour des monnaies pour faire le change des espèces ou matières. Il était alors expressément défendu aux orfévres et autres individus, non pourvus de l'office de changeur, d'en exercer les fonctions. Le décret du 21 mai 1791, en supprimant toutes les charges, a compris dans le nombre celle de changeur. Depuis cette époque, le commerce des matières et espèces est libre dans toute l'étendue du royaume, sauf les formalités à remplir en conformité de la loi du 19 brumaire an 6.

Par une circulaire de l'administration des monnaies, à la date du 25 décembre 1817, déjà citée, il est enjoint aux contrôleurs des bureaux de garantie de surveiller les changeurs des monnaies de leur arrondissement. « Ils font tous le commerce d'or et d'argent, leur dit-elle, et ils sont, à ce titre, soumis aux lois de la garantie; ils peuvent d'ailleurs mettre en circulation et favoriser l'émission des pièces de monnaie fausses, rognées ou altérées, qu'ils doivent arrêter ou biffer; ils méritent particulièrement de fixer votre attention et d'exciter votre surveillance, ainsi que celle des officiers de police qui vous accompagnent. »

Quelques changeurs, ayant voulu s'affranchir de cette surveillance, et conséquemment de prendre le registre coté et paraphé, se sont opposés formellement aux exercices des employés. Le ministre des finances, consulté à ce sujet, a décidé la question par une lettre dont l'administration des monnaies a eu connaissance. « Il résulte de la lettre de son excellence, dit cette administration, qu'elle est d'avis que les dispositions de l'art. 74 de la loi du 19 brumaire an 6 sont applicables aux changeurs, et que par conséquent ils se trouvent assujettis aux visites de surveillance des employés de la garantie, lors même qu'ils voudraient se borner au change des pièces françaises altérées, parce qu'ils seraient toujours, dans ce cas, rangés dans la catégorie des marchands de matières d'or et d'argent. « *Lettre du 22 novembre* 1820 (1).

Le règlement général du 7 janvier 1716 porte, entre autres dispositions non abrogées», que les changeurs auront dans leurs bureaux des *cisoires, tasseaux, coins et marteaux* propres à cisailler les mauvaises espèces *décriées, légères, défectueuses et fausses*, et qu'ils difformeront les ouvrages et vaisselles d'or et d'argent, en présence de ceux qui les leur apporteront, à peine

---

(1) Les changeurs des monnaies qui achètent ou vendent des bijoux, de l'argenterie fabriquée et autres objets d'or et d'argent, sont soumis aux mêmes obligations que les marchands orfèvres, lorsqu'ils ne justifient pas de l'autorisation du gouvernement pour tenir une *maison de prêt.* Ainsi jugé par la cour de cassation, *Voy.* Liv. VI, Chap. 1, Tit. 11.

de confiscation sur eux des mauvaises espèces et vaisselles non cisaillées ni difformées, et d'amende arbitraire. » Ce règlement prescrit en outre aux changeurs de tenir un registre côté et paraphé sur toutes les feuilles, et d'y inscrire *la quantité et le poids des espèces, vaisselles et matières*, avec les noms et demeures de ceux qui les ont apportées.

Ainsi, les changeurs de monnaie ne peuvent se dispenser d'avoir chez eux des cisoires pour couper les pièces fausses, rognées ou altérées. Ils doivent en outre briser les ouvrages d'orfévrerie qu'ils achètent pour fondre, ou les soumettre à la marque dans les *vingt-quatre heures*, à peine de confiscation et de l'amende portée par l'article 17 de la déclaration du roi, du 26 janvier 1749.

LIVRE VI.

Du contentieux.

vvvvvvvvvv

CHAPITRE PREMIER.

*De la jurisprudence des tribunaux sur le commerce
de l'orfévrerie.*

La loi du 19 brumaire an 6, étant la base de la législation actuelle de la garantie des matières et ouvrages
d'or et d'argent, nous établirons dans ce chapitre un
ordre relatif aux contraventions à cette loi, qui ont
donné lieu à des contestations devant les tribunaux sur
cette matière. Nous joindrons à l'énoncé de chacune
de ces contraventions l'analyse, ou même la copie
exacte des arrêts de cassation (1) qui expliquent et
fixent le sens de la loi et des décrets ou ordonnances

---

(1) Il y a pour tout le royaume une cour de cassation qui prononce
sur les demandes en cassation contre les jugemens en dernier ressort
rendus par les tribunaux, sur les demandes en renvoi d'un tribunal
à un autre, pour cause de suspicion légitime ou de sûreté publique,
sur les prises à partie contre un tribunal entier. *Loi du 1er décembre*
1790, *art.* 2, *constitution de l'an* 8, *art.* 65.

La cour de cassation ne connaît pas du fond des affaires; mais elle
casse les jugemens rendus sur les procédures dans lesquelles les
formes ont été violées, ou qui contiennent quelque contravention
expresse à la loi; et elle renvoie le fond du procès au tribunal qui
doit en connaître. *Même loi, art.* 3, *constitution de l'an* 8, *art.* 66.

qui s'y attachent. La réunion de ces arrêts et de ceux qui concernent le travail de l'argue, la fabrication et l'émission de la fausse monnaie, pourra faciliter les recherches de ceux qui, par leur emploi ou leur profession, ont à s'occuper plus particulièrement des contestations qui ont pour objet la garantie d'or et d'argent.

Nous pensons que ce chapitre n'a pas besoin d'éclaircissement, la législation administrative ne peut guère recevoir de commentaires ; c'est à la jurisprudence qu'il faut surtout recourir ; et, tandis que, dans les matières civiles, l'étude de la jurisprudence n'est qu'auxiliaire, dans les matières administratives elle devient en quelque sorte principale.

TITRE PREMIER.

De l'irrégularité des visites en matière de garantie, sans l'assistance de l'officier public, désigné par la loi.

L'assistance d'un officier public dans les visites de surveillance chez les orfévres était, avant l'établissement des bureaux de garantie comme aujourd'hui, de rigueur absolue, parce que cette assistance est une mesure de police pour protéger la sûreté individuelle et domiciliaire. L'arrêt suivant, qui a été rendu par la cour de cassation, le 2 octobre 1818, fera connaître les inconvéniens et même les dangers qui peuvent résulter d'une saisie faite sans la présence d'un officier de police, ayant caractère légal pour accompagner les employés.

Les préposés du bureau de garantie de Nîmes avaient constaté, par procès-verbal du 3 janvier 1818, que Jean-Antoine Cusson père, orfévre dans la même ville, avait chez lui plusieurs ouvrages d'or et d'argent achevés et non revêtus des marques de garantie.

Dans le même procès-verbal il était dit qu'après que les préposés eurent renfermé dans un paquet les ouvrages trouvés en contravention, Joseph Cusson fils, qui y était présent, s'en était emparé et avait pris la fuite en criant *aux voleurs !*

Cités devant le tribunal correctionnel de Nîmes, Cusson père et fils firent valoir, contre le procès-verbal des préposés, une nullité résultant du défaut d'assistance d'un officier municipal ou d'un commissaire de police, formalité qui est prescrite par la loi du 19 brumaire an 6, et qui n'avait pu être suppléée par la présence d'un agent de police subalterne.

Cette nullité, qui avait été rejetée par le tribunal, fut accueillie, sur l'appel, par la cour royale de Nîmes; et, comme dans cette circonstance, le procès-verbal des préposés ne pouvait pas faire preuve par lui-même de son contenu, ladite cour, avant faire droit au fond, avait admis les deux prévenus à faire preuve, par témoins, de *leur innocence.*

Cette admission de preuve n'était point contraire à la loi relativement à Cusson fils, qui, n'étant prévenu que du délit de rebellion prévu par le code pénal, pouvait administrer toute sorte de preuves pour établir sa non culpabilité.

Mais il n'en était pas de même à l'égard de Cusson père, qui était seulement prévenu de contravention aux lois et règlemens sur la garantie d'or et d'argent, d'après lesquels les objets trouvés en contravention doivent être confisqués, malgré la nullité du procès-verbal, lorsque la contravention est d'ailleurs prouvée par l'instruction.

Or, dans l'espèce, le fait qui constituait la contravention imputée à Cusson père, était constatée par son aveu, reconnu par la cour royale, et néanmoins elle n'avait point prononcé la confiscation des objets saisis.

D'après ces considérations, la cour de cassation a rendu l'arrêt suivant :

« Considérant que, d'après les art. 101, 103 et 105 de la loi du 19 brumaire an 6, les préposés pour la constatation des contraventions en matière de garantie d'or et d'argent doivent, dans leurs visites et la rédaction de leurs procès-verbaux, être asistés d'un officier municipal ;

» Que si, d'après la loi du 28 pluviôse an 8, les officiers municipaux peuvent, quant à ce, être remplacées par les commissaires de police, néanmoins aucune loi ou règlement n'autorise le remplacement de ceux-ci par les agens de police subalternes, mentionnés dans l'art. 12 du titre premier de la loi des 19 et 22 juillet 1791 ;

» Que l'assistance des préposés par un simple agent de police à la rédaction du procès-verbal du 3 janvier 1818, dont il s'agit au procès, n'a donc pas suffi pour remplir les formalités prescrites, à cet égard, par la loi du 19 brumaire an 6 ; d'où il suit qu'en déclarant ledit procès-verbal nul, la cour royale de Nîmes n'a ni violé la loi, ni commis un excès de pouvoir ;

« Considérant, d'autre part, que, ledit procès-verbal, eût-il été parfaitement régulier, ne pouvait former une preuve absolue et irréfragable de la culpabilité de Cusson fils, du délit de rebellion qui lui était imputé, puisque tout accusé ou prévenu d'un crime ou délit prévu par le code pénal est toujours, et nonobstant tous procès-verbaux dressés pour constater le fait ou délit, admissible à prouver sa non culpabilité ; que la preuve à laquelle ledit Gusson fils a été admis par l'arrêt dénoncé pour se justifier du délit de rebellion qui lui était imputé, n'est donc point contraire à la loi ;

» D'après ces motifs, la cour a rejeté le pourvoi du procureur général, en tant qu'il est relatif à Gusson fils ;

» En second lieu, et relativement aux dispositions de l'arrêt dénoncé qui concernent Gusson père ;

» Considérant que la disposition de l'art. 107 de la loi du 19 brumaire an 6, qui défend aux marchands et fabricans d'avoir chez eux des ouvrages d'or et d'argent achevés et non marqués, est générale et absolue, et qu'elle est une conséquence de l'art. 48, d'après lequel tous les ouvrages sujets à la marque de garantie doivent être portés au bureau avant d'être entièrement achevés ; qu'il suit de ces dispositions et de celles de l'art. 77, que les marchands et fabricans d'ouvrages d'or et d'argent ne peuvent, en aucun instant quelconque, en avoir chez eux d'achevés et non marqués, sans contrevenir à la loi ;

» Considérant, en outre, que l'art. 34 du décret du 1er germinal an 13, d'après sa combinaison avec l'article 46 du même décret, les art. 76, 77 et 80 de la loi du 5 ventôse an 12, et le décret du 28 floréal an 13, doit recevoir son application en matière de garantie d'or et d'argent, comme en matière d'autres impôts indirects : qu'il s'ensuit que, lors même qu'un procès-verbal dressé en matière de garantie est nul pour vice de formes, la confiscation des objets trouvés en contravention ne doit pas moins être prononcée, si la contravention est d'ailleurs prouvée par l'instruction ;

» Considérant, dans l'espèce, que si le procès-verbal

des employés du 3 janvier 1818 ne pouvait, à raison
de son irrégularité dans la forme, faire preuve par lui-
même de la contravention qu'il avait pour objet de
constater à l'égard de Cusson père, néanmoins il a été
reconnu par la cour de Nîmes, d'après l'aveu dudit
Cusson père, qu'au moment de la visite des préposés,
il avait dans son atelier des ouvrages d'orfévrerie et de
bijouterie achevés et non marqués; que ce fait, ainsi
reconnu, formait une contravention formelle aux articles 48, 77 et 107 de la loi du 19 brumaire an 6, et
nécessitait conséquemment la confiscation voulue par
ce dernier article, et par l'art. 34 précité du décret du
1er germinal an 13; qu'en refusant de prononcer cette
confiscation, ladite cour royale est contrevenue aux lois
et décrets précités;

» D'après ces motifs, la cour, faisant droit au pourvoi du procureur général, et en ce qui concerne Cusson
père seulement, a cassé et annullé l'arrêt de la cour
royale de Nîmes du 1er juillet 1818. »

TITRE II.

*Des contraventions relatives à la garantie d'or et
d'argent.*

SECTION PREMIÈRE. — *Défaut de présentation à la
douane des ouvrages d'or et d'argent venant de
l'étranger.*

La cour de cassation a décidé qu'un marchand, venant de l'étranger, lorsqu'il est porteur d'ouvrages d'or
et d'argent dépourvus de marques légales, et qui ne les a
pas déclarés à la douane au moment de l'introduction,
ni au maire, dans la commune de l'intérieur, où il en
fait la vente, est en contravention aux art. 23 et 92 de

la loi du 19 brumaire an 6 , et passible des peines portées par les art. 80 et 107 de la même loi. *Arrêt du 7 décembre* 1815.

Un marchand ambulant d'ouvrages d'or et d'argent ne peut être déchargé des peines prononcées par la loi, pour défaut de marque sur les ouvrages qu'il transporte, sous le prétexte que, depuis qu'il a acquis les ouvrages trouvés en contravention, il n'avait passé dans aucun lieu où il y eût un bureau de garantie. *Arrêt du 2 juillet* 1818. L'arrêt dont il s'agit est rapporté dans le *Mémorial du contentieux des contributions indirectes*, ainsi que tous ceux dont nous nous contenterons de donner l'analyse, afin de rendre cet ouvrage moins volumineux.

SECTION II. — *Lingots d'or et d'argent affinés et non marqués.*

L'administration des monnaies, dans une lettre du 28 décembre 1822, fait mention d'un arrêt de la cour suprême, rendu au sujet d'une saisie de lingots fins et non marqués des poinçons de garantie, contre les sieurs Meyer, négocians à Bordeaux. « Il résulte de cet arrêt, dit l'administration, que l'on ne considère comme lingots affinés que ceux qui sont empreints de la *marque de l'affineur*, conformément à l'art. 117 de la loi du 19 brumaire an 6, et lorsque ces lingots ne contiennent pas plus de *cinq millièmes* d'alliage si c'est de l'or, et de *vingt millièmes* si c'est de l'argent, suivant le vœu de l'article 118. Ces lingots, ainsi affinés, doivent alors porter la marque de la garantie, prescrite par l'art. 119. Les autres lingots d'or et d'argent, n'importe leur titre, et quoiqu'ils sortent naturellement fins *de la fonte des matières fines*, ne peuvent être assujettis au droit de garantie, à moins qu'il ne soit prouvé qu'ils sont réellement affinés par des procédés de l'art, et des opérations composées et calculées d'un affinage spécial. »

SECTION III. — *Ouvrages fourrés de fer, de cuivre ou de toute autre matière étrangère.*

Lorsqu'il est reconnu, par l'administration des monnaies, que des ouvrages saisis comme étant fourrés, sont seulement trop chargés de soudure, il y a lieu à restituer les objets saisis, après toutefois qu'ils ont été dénaturés. Ainsi jugé par la cour de cassation, *arrêt du 22 juillet* 1818, affaire Moulinier, Bautte et compagnie.

Il a été décidé, en outre, que l'on ne peut saisir chez un orfévre des ouvrages qui sont en fabrication, quoique fourrés de matière étrangère, et que l'on ne peut opérer de semblables saisies que quand les ouvrages sont présentés au bureau pour être essayés. Un arrêt de cassation, que nous croyons utile de rapporter ici, comprend tout ce qu'il est possible de dire sur la question qui nous occupe.

Le 19 mai 1819, les employés du bureau de garantie de Clermont, s'étant transportés chez le sieur Quesne, orfévre, saisirent dans son atelier plusieurs pendeloques en or, fourrées de matière étrangère, mais qui n'étaient ni achevées ni marquées d'aucun poinçon.

Le sieur Quesne fut poursuivi, pour ce fait, en première instance devant le tribunal correctionnel de Clermont, et, en appel, devant la cour royale de Riom, qui prononça la confiscation des pendeloques saisies, et condamna le sieur Quesne à une amende de vingt fois la valeur, par une fausse application de l'art. 65 de la loi du 19 brumaire an 6.

Cette fausse application et la violation qui en résultait des articles 101, 107 et 108 de la même loi, a motivé l'arrêt de cassation, rendu le 9 juin 1820, et qui est conçu dans les termes suivans :

« Considérant qu'il résulte de la combinaison des articles 48 et 65 de la loi du 19 brumaire an 6, tous les deux placés sous le titre 5 qui prescrit les différentes règles d'après lesquelles les employés doivent procéder à la vérification du titre des ouvrages d'or et d'argent, que ce n'est que lorsque le fabricant porte ses ouvrages au bureau de garantie pour y être essayés et titrés, que l'essayeur a le droit de s'assurer, en coupant ces ouvrages, s'ils sont ou non fourrés de matière étrangère ; et que la fraude qui serait alors découverte, soumet le fabricant, qui a ainsi tendu un piége à la garantie, aux peines de confiscation et d'amende portées par ledit article 65.

« Que, quant aux ouvrages d'or et d'argent qui sont dans le magasin, boutique ou atelier du fabricant, il n'y en a, d'après les articles 101, 107 et 108 précités, que trois espèces de saisissables ; savoir : 1° ceux qui seraient marqués d'un faux poinçon ; 2° ceux sur lesquels les marques des véritables poinçons seraient entrés, soudés ou contre-tirés ; et 3° ceux qui seraient achevés et non marqués ;

« Considérant qu'il a été reconnu au procès, et même constaté par le procès-verbal, qui a donné lieu aux poursuites, que les pendeloques saisies par les employés dans l'atelier du sieur Quesne n'étaient point achevées ni revêtues d'aucune marque quelconque ; d'où il suit qu'elles n'ont pu être saisies, et qu'en condamnant ledit sieur Quesne aux peines portées par l'article 65 de la loi du 19 brumaire an 6, sur le motif qu'elles étaient

16

fourrées de matière étrangère, la cour royale de Riom, a faussement appliqué cet article, et violé les art. 101, 107 et 108 de la même loi. »

SECTION IV. *Défaut d'insculpation du poinçon du fabricant, et de déclaration de la part des marchands.*

Un orfévre, quoiqu'il ait fait insculper son poinçon à la mairie, n'est pas moins en contravention à l'art. 73 de la loi du 19 brumaire an 6, s'il a omis de remplir cette formalité à la préfecture, et doit être passible de l'amende prononcée par l'article 80 de la même loi. *Arrêt du 30 mai 1806, affaire Combes.*

La loi du 19 brumaire an 6, n'est pas applicable aux brocanteurs, lorsqu'ils se bornent à acheter et à vendre de vieux galons, et de vieilles hardes bordées de tissus d'or et d'argent; mais s'ils font un commerce de montres et bijoux, ils excèdent les bornes qui leur sont prescrites comme brocanteurs; ils se constituent marchands de ces sortes d'objets, et, comme tels, ils sont soumis à toutes les obligations imposées aux orfévres et marchands d'ouvrages et matières d'or et d'argent. *Arrêt du 15 avril 1808.*

Des marchands qui parcourent les rues d'une ville, pour vendre des vieux ouvrages d'or et d'argent sont en contravention, si auparavant ils n'ont pas fait leur déclaration aux autorités; et les ouvrages dont ils sont porteurs doivent être confisqués, lorsqu'ils ne sont pas revêtus des marques de la garantie. *Arrêt du 18 octobre 1811.*

Un individu qui expose en vente, sur une place, des ouvrages d'or et d'argent, non revêtus d'aucune marque, et sans déclaration préalable à la mairie, doit être puni des peines portées par les articles 80, 94 et

107 de la loi du 19 brumaire an 6. *Arrêts des 7 novembre 1811 et 7 décembre 1815*. Quoique l'arrêt suivant, qui a été rendu le 21 mars 1823, ne fasse point mention de l'article 73 de la loi du 19 brumaire an 6, nous avons cru devoir le placer aussi dans cette section, puisque le contrevenant voulait se soustraire aux exercices de la garantie, faute de déclaration aux autorités, et sous le prétexte qu'il n'était pas muni de *patente*, ce qui prouvait évidemment l'intention de faire un commerce clandestin, en s'affranchissant de l'obligation imposée, par ledit article 73, à ceux qui se bornent au commerce d'orfévrerie, sans entreprendre la fabrication (1).

Par procès-verbal des employés au bureau de garantie de Toulouse, du 17 octobre 1822, il est constaté que Jean-Marie Castellan faisait le commerce de bijoux d'or d'argent. Requis de produire les bijoux qu'il avait en sa possession, il fut reconnu que ces bijoux n'avaient point l'empreinte des anciens et des nouveaux poinçons; requis de produire le registre dans lequel il devait inscrire ses achats, Castellan déclara n'en point avoir.

Traduit par devant le tribunal de police correctionnelle de Toulouse, il fut renvoyé des poursuites. Sur l'appel interjeté par le procureur du roi, le jugement

---

(1) Un arrêt de cassation, rendu le 27 juin 1812, porte que les changeurs des monnaies qui achètent et vendent des ouvrages d'or et d'argent, et qui ne se bornent pas à l'échange des monnaies, sont soumis à toutes les formalités imposées par la loi aux marchands et fabricans d'ouvrages d'or et d'argent. Cet arrêt dit en outre qu'un prêteur sur gage, non autorisé par le gouvernement, est réputé marchand des ouvrages et matières d'or et d'argent trouvés chez lui, et passible des peines prononcées par la loi, si ces ouvrages ne sont pas dûment marqués.

à été confirmé.—Pourvoi en cassation, par le procureur-général, accueilli par l'arrêt dont la teneur suit, lequel contient la réfutation des motifs de l'arrêt de la cour royale.

« Attendu qu'il est reconnu, par la cour royale de Toulouse, que Jean-Marie Castellan était possesseur de bijoux et ouvrages d'or et d'argent qu'il prétendait avoir achetés de différentes personnes, avec l'intention de les fondre et d'en tirer ainsi un profit ; que ces faits constituaient Castellan marchand d'ouvrages d'or et d'argent, soit qu'il eût voulu les revendre dans l'état où il les avait achetés, soit qu'il eût voulu les revendre après les avoir refondus et convertis en lingots ;

» Que, dès-lors, Castellan était tenu d'avoir le registre prescrit par l'art. 74 de la loi du 19 brumaire an 6 ; que, faute d'avoir eu ce registre et d'y avoir fait les inscriptions prescrites par cet article, il était passible de la peine portée par l'article 80 de la même loi ;

» Que la cour royale n'a pu l'affranchir de cette obligation et de cette peine, sous le prétexte qu'il n'était pas muni de patente ; que le défaut de patente était une *contravention* qui, loin de pouvoir le justifier de la contravention à la loi de brumaire an 6, pour laquelle il était poursuivi, formait contre lui le motif d'une poursuite différente et particulière ;

» Que l'arrêt attaqué ne pouvait non plus le renvoyer des poursuites, sous le prétexte qu'il ne savait pas écrire ; qu'en effet, la disposition de l'article 74 étant générale, la cour royale n'a pu créer une exception qui n'est pas écrite dans la loi ;

» De tout quoi il résulte qu'en confirmant le jugement du tribunal correctionnel de Toulouse, qui renvoyait Jean-Marie Castellan des poursuites exercées contre lui, la cour royale a violé les articles 74, 75 et 80 de la loi du 19 brumaire an 6. »

SECTION V. — *Défaut de registre coté et paraphé par l'administration municipale.*

L'impossibilité de produire des registres sur lesquels soient inscrits les ouvrages vieux d'or et d'argent trouvées chez un orfévre, est une preuve suffisante de la contravention. *Arrêt du 20 août 1813.* Un autrearrêt, à la date du 4 novembre 1819, porte que le sieur Vaucher, marchand ambulant de montres en or et en argent, pour le compte d'une maison de commerce établie en pays étranger, étant arrivé à Marseille le 12 janvier 1818, les préposés du bureau de garantie de cette ville se transportèrent, le surlendemain 14, à son logement, et y dressèrent procès-verbal, constatant que ledit Vaucher n'était point pourvu du registre prescrit par l'article 74 de la loi du 19 brumaire an 6; que seulement il avait allégué pour excuse que son registre était égaré, et qu'au surplus il n'avait encore fait aucun achat ni vente.

Poursuivi devant le tribunal correctionnel de Marseille, à raison de cette contravention, il y fut condamné à l'amende de 200 francs, conformément à l'article 80 de ladite loi; mais, sur son appel, la cour royale d'Aix, admettant lesdites excuses, comme suffisantes pour écarter ladite contravention, infirma le jugement de première instance et renvoya le sieur Vaucher de toutes poursuites.

Cet arrêt a été cassé et annullé par la cour de cassation, ainsi qu'il suit :

« Considérant qu'il a été constaté par le procès-verbal des préposés du bureau de garantie, du 14 janvier 1818, régulier dans sa forme et non argué de faux, et que d'ailleurs il a été reconnu au procès que Claude-Henri Vaucher, marchand de montres en or et en argent, au moment où il en a été requis par lesdits préposés, n'a point représenté et déclaré ne point avoir de registre prescrit par l'article 74 de la loi du 19 brumaire an 6 ; que ce défaut de sa part étant une contravention formelle, tant à cet article, qu'à l'article 76 de la même loi, punissable, d'après l'article 80, d'une amende de 200 francs ;

» Que cette contravention ne pouvait être excusée, ni par l'allégation du sieur Vaucher qu'il avait perdu son registre, ni par la circonstance qu'il n'avait point jusqu'alors, comme il le prétendait, vendu ni acheté des montres ; 1° parce que les dispositions desdits art. 74, 76, étant générales et absolues, n'admettent aucune excuse ni exception ; et que, par l'admission d'une semblable excuse, lesdits articles pourraient, contre l'intention évidente de la loi, être constamment éludés ; 2° parce que ledit article 74, ayant obligé les marchands et fabricans d'avoir un registre *coté et paraphé par l'administration municipale*, et cette formalité ne pouvant s'exécuter à l'instant même d'une vente ou d'un achat éventuel, a nécessairement voulu que le registre existât, même avant toutes ventes et achats ;

» Que c'est néanmoins sur de pareilles excuses que la cour royale d'Aix a renvoyé le sieur Vaucher des poursuites intentées à sa charge, pour contravention articles 74 et 76 précités; que ce renvoi est donc une violation manifeste de la loi. La cour casse, etc. »

Un redevable, assujetti aux exercices de la garantie, ne peut alléguer qu'il n'a pu prendre le registre coté et paraphé, parce qu'il ne sait pas écrire. Les tribunaux ne peuvent créer des exceptions qui ne sont pas écrites dans la loi. Ainsi jugé par arrêt de cassation du 21 mars 1813, rapporté dans la section précédente.

SECTION VI. — *Défaut d'inscription sur le registre coté et paraphé.*

Les ouvrages d'or et d'argent, marqués seulement d'anciens poinçons, doivent être confisqués, s'ils ne sont pas inscrits sur le registre, comme étant la propriété des particuliers. L'enregistrement aurait seulement pu justifier le fabricant de la contravention, si toute fois il eût apparu, par la date de cette inscription, que le fabricant n'avait pas encore eu le temps de se présenter au bureau pour faire marquer ces ouvrages des nouveaux poinçons. *Arrêts des 8 février an 4, et 23 novembre 1810.*

Un horloger est, par son état, dans la classe de ceux qui travaillent et raccommodent des montres d'or et d'argent; et celles qui sont trouvées chez lui, non marquées des poinçons du service courant, sont dans le cas de la confiscation, à défaut d'être portées sur son registre. *Arrêt du 2 janvier 1806.*

L'article 14 de la déclaration de 1749 impose expressément aux horlogers l'obligation d'avoir un registre et d'y inscrire les noms des personnes qui leur donnent des montres à réparer; à défaut de cette inscription, les montres trouvées chez l'horloger sont réputées être sa propriété et sont dans le cas de la confiscation, si elles ne sont revêtus des poinçons en vigueur. *Arrêts des 24 avril 1807 et 30 janvier 1808.*

Il n'y pas de différence entre les horlogers qui fabriquent des montres, et ceux qui se chargent seulement de les réparer; les uns et les autres sont également assujettis par l'article 14 de la déclaration du 26 janvier 1749·, qui doit être combiné avec la loi du 19 brumaire an 6, à tenir un registre et à y inscrire toutes les montres qui leur sont confiées pour être raccommodées, à peine de confiscation et d'amende. *Arrêt du 3 mars 1808.*

Les redevables assujettis aux exercices de la garantie ne sont pas tenus de faire mention, dans leurs enregistremens, du titre des ouvrages d'or et d'argent qui leur sont donnés à raccommoder. *Arrêt du 10 mars 1809.*

Il suffit que l'art. 14 de la déclaration du roi, du 26 janvier 1749, ait voulu que l'enregistrement fût fait à l'instant, pour que l'on doive écarter toute espèce d'excuse qui ne serait pas fondée sur un fait de force majeure non contredit par le procès-verbal, et qui aurait rendu l'enregistrement *à l'instant* physiquement impossible. En conséquence, un horloger, chez lequel on trouve des montres étiquetées des noms des particuliers qui les lui ont apportées à raccommoder, et non inscrites sur un registre, ne peut être renvoyé des peines encourues pour cette contravention, sous prétexte que lesdites montres, ne lui ayant été apportées que le jour même de la visite des employés, il n'avait pas eu le temps de les porter sur son registre, et qu'il croyait d'ailleurs avoir la journée entière à lui pour faire ledit enregistrement. *Arrêt du 20 février 1812 (1).*

_____

(1) Un autre arrêt du 29 avril 1824 consacre le même principe; il porte en substance qu'un horloger chez lequel il est trouvé, à onze heures du matin, des montres qu'il prétend lui avoir été apportées la veille dans la soirée, pour être raccommodées, est en contravention à l'art. 14 de la déclaration de 1749, et passible de l'amende portée par cet article, si lesdites montres ne sont pas enregistrées, et que les tribunaux doivent écarter toute espèce d'excuses qui ne

On ne peut admettre également pour excuse que l'omission de l'enregistrement provient de la négligence d'un ouvrier. *Arrêt du 17 décembre 1812.* — Ni qu'au moment de la visite des employés les objets en contravention n'étaient point exposés en vente, et qu'ils n'étaient en la possession du contrevenant que depuis moins de 24 heures. *Arrêt du 18 mai 1815.*

Ainsi, toutes les fois que la contravention existe et qu'elle est clairement prouvée par un procès-verbal régulier et non argué de faux, il est de l'intérêt du contrevenant même d'éviter une défense inutile, qui ne sert qu'à charger le compte des frais de la procédure, ainsi qu'on le verra dans l'arrêt suivant, que nous croyons utile de rapporter en entier. On sait d'ailleurs que S. Exc. le ministre des finances conserve le droit d'adoucir la rigueur des jugemens par la remise entière ou la modification des condamnations, lorsque des circonstances atténuantes justifient cette concession.

Par procès-verbal du 23 octobre 1813, il avait été saisi, dans la boutique du sieur Griffe, orfèvre à Lyon, des ouvrages dépourvus de marque de garantie, et dont l'achat n'était point inscrit sur son registre.

La cour royale de Lyon prononça la confiscation des ouvrages, mais elle ne condamna point ledit Griffe à l'amende portée par l'article 80 de la loi du 19 brumaire an 6, contre les orfèvres qui ne font pas marquer du poinçon de garantie les objets de leur commerce; ou qui négligent de tenir note sur leur registre de l'achat qu'ils en ont fait (1).

_____

seraient pas fondées sur un fait de force majeure, qui aurait rendu l'enregistrement *à l'instant* matériellement impossible.

(1) Le défaut de marque sur des ouvrages d'or et d'argent ne constitue pas une contravention, lorsque l'assujetti, qui a acheté les ou-

Cette contravention à la loi donna lieu à un arrêt de cassation, à la date du 15 février 1817, sur le motif que la cour royale de Lyon ne pouvait admettre le moyen d'excuse présenté par ledit sieur Griffe, qui prétendait n'être pas en défaut d'avoir un registre, mais seulement de ne pas y avoir inscrit l'achat qu'il avait fait des objets saisis chez lui; que cette cour, en déchargeant le sieur Griffe de l'amende, avait violé les articles 74, 77, 80 et 107 de la loi du 19 brumaire an 6; et qu'en supposant, comme le prétendait encore le sieur Griffe, que les ouvrages saisis ne fussent point susceptibles de recevoir la marque de la garantie *sans détérioration*, l'amende ne devait pas moins être pro‑noncée par le défaut d'enregistrement, attendu que l'arrêté du 1er messidor an 6 ne contient aucune dé‑rogation aux peines établies par la loi du 19 brumaire de la même année; qu'il n'a d'autre objet que de dé‑terminer le mode d'exécution des articles 86 et 87 de cette loi.

L'arrêt précité renvoya le sieur Griffe et les pièces du procès devant la cour royale de Grenoble, qui fit une fausse application de l'art. 76 de la loi du 5 ven‑tôse an 12. Nouveau pourvoi en cassation, duquel il est résulté un second arrêt qui a été rendu le 27 juin 1817, et qui se trouve rapporté, avec la notice suivante, dans le recueil des arrêts de la cour.

« François Griffe, orfévre à Lyon, convaincu de contravention en matière de garantie d'or et d'argent, ne fut condamné qu'à une amende du quadruple des

vrages, les a inscrits sur son registre à l'instant même qu'il les a reçus, et qu'il est prouvé qu'il n'était pas en demeure de les porter au bureau pour être marqués; ainsi jugé par la cour de cassation. *Arrêt du 30 mars 1816.*

droits fraudés, conformément à l'article 76 de la loi du 5 ventôse an 12 : mais cet article avait été rapporté, quant aux contraventions de cette espèce, par le décret du 28 floréal an 13, qui, en même temps, avait remis en vigueur les dispositions pénales de la loi du 19 brumaire an 6, dont l'article 80 prononce d'autres amendes ; la violation de cet article et la fausse application de l'article 76 précité ont donné lieu à l'arrêt de cassation dont la teneur suit :

» Vu l'article 80 de la loi du 19 brumaire an 6 ;

» L'article 76 de la loi sur les finances du 5 ventôse an 12 ;

» Le décret du 28 floréal an 13 ;

» Considérant que l'article 76 de la loi du 5 ventôse an 12, concernant les peines à prononcer pour les contraventions en matière de garantie d'or et d'argent, a été rapporté par le décret du 28 floréal an 13, qui, à cet égard, a expressément remis en vigueur les dispositions pénales de la loi du 19 brumaire an 6 ;

« Considérant qu'ayant été reconnu au procès qu'à une époque postérieure au 28 floréal an 13, François Griffe était contrevenu aux articles 74 et 77 de la loi de brumaire an 6, la cour royale de Grenoble devait le condamner à l'amende fixe, prononcée par l'art. 80 de la même loi ; d'où il suit qu'en le condamnant à l'amende proportionnelle, portée par l'art. 76 de la loi du 5 ventôse an 12, ladite cour a faussement appliqué ce dernier article, et violé, tant le décret du 28 floréal an 13 que l'article 30 de la loi du 19 brumaire an 6 (1).

---

(1) Un arrêt de cassation, rendu le 3 janvier 1806, avait déjà établi ce principe, que l'art. 76 de la loi de ventôse an 12 n'était point applicable en matière de garantie. Un autre arrêt, du 23 avril 1824, porte que le tribunal ne peut réduire l'amende de 200 fr. prononcée

« Par ces motifs, la cour, faisant droit au pourvoi
du procureur général, casse et annulle l'arrêt de la cour
royale de Grenoble, du 14 mai 1817; ordonne, etc. »

La cour royale de Riom, devant laquelle fut renvoyé
le sieur Griffe, termina cette longue affaire, en le condamnant aux peines portées par les art. 80 et 107 de la
loi du 19 brumaire an 6, c'est-à-dire, à la confiscation des objets non enregistrés, et à l'amende de 200 fr.
On voit combien l'affaire la plus simple et la plus
claire s'est compliquée, et combien le succès, obtenu d'abord par le redevable lui a été onéreux, en le
grevant des frais de six jugemens ou arrêts. Comme la
question qui nous occupe est une de celles qui se présentent le plus souvent dans les procédures de garantie
d'or et d'argent, nous rapporterons un autre arrêt de
cassation, rendu le 30 juillet 1819, qui donne des explications nécessaires sur les dispositions de la loi, en
ce qui concerne la tenue du registre coté et paraphé.

Les employés du bureau de garantie et des contributions indirectes saisirent, chez le sieur François Lardière, orfévre à Nantua, plusieurs ouvrages d'or, dont
deux avaient été achetés sans les avoir inscrits sur son
registre, ainsi que le veulent l'art. 14 de la déclaration
du roi du 26 janvier 1749, et l'art. 74 de la loi du 19
brumaire an 6.

Quoique cette contravention fût légalement constatée
par le procès-verbal de saisie, néanmoins le tribunal de
Bourg n'avait condamné le contrevenant à aucune peine.
C'est cette violation de la loi qui motive l'arrêt de
cassation, conçu dans les termes suivans :

par la loi du 19 brumaire an 6, en se fondant sur l'art. 463 du code
d'instruction criminelle, lequel ne concerne point les matières régies
par des lois spéciales.

« Vu les art. 74 et 80 de la loi du 19 brumaire an 6;

Vu également l'art. 15 de la déclaration du roi, du 26 janvier 1749, dont la promulgation a été renouvelée par l'arrêté du gouvernement du 16 prairial an 7 (1);

« Considérant qu'il est constaté, par le procès-verbal des employés, du 25 novembre 1818, régulier dans sa forme et non argué de faux, que, parmi les différens ouvrages d'or, saisis chez le sieur François Lardière, orfévre à Nantua, il s'est trouvé deux crucifix, marqués l'un des lettres F L, et l'autre des lettres E D, achetés par ledit Lardière, et non inscrits sur son registre; que cette négligence de sa part le constituait en contravention formelle à l'article 15 de la déclaration du roi du 26 janvier 1749, et à l'art. 74 de la loi du 19 brumaire an 6, qui, aux termes de l'art. 80 de la même loi, devait être puni d'une amende de 200 francs.

« Que ledit procès-verbal ayant été déféré au tribunal de Bourg, celui-ci ne pouvait, quelles que fussent d'ailleurs les réquisitions ou les conclusions des parties (2), se dispenser de prononcer les peines de la loi, à raison des contraventions qui y étaient légalement contestées.

« Que néanmoins le tribunal de Bourg a renvoyé ledit François Lardière de toutes poursuites, et qu'ainsi il a violé les articles de la loi précitée; la cour casse, etc.

Un assujetti ne peut être excusé du défaut d'inscription sur un registre d'ouvrages d'or ou d'argent par

---

(2) Quoique cet arrêté fasse mention de l'art. 15 de la déclaration de 1749, il ne s'agit réellement que de l'art. 14. D'ailleurs, l'ordonnance du 19 septembre 1821 a réparé cette erreur. *Voy.* Liv. **IV**, Chap. v, où cet article a été rapporté.

(2) **La** partie saisie soutenait que les autres objets en litige n'étaient point *achevés.*

lui achetés, sous le prétexte que, ces ouvrages n'étant pas revêtus des poinçons, on n'aurait pu en indiquer le titre, ainsi que le prescrit l'art. 74 de la loi du 19 brumaire an 6; ce défaut de marque ne pouvait dispenser l'assujetti de faire mention sur son registre des autres circonstances indiquées par ledit article, et propre à faire reconnaître l'identité des ouvrages inscrits. *Arrêt du 2 août 1821.*

L'orfévre, qui n'a pas inscrit sur son registre des ouvrages qu'il a vendus, est en contravention et passible de l'amende prononcée par l'art. 80 de la loi du 19 brumaire an 6. *Arrêt du 4 octobre 1821.*—Il en est de même de celui qui a négligé d'inscrire les ouvrages par lui achetés. *Arrêt du 18 avril 1822.*

SECTION VII. —*Défaut de tableau énonçant les articles de la loi du 19 brumaire an 6.—Signature des bordereaux.*

La simple contravention à l'art. 78 de la loi du 19 brumaire an 6, ne pouvant, d'aucune manière, être profitable à la fraude, on voit rarement porter de pareilles affaires devant les tribunaux, à moins que d'autres motifs n'obligent les employés à constater la contravention dont il s'agit. Cependant, comme la loi doit toujours avoir son exécution, il n'est pas moins vrai que le défaut de tableau énonçant les articles de celle du 19 brumaire an 6, dans l'atelier ou boutique des redevables assujettis aux exercices de la garantie, constitue une contravention qui doit être punie de l'amende de 200 francs, portée par l'art. 80 de la loi précitée. Ainsi jugé par la cour de cassation. *Arrêt du 10 janvier 1806.*

Un orfévre, chez lequel on ne trouve point affiché le tableau prescrit par l'art. 78 de la loi du 19 brumaire an 6, est en contravention, quoiqu'il offre de prouver que ce tableau, précédemment affiché, n'a été enlevé que par accident. *Arrêt du 1er octobre 1807.*

L'article 79 de la loi de brumaire an 6, ne prescrivant pas que les bordereaux soient signés à peine de nullité, on ne peut faire résulter une contravention de ce qu'un bordereau, trouvé chez un orfévre pour les ouvrages qu'il a achetés, ne soit pas revêtu de la signature du marchand ou fabricant. *Arrêt du 25 fructidor an 13.*

SECTION VIII. — *Défaut de marque légale sur les ouvrages d'or et d'argent achevés, montés ou non montés en diamans et autres pierres.*

La plupart des saisies opérées en exécution de la loi du 19 brumaire an 6, portant sur des ouvrages achevés et sans marque, la jurisprudence des tribunaux est invariable lorsque la preuve matérielle du délit existe, et qu'il ne s'élève aucune contestation sur le *fini* des ouvrages en litige, ou sur la possibilité de les marquer sans *détérioration.* Mais c'est précisément dans les discussions relatives à la partie d'art, que la fraude cherche un moyen de se soustraire aux punitions prescrites par la loi; alors en conformité de l'art. 37 de celle de brumaire an 6, et de l'ordonnance du 5 mai 1820, les tribunaux écartent toute proposition d'expertise, si ce n'est le renvoi des objets saisis à l'administration des monnaies (1). L'arrêt suivant et la notice qui le précède

(1) Un arrêt de cassation à la date du 12 juin 1806, porte qu'aucune disposition législative n'oblige les juges à soumettre la vérification des objets saisis à l'essayeur de la garantie, établi dans le département où la saisie a été faite.

expliquent suffisamment le sens de la loi sur cette question importante.

« Par procès-verbal du 13 juillet 1810, les employés du bureau de garantie de Paris, et M. Larcher, commissaire de police, ont saisi, chez le sieur Dubief, bijoutier, cent dix sept pièces de bijoux d'or achevés et non marqués. Il était, par ce fait, en contravention aux articles 7, 8, 21 et 77 de la loi du 19 brumaire an 6, qui l'obligeaient à porter ces ouvrages au bureau de garantie pour y être essayés, titrés, en payer le droit, et être marqués des poinçons de titre et de garantie prescrits, et il avait encouru l'amende de 200 francs portée en l'article 80, pour la première fois, outre la confiscation de tous les ouvrages saisis en conformité de l'art. 107.

« Le tribunal de première instance, et, par suite, la cour criminelle après avoir, par un jugement préparatoire, réclamé l'avis du contrôleur de la garantie, *se sont écartés de cet avis*, et ont fait une distinction erronée.

Ces jugement et arrêt condamnent Dubief à 200 francs d'amende pour la contravention, et ils prononcent la confiscation de ceux des bijoux saisis, qui sont en or, sans être garnis de corps étrangers ; mais, par une fausse application de l'art. 86, et une fausse interprétation de l'arrêté du 1er messidor an 6, ils ordonnent la remise pure et simple à Dubief de ceux de ses ouvrages saisis, qui sont garnis de pierres, perles fines ou fausses, ou en émail, *comme ne pouvant supporter les marques des poinçons sans détérioration* (1).

_____

(1) Par arrêt de la cour de cassation, à la date du 4 septembre 1813, il a été jugé que la main-levée des ouvrages de bijouterie d'or et d'argent saisis pour défaut de marques, ne peut être donnée,

« Ainsi on décide, par ces jugement et arrêt, que les ouvrages garnis de pierres ou perles fines ou fausses, ne sont susceptibles ni *d'essai*, ni de *titre*, ni de *droit*, ni de *marque* (1). Ainsi on est libre de vendre des bijoux d'or à bas titre, pourvu qu'on les garnisse de quelques corps étrangers; on peut se livrer impunément à ce genre de fabrique et de commerce, que le législateur a voulu empêcher, et de la fraude duquel il a voulu garantir le public.

« L'abus que l'on veut faire de l'art. 86 a été prévu, et l'arrêté du 1er messidor a été rendu pour empêcher les dangers et arrêter les conséquences désastreuses d'une fausse interprétation. Dans cette vue, il dispose qu'il n'y a d'exceptés de l'obligation de les présenter au bureau, que les bijoux dont la monture et très-légère, et qui contiennent des pierres ou perles fines ou fausses, ainsi que ceux entièrement couverts d'émail, ou enfin *ceux qui ne pourraient supporter l'empreinte du poinçon sans détérioration;* mais que tous les autres garnis de pierres, de perles ou d'émail, sur *quelques parties seulement*, mais qui présentent d'autres parties en or, sur lesquelles le poinçon peut s'appliquer *sans les détériorer*, continuent d'être assujettis à l'essai, à la marque et au droit.

« Les ouvrages du sieur Dubief, que la cour, par son arrêt, a affranchis de cette obligation et de la formalité de l'essai, de l'acquit du droit et de l'empreinte des

---

par les tribunaux, qu'après qu'il a été constaté que ces ouvrages ne sont pas susceptibles de recevoir, sans détérioration, l'empreinte des poinçons en usage.

(1) La cour de cassation a décidé, par arrêt du 10 novembre 1815, qu'il n'y a d'exempts de la marque de garantie et du paiement de droit, que les objets dont l'impossibilité absolue de recevoir l'empreinte du poinçon est légalement prouvée.

poinçons, ne sont pas dans le cas de l'exception : ce sont des cachets d'or, des clefs de montre, des épingles, des boucles d'oreille, des bagues, des médaillons, des cadenas garnis de pierres, de perles et de médailles, *qui présentent des parties d'or assez considérables susceptibles de recevoir l'empreinte des poinçons sans détérioration*, et assez fortes et d'une étendue *assez suffisante pour les supporter.* Dans le fait, on a trouvé ces bijoux non marqués chez Dubief, parmi une grande quantité d'ouvrages de *cette espèce, de même nature, de même forme et de même force, ou de pareille faiblesse*, qui étaient marqués et revêtus du poinçon de garantie; on en marque tous les jours au bureau de même genre, et les boutiques et les magasins sont approvisionnés de ces objets légalement marqués; les marchands et les fabricans honnêtes n'en vendent pas qui ne soient marqués.

«Pour appuyer sa décision, le tribunal correctionnel, et, par suite, la cour criminelle, ont déclaré, en fait, que les ouvrages dont on ordonnait la remise au sieur Dubief, sans essai, sans droit et sans marque, étaient trop faibles, indépendamment des corps étrangers, pour être marqués et titrés; mais c'est une erreur démontrée par le fait seul, et par le *résultat de l'expertise* qui avait été ordonnée par un jugement interlocutoire du 27 juillet 1810, de laquelle il résulte que presque tous les ouvrages *étaient susceptibles de recevoir le poinçon.* D'ailleurs, la loi qui autorise l'usage en ce point doit être exécutée; elle ne distingue pas entre les objets d'or forts ou faibles, elle n'en excepte aucun; elle ne détermine pas les proportions et les degrés de force ou de faiblesse, pour décider ce qui doit être marqué ou dispensé de la marque; elle veut que tous ceux qui présentent *une partie d'or* suffisante pour recevoir la marque des poinçons, soient soumis à l'obligation de la recevoir; elle *ne laisse pas à l'arbitraire du juge la faculté de régler cette partie d'or : ce serait lui attribuer le droit de faire des règlemens administratifs*, qui nous feraient rentrer dans le système dangereux des fausses interprétations, et des abus que l'arrêté du 1er messidor an 6 a voulu prévenir et empêcher, parce qu'il paralyserait et rendrait incertaines et préjudiciables au public, au commerce et à l'intérêt du fisc, les opérations de la garantie et de la surveillance du titre. »

D'après ces motifs, la cour a réformé la décision des premiers juges, par arrêt du 26 octobre 1810, ainsi qu'il suit :

« Considérant qu'il résulte des dispositions combinées de ces différens articles, que de tous les ouvrages travaillés en or ou en argent, il n'y en a d'autres exceptés de la marque de garantie et du paiement des droits, que ceux qui, soit à raison de leur conformation, soit à raison de leur extrême délicatesse, ne sont réellement *pas susceptibles* de recevoir, *sans détérioration*, l'empreinte d'aucun des poinçons désignés dans ledit art. 8; qu'il suit de là qu'à l'égard de tous les autres ouvrages de joaillerie et d'orfévrerie, les marchands et fabricans sont tenus de se conformer au prescrit dudit article 77, et, en cas de contravention, s'il y a lieu, aux amendes et confiscations prononcées par lesdits articles 80 et 107 (1).

(1) Les ouvrages de coutellerie, garnis de viroles et de médaillons d'or et d'argent, doivent être soumis à la marque; à défaut, il y a lieu à la saisie, aux poursuites, à la confiscation et à l'amende

17 *

» Que , dans l'espèce , il a été reconnu en fait , et d'après une expertise ordonnée par jugement inter- locutoire du 27 juillet 1810 , que la presque totalité des ouvrages émaillés , ou montés en pierres , perles et cris- taux , qui ont été saisis chez le sieur Dubief , étaient susceptibles de recevoir , *sans détérioration* , l'em- preinte du poinçon de garantie ; d'où il suit que la confiscation devait en être prononcée , et qu'en affran- chissant de la peine la partie saisie , la cour dont l'arrêt est attaqué a ouvertement violé les dispositions de l'ar- ticle 107 ci-dessus cité. — La cour casse, etc. »

La cour de cassation , ayant réformé sa jurispru- dence à l'égard de la confiscation qu'elle avait ordonnée précédemment des diamans et pierres , montées sur des bijoux d'or saisis par défaut de marque de ga- rantie , nous rapporterons un arrêt contradictoire qui a été rendu , sur le pourvoi du sieur Jacques Croco, or- févre à Lyon. Cet arrêt contient tout ce qu'il est possible de dire sur cet objet important , et concilie les dispo-

---

portée par l'art. 80 de la loi du 19 brumaire an 6. *Arrêts des 2 juin et 4 août* 1806.

Les ouvrages vieux ou réputés vieux , trouvés chez les fabricans et marchands , quoique marqués des anciens poinçons , doivent être considérés comme n'ayant aucune marque légale , s'ils ne sont en même temps revêtus du poinçon de recense ou du poinçon en usage ; et cette contravention entraîne la confiscation et l'amende , à moins qu'il ne soit prouvé , par des registres régulièrement tenus , que le marchand a acheté ces ouvrages depuis trop peu de temps pour avoir pu les présenter au bureau avant la saisie. *Arrêts des 8 frimaire an 14, 15 avril 1808, 2 août, 4 octobre et 23 novembre* 1821. Un autre arrêt , du 25 octobre 1822 , consacre le même principe. Il porte en outre qu'une simple boîte en or à musique , n'étant pas dans la catégorie des ouvrages contenant ou destinés à contenir des mouvemens de montre, l'ordonnance du 19 septembre 1821 ne peut lui être ap- pliquée.

tions des anciens règlemens sur la marque d'or, avec celles de la loi du 19 brumaire an 6.

Il avait été saisi chez le sieur Croco, orfévre à Lyon, plusieurs ouvrages d'or et d'argent non marqués des poinçons de garantie, parmi lesquels il s'en trouvait quelques-uns montés en diamans et autres pierres.

Le tribunal correctionnel, devant lequel Croco fut d'abord traduit, prononça la confiscation des ouvrages saisis, à l'exception des diamans et pierres, dont il ordonna la distraction et la remise à la partie saisie.

Sur l'appel du ministère public, la cour royale de Lyon, appliquant l'article 107 de la loi du 19 brumaire an 6, réforma le jugement de première instance, et prononça la confiscation, tant des diamans et pierres, que des ouvrages d'or et d'argent saisis sur lesquels ils étaient montés.

Fausse application dudit article 107, et violation de l'article 27 de la déclaration du roi du 26 janvier 1749. Cet arrêt a été cassé et annullé par l'arrêt de cassation dont la teneur suit :

«Considérant que toute loi doit recevoir son exécution, tant qu'une loi postérieure ne l'a point abrogée par une disposition, soit expresse, soit inconciliable avec elle;

» Que l'art. 27 de la déclaration du roi, du 26 janvier 1749, veut formellement que la confiscation des ouvrages d'or et d'argent, pour défaut de marque de garantie, ne puisse être étendue aux diamans et pierres qui seraient montés sur ces matières;

» Qu'aucune loi postérieure ne porte une dérogation audit article;

» Que l'art. 107 de la loi du 4 brumaire an 6, qui a servi de fondement à la cour royale de Lyon, pour réformer le jugement de première instance, ne contient pas non plus de dispositions inconciliables avec l'art. 27 précité de la déclaration de 1749, puisque l'exception portée par cet article se concilie nécessairement avec les dispositions prohibitives et pénales des art. 1er et 13 de la même déclaration, qui d'ailleurs sont aussi générales que celles dudit art. 107.

» Qu'il suit de là, qu'en prononçant la confiscation des diamans et pierres qui étaient montés sur les ouvrages d'or et d'argent saisis sur le sieur Croco pour défaut de marque de garantie, la cour royale de Lyon a faussement appliqué ledit art. 27 de la déclaration du roi du 26 janvier 1749. » *Arrêt du 15 février 1817.*

Les marchands et fabricans d'ouvrages d'or et d'argent ne peuvent, dans aucun cas et à aucun instant, en recevoir ou en avoir chez eux qui soient achevés et non marqués. *Arrêt du 2 août 1821.*

Le marchand et fabricant d'or et d'argent, en la possession duquel se trouvent des ouvrages achevés et non marqués, ne peut être dispensé des peines attachées à cette contravention, sur le motif que ces ouvrages *viennent d'être achevés*, qu'ils n'ont pu être portés au bureau de garantie : les fabricans d'or et d'argent doivent porter leurs ouvrages au bureau de garantie, avant qu'ils soient entièrement achevés. *Arrêt du 9 mai 1823.*

SECTION IX. — *Défaut de marque sur les ouvrages doublés.*

Le Mémorial du contentieux, tom. 8, pag. 18, rend compte de deux arrêts de cassation relatifs au doublé que certains fabricans achètent en plaque et qu'ils emploient ensuite par partie. Le dernier de ces arrêts avait renvoyé l'instance devant la cour royale d'Orléans ; mais cette cour, par un arrêt du 19 juillet 1812, ayant confirmé le jugement de première instance, par les mêmes motifs qui avaient déterminé les cours de Paris et de Rouen, il y a lieu à un référé au conseil d'état en interprétation de la loi. Aucune décision n'a encore été rendue (1).

SECTION X. — *Fausses marques sur les ouvrages en orfévrerie ou horlogerie.*

La confiscation ordonnée par l'art. 109 de la loi du 19 brumaire, s'étend à tous les ouvrages d'or et d'argent marqués de faux poinçons trouvés chez les marchands et fabricans, sans égard à la considération de la bonne foi du détenteur, laquelle ne peut donner lieu qu'à l'exemption de l'amende prononcée par la deuxième partie du même article. *Arrêt du 1er juillet 1820.*

Lorsqu'une cour d'assises a été saisie d'une procédure pour usage de faux poinçons, le président n'a point qualité pour autoriser, après l'arrêt intervenu sur le crime de faux, par une simple ordonnance émanée de lui seul, la remise des ouvrages marqués de faux poinçons (2). *Même arrêt.* — Affaire Spréafico.

La cour de cassation avait décidé, par arrêts des 15 frimaire an 14, et 15 avril 1808, que les mouvemens de montres, faisant partie intégrante de l'ouvrage, devaient être confisqués, lorsque les montres d'or ou d'argent saisies étaient dépourvues de marque légale, ou

---

(1) *Voyez* ce qui est dit Liv. IV, Chap. III, Tit. VIII.

(2) *Voyez* pour les peines contre les auteurs du faux, les dispositions du code pénal, Liv. III, Chap. IV.

marquées de faux poinçons ; mais la disposition de l'art. 1ᵉʳ de l'ordonnance du roi, du 19 septembre 1821, ayant fait cesser l'indivisibilité légale du mouvement de la montre et de sa boîte, la cour régulatrice a dû rendre un nouvel arrêt qui est contraire aux décisions précitées. Cet arrêt porte la date du 21 février 1822. Voici l'espèce qui y a donné lieu.

« Par procès-verbal dressé le 27 avril 1821, les employés de la garantie saisirent sur le sieur Olivier Quartier, horloger à Paris, la quantité de cent seize montres, tant en or qu'en argent, dont les unes étaient revêtues d'un faux poinçon imitant celui de l'état, et d'autres, marquées d'anciens poinçons, n'étaient point revêtues de celui de la dernière recense.

» L'affaire portée devant le tribunal de police correctionnelle de la Seine, il y intervint un jugement du 4 août 1821, qui, attendu qu'il n'était pas suffisamment établi que Quartier eût connu le caractère des faux apposés sur une partie desdites montres, le renvoie de ce chef de prévention ; mais attendu que les autres fins constituaient des délits qualifiés et prévus par les art. 77, 80, 107 et 109 de la loi du 19 brumaire an 6, 5 de l'ordonnance du 5 mai 1819, 1ᵉʳ et 2 de la loi du 8 juillet suivant, déclara bonne et valable la saisie des montres dont il s'agit, en ordonna la confiscation, et condamna Quartier à l'amende de 200 francs et aux dépens.

» Sur l'appel interjeté de ce jugement par Quartier, arrêt de la cour royale de Paris, chambre des appels de police correctionnelle, en date du 20 novembre 1821, qui, adoptant les motifs des premiers juges, confirme ;

» Et néanmoins, sur la demande de Quartier, ordonne que les mouvemens de montres seront détachés de leurs boîtes et lui seront rendus ;

» La régie s'est pourvue contre cette dernière disposition de l'arrêt, pour violation de l'art. 109 de la loi du 19 brumaire an 6, et de l'art. 5 de l'ordonnance du 5 mai 1819, en ce que les lois ordonnent la saisie en totalité, sans aucune distinction ni exception ;

» Le sieur Quartier s'est rendu partie intervenante, et a conclu à ce qu'il plût à la cour, faisant droit sur son intervention, rejeter le pourvoi de la régie ;

» Ce rejet a été effectivement prononcé par les motifs énoncés dans l'arrêt dont la teneur suit :

» Vu l'art. 1er de l'ordonnance du roi du 19 septembre 1821 relative à l'horlogerie, qui répute ouvrages finis et non marqués, les boîtes de montres d'or et d'argent neuves et non revêtue des poinçons de recense et de contre-marque, qu'elles contiennent des mouvemens ou qu'elles soient seulement destinées à en contenir ;

» Que la disposition de cet article fait ainsi cesser l'indivisibilité légale du mouvement de la montre et de sa boîte ; d'où il suit que la saisie des montres, faite dans les cas prévus par les art. 107 et 109 de la loi du 19 brumaire an 6, n'emporte que la confiscation des boîtes et non celle des mouvemens ;

» Que la cour royale de Paris, en ordonnant, dans l'espèce, que les mouvemens de montres, saisies chez le sieur Quartier, lui seraient restitués, n'a donc point violé les articles précités (1). — La cour rejette, etc. »

_____

(1) On lit ce qui suit dans le *Mémorial* du contentieux des contributions indirectes, tom. X, pag. 172, au sujet de cet arrêt contradictoire.

« Le nouvel arrêt que nous venons de rapporter n'a pas contredit ces motifs (le mouvement fait partie intégrante de la montre), puis-

L'ordonnance du 19 septembre 1821 ayant eu principalement pour objet d'assurer l'exécution des lois qui prohibent l'importation en France des ouvrages d'horlogerie de fabrique étrangère, le ministre des finances, par une décision à la date du 3 mai 1822, ordonne la *destruction* des ouvrages d'horlogerie confisqués en vertu de l'art. 109 de loi de brumaire an 6, lorsqu'ils sont revêtus de fausses marques (1).

TITRE III.

Des contraventions en matière d'argue.

On doit aussi considérer comme contravention aux lois de la garantie, celles en matière *d'argue*, puisque les art. 137 de la loi du 19 brumaire an 6, et 1er de l'ordonnance du 5 mai 1824, veulent que les *tireurs* d'or et d'argent portent leurs lingots aux argues royales pour y être dégrossis, marqués et tirés. L'arrêt de cassation, rendu le 12 juillet 1817, sur cette matière, et que nous croyons utile de rapporter en entier, rend applicables les peines prononcées par les lois anciennes, aux contraventions audit art. 137, auxquelles la loi

---

qu'il est uniquement fondé sur ce que l'ordonnance du 19 septembre a fait cesser *l'indivisibilité légale* du mouvement de la montre et de sa boîte ; ce qui pourrait faire présumer que, sans l'ordonnance précitée, la cour aurait maintenu sa jurisprudence.

» Mais nous sommes d'un autre avis, et nous pensons que si la cour eût été appelée à interpréter seulement l'art. 107 de loi du 19 brumaire an 6, elle n'y eût pas trouvé cette *indivisibilité* consacrée d'une manière aussi péremptoire, etc. »

Quoi qu'il en soit, l'administration s'étant désistée de pourvois en cassation portant sur cette question, il est à présumer qu'elle considère le dernier arrêt comme devant fixer désormais la jurisprudence sur ce point.

(1) Voir cette décision, Liv. II, Chap. v, Tit. III.

nouvelle n'a pas pourvu. Il est évident qu'elle a entendu renvoyer les personnes et les choses aux dispositions des lois anciennes. L'arrêt dont il s'agit est conçu
dans les termes suivans :

« Il avait été reconnu au procès, et constaté par un
procès-verbal régulier, non argué de faux, 1° que
François Martin, forgeur à Lyon, avait forgé un lingot
d'argent qui lui avait été remis par le sieur Duchamp,
tireur d'or de la même ville ; 2° que le même Martin
avait chez lui des outils et instrumens propres au service de l'argue royale, et dont la possession est inter-
dite aux particuliers ;

» Martin et Duchamp, condamnés, par jugement du
tribunal correctionnel de Lyon, aux peines établies
par les lois et réglemens rendus sur cette matière,
furent, sur leur appel devant la cour royale, renvoyés
de toutes poursuites ;

» L'arrêt de la cour royale de Lyon, ayant ainsi
ouvertement violé lesdits lois et règlemens, a été annullé par l'arrêt suivant :

» Vu les art. 12, 13, 14 et 15 de l'ordonnance du
mois de juillet 1681 ;

» L'arrêt du conseil du roi, du 7 janvier 1687 ;

» Les articles 2 et 4 des lettres-patentes du 7 mai
1725 (1) ;

» La loi du 31 mars 1791 ;

» Les art. 136 et 137 de la loi du 19 brumaire an 6 ;

» Et l'art. 1er de l'arrêté du gouvernement du 7 floréal an 8 ;

» Considérant qu'il résulte de ces différentes lois et
règlemens, 1° qu'aucun particulier ne peut avoir dans

---

(1) *Voyez* ces lois et ordonnances, Liv. IV, Chap. 1, tit. IV.

sa possession des outils et instrumens propres au service
de l'argue royale, sous peine de confiscation et d'une
amende de trois mille francs ; 2° que les tireurs d'or et
d'argent ne peuvent, sous les mêmes peines, faire
forger, dégrossir et tirer leurs lingots dans d'autres
lieux qu'à l'argue royale ;

y. » Considérant qu'il a été reconnu au procès, et constaté par un procès-verbal régulier et non argué de faux ;
1° que François Martin, forgeur à Lyon, a forgé un
lingot d'argent qui lui avait été fourni par Louis-Marie
Duchamp, tireur d'or en la même ville ; 2° que ledit
Martin avait chez lui plusieurs outils et instrumens propres au service de l'argue royale.

» Que ces faits constituaient lesdits Martin et Duchamp, respectivement, en contravention aux lois et
règlemens précités, et les soumettaient conséquemment
aux peines y établies ;

» Que la cour royale de Lyon a donc ouvertement
violé ces lois et règlemens, en renvoyant lesdits Martin
et Duchamp des poursuites intentées contre eux, à
raison des susdites contraventions ;

» Que ce renvoi ne peut d'ailleurs être justifié sur le
prétexte adopté par ladite cour que le lingot d'argent
pouvait, dans l'état où il a été saisi chez le sieur
Martin, subir des opérations étrangères à l'argue, et
que les instrumens prohibés, trouvés chez le même
Martin, pouvaient également servir pour les bâtons de
cuivre ; qu'il suffit que la prohibition de la loi, à cet
égard, soit générale et absolue (1), pour qu'on ne

_____

(1) Une ordonnance royale, à la date du 5 mai 1824, permet aux
tireurs de cuivre doré ou argenté, d'avoir chez eux les instrumens
nécessaires au tirage des bâtons de cuivre. *Voyez*, à cet égard, ce
qui est dit Liv. IV, Chap. 1, tit. IV,

puisse admettre de pareils prétextes, au moyen desquels la prévoyance de la loi pourrait être constamment éludée. — La cour casse, etc. »

TITRE IV.

Décisions diverses.

Nous compléterons notre travail sur la jurisprudence des arrêts, en donnant, sous ce titre, les décisions relatives à la fabrication et à l'émission de la fausse monnaie, celles qui concernent la procédure en général, et qui peuvent aussi être applicables à la garantie d'or et d'argent, ou que nous n'avons pas comprises dans les cas ci-dessus.

SECTION Iʳᵉ. — *Du crime de fausse monnaie.*

Jean-Marie Robert, déclaré coupable d'avoir fait usage sciemment de pièces fausses, avait été condamné aux travaux forcés à temps, et s'était pourvu contre cet arrêt.

Le procureur général fondait son pourvoi sur ce que l'arrêt n'avait point prononcé en même temps la peine de l'amende et de la flétrissure, d'où résultait une contravention aux articles 164 et 165 du code pénal.

Sur ces deux pourvois il a été prononcé ce qui suit, par arrêt du 18 octobre 1817,

« Statuant sur le pourvoi de Jean-Marie Robert, et sur celui du procureur-général près la cour royale de Paris, contre l'arrêt de la cour royale du département de la Seine, du 18 août dernier.

» Attendu, sur le pourvoi de Robert, que la procédure a été régulièrement instruite, et que la peine des travaux forcés lui a été justement appliquée, la cour rejette son pourvoi;

» Statuant sur le pourvoi du procureur général : en tant que ledit arrêt, la peine de l'amende et de la flétrissure n'a point été infligée audit Robert,

» Attendu que, par la loi du 23 floréal an 10, articles 2 et 6, la peine de la flétrissure avait été établie, non seulement pour la contrefaçon ou altération de pièces fausses, mais encore *pour l'emploi fait d'une pièce qu'on savait être fausse*, et qu'il n'a point été dans l'intention du législateur de restreindre par le code pénal l'application de la flétrissure au seul fait de contrefaçon ou d'altération de pièces fausses, mais qu'il a voulu, au contraire, que la même peine fût appliquée à l'usage fait sciemment desdites pièces ;

» Vu aussi les articles 147, 148, 150, 151, 164 et 165 du code pénal ;

» Considérant qu'il résulte de ces différens articles, que la loi regarde comme faussaire, non-seulement celui qui fabrique un acte faux, mais aussi celui qui en fait sciemment usage ;

» Qu'en effet, tous les lesdits articles sont placés sous la section première (intitulée *de faux*), du chapitre III, titre 1er du livre 3 dudit code ;

» Que d'ailleurs la loi ayant placé sous la section intitulée *dispositions communes* les articles 164 et 165, a voulu que leur disposition s'appliquât également aux articles précédens compris sous ladite section première, qui prononcent la peine des travaux forcés ou celle de la réclusion, et conséquemment que les peines ordonnées par ces deux articles fussent ajoutées à celles portées aux articles 148 et 151, contre ceux qui font sciemment usage d'une pièce fausse, compris comme les auteurs de faux, sous la désignation générale de *faussaires*, par l'article 165 ;

» Et attendu que , dans l'espèce , Jean-Marie Robert a été convaincu d'avoir fait usage de pièces fausses ;

» Que la cour d'assises n'a prononcé contre lui que la peine portée par l'article 118 du code pénal , sans lui appliquer , en même temps , la peine de la flétrissure et de l'amende portée par les articles 164 et 165, ce qui est une contravention à ces articles ; la cour casse, etc. » Ainsi jugé par autre arrêt du 20 août 2824.

Le nommé Giboulot fut condamné à la peine de mort , pour émission et exposition en circulation de fausses pièces d'argent de cinq francs , ayant cours légal en France , sachant que lesdites pièces étaient fausses ; mais la cour d'assises prononça la confiscation des biens du condamné, ce qui était une violation de l'article 66 de la charte constitutionnelle. Ce motif fit casser l'arrêt de la cour d'assises , au chef seulement qui avait prononcé la confiscation des biens du condamné. *Arrêt du* 15 *avril* 1819.

Par arrêt du 5 octobre 1821, la cour de cassation a rejeté le pourvoi de Gorrichon père , Gorrichon fils et Boduinière , contre un arrêt de la cour d'assises qui les avait condamnés à la peine de mort pour crime de fausse monnaie. Ces condamnés présentaient trois moyens de cassation :

Le premier était pris de la violation de l'article 394 du code d'instruction criminelle, en ce que quelques-uns des jurés compris sur la liste notifiée aux accusés y avaient été insuffisamment désignés ;

Le second était pris de la fausse application de l'article 132 du code pénal, en ce que les fausses pièces de monnaie fabriquées par Gorrichon fils et Boduinière étaient si grossièrement contrefaites , qu'il était impossibles de\ es faire passer pour bonnes, même aux moins clairvoyans;

Le troisième moyen enfin, particulier à Gorrichon père, était également pris de la fausse application dudit article 132, en ce que ce condamné n'avait pas reçu les monnaies par lui mises en circulation de celui qui les avait altérées, et que l'émission de monnaies altérées dont parle l'article précité, s'étend seulement de la première émission, et nullement des émissions subséquentes.

Ces différens moyens furent rejetés par la cour suprême, parce que la procédure avait été régulièrement instruite, et qu'aux faits déclarés constans à charge des accusés, la peine était appliquée conformément à la loi, qui ne fait pas dépendre son application du plus ou moins de ressemblance que les monnaies contrefaites peuvent avoir avec les monnaies légales, et que l'article 132 précité ne distingue point, relativement à l'émission de monnaies altérées, entre le cas d'une première émission et celui d'une émission subséquente. Ainsi, le père et le fils montèrent à l'échafaud, par suite de leur criminelle cupidité.

SECTION II. *De la procédure relative à la garantie.*

§ I. *Procès-verbaux. — Formalités.*

La disposition de la loi du 19 brumaire an 6, qui prescrit que les procès-verbaux relatifs au droit de garantie doivent être dressés par le receveur et le contrôleur des bureaux de garantie, se trouve modifiée par les articles 81 et 84 de la loi du 5 ventôse an 12, qui autorisent expressément les préposés de la régie des contributions indirectes. *Art du 17 ventôse an 13.*

D'après le décret du 28 floréal an 13, qui modifie ce lui du 1er germinal de la même année, les délits et contraventions au droit de garantie peuvent être valablement constatés, en remplissant les formalités prescrites à cet égard par la loi du 19 brumaire an 6, quoique le procès-verbal soit rédigé par les employés des contributions indirectes. *Arrêt du 17 novembre* 1808.

Les tribunaux peuvent écarter la preuve résultant d'un procès-verbal de contravention, dressé par les employés du bureau de garantie et des contributions indirectes, sur le motif que le procès-verbal des employés ne contient la mention ni de l'administration à la requête de laquelle il a été dressé, ni de la personne chargée des poursuites. *Arrêt du 18 avril* 1822. Les procès-verbaux constatant des délits et contraventions en matière de garantie, dressés par les employés de la régie des contributions indirectes, ne sont soumis qu'aux formalités prescrites par la loi du 19 brumaire an 6. *Même arrêt.*

§ II. *Officiers de police.* — *Ouverture des placards ou armoires.*

Depuis la loi du 28 pluviôse an 8, les fonctions commises aux officiers municipaux par la loi du 19 brumaire an 6, sont légalement remplies par les commissaires de police, dans les villes où il en existe, puisque la mesure prescrite par l'article 101 de celle de brumaire an 6 est essentiellement une mesure de police qui a pour objet la sûreté et conservation des objets précieux sujets aux recherches. *Arrêts des* 8 *frimaire an* 14 *et* 19 *novembre* 1817.

Le commissaire de police a caractère légal pour régulariser les saisies en matière de garantie, même

18

lorsqu'il ne figure point dans le procès-verbal comme agent ou signataire ; il suffit que sa présence soit constatée pour que le vœu de la loi se trouve rempli. *Arrêt du 25 fructidor an* 13. Cependant, il est bien plus régulier que l'officier public signe ou atteste le procès-verbal, selon qu'il lui paraît le plus convenable.

On ne peut annuller un procès-verbal en matière de garantie, sous prétexte que la copie n'a pas fait mention de la signature du commissaire de police. *Arrêt du 17 novembre* 1808 (1). Le simple refus par un assujetti de représenter les objets d'or ou d'argent qu'il a eus en sa possession, ne peut donner lieu à l'application d'aucune amende, si rien ne constate que lesdits objets fussent en contravention. C'est aux employés à se pourvoir par les voies de droit pour obtenir l'ouverture des coffres et armoires, lorsqu'elle leur est refusée. *Arrêt du 29 nivôse an* 10.

§ III. *Serment des Employés.*

Un procès-verbal rapporté par les employés de la garantie non assermentés est nul. *Arrêt du 9 vendemiaire an* 8. Les employés ne sont pas obligés de faire mention de la prestation de serment pour la validité du procès-verbal. *Arrêt du 25 fructidor an* 13.

Les employés de la garantie ne sont pas obligés de renouveler leur serment lorsqu'ils changent de résidence, et qu'ils sont appelés à remplir leurs fonctions dans un autre département que celui où ils ont rempli cette formalité. *Arrêt du 1er mai* 1806 (2).

---

(1) Quant à la présence de l'officier de police désigné par la loi, voyez un arrêt de cassation rapporté Liv. v, Chap. 1, Tit. 1.

(2) L'employé, qui exerce un emploi par *intérim*, est nécessairement investi de tous les pouvoirs confiés au titulaire de cet emploi. *Arrêt du 26 fructidor an* 7, en matière de douanes.

§ IV. *Assujettis à la garantie.*

L'individu, en la possession duquel les employés trouvent des ouvrages d'or ou d'argent qui sont reconnus provenir d'une spéculation de commerce, est soumis, comme marchand, aux dispositions des lois et règlemens relatifs à la garantie, lesquelles, étant générales et absolues, s'appliquent à tous ceux qui font d'une manière quelconque le commerce de ces matières. *Arrêt du 2 juillet 1824.* — Affaire Abdalla Mansour (1).

§ V. *Présence de la partie saisie.*

Le prévenu est réputé présent, lorsque le procès-verbal est dressé en présence de sa femme, dans le domicile commun. Le mari et la femme peuvent être considérés comme une personne morale. *Arrêts des 6 septembre 1806 et 29 mars 1812.* — Il en est de même d'un procès-verbal rédigé en présence d'un domestique du prévenu, et auquel la lecture du procès-verbal et la remise de la copie ont été faites. *Arrêt du 29 mai 1812.*

On ne pourrait annuller un procès-verbal, parce que la lecture n'aurait pas été donnée au prévenu présent à cet acte. *Arrêt du 25 février 1813.*

§ VI. *Affirmation.*

Les procès-verbaux de contravention en matière de garantie ne sont pas soumis à l'affirmation. *Arrêts des 2 janvier et 1er mai 1806.* — L'affirmation n'est pas nécessaire même, lorsque ces procès-verbaux sont

---

(1) Il s'agissait, dans cette affaire, de 25 montres en argent, non recensées, et provenant d'une spéculation de commerce avec un horloger. Ainsi, la jurisprudence, sur ce point, est maintenant bien établie, pour atteindre ceux qui font le commerce des métaux précieux, *sans déclaration préalable.*

rapportés par les employés des contributions indirectes. *Arrêt du 26 janvier 1809.*

§ VII. *Foi due aux procès-verbaux.*

Les tribunaux peuvent ordonner que les objets saisis seront expertisés, sans, pour cela, porter atteinte à la foi due aux procès-verbaux. *Arrêt du 12 juin 1806.*

Il résulte des art. 81 et 84 de la loi du 5 ventôse an 12, qui n'ont point été rapportés par le décret du 28 floréal an 13, que les procès-verbaux, dressés par les employés chargés de la surveillance du droit de garantie des matières d'or et d'argent, font foi en justice jusqu'à inscription de faux, et que les tribunaux ne peuvent admettre aucune preuve testimoniale contre les faits établis par lesdits procès-verbaux (1). *Arrêts des 17 décembre 1812, 25 février et 27 août 1813.*

§ VIII. *Aveux. — Bonne foi des redevables.*

Les procès-verbaux en matière de garantie font foi pour les aveux des contrevenans qui y sont consignés; et, lorsque ces aveux fournissent la preuve d'une contravention, les tribunaux ne peuvent se dispenser de prononcer les peines et d'appliquer strictement la loi. *Arrêt du 30 mai 1806.* Autre arrêt du 2 octobre 1818.

La présomption de bonne foi ne peut être admise comme excuse par les tribunaux en matière de contravention aux lois sur la garantie. *Arrêt du 2 juillet 1818.*

§ IX. *Nullité des procès-verbaux.*

Le principe fondamental, en matière de nullité, est

---

(1) La signature d'un surnom, lorsqu'elle est la signature ordinaire et habituelle du signataire, équivaut à la signature du nom véritable, notamment dans un procès-verbal des employés des contributions indirectes. *Arrêt du 30 janvier 1824.*

qu'elles ne peuvent être établies que par la loi. Ce principe doit à plus forte raison être appliqué lorsqu'il s'agit d'annuller des actes qui constatent une contravention ou un délit; telle a été la jurisprudence constante des tribunaux, et notamment de la cour de cassation. *Arrêts des* 16 *fructidor an* 11 *et* 26 *brumaire an* 7, *en matière de douane.*

Le code de procédure est aujourd'hui formel. L'article 1030 porte « qu'aucun exploit ou acte de procédure ne peut être déclaré nul, si la nullité n'a été formellement prononcée par la loi. » Ce qui est dit ici des actes de procédure a toujours été entendu des actes des employés et de tous officiers publics.

Il est cependant des cas où la nullité d'un acte résulte suffisamment du seul fait de son existence ou de quelques-unes de ses dispositions, sans que la loi en ait prononcé en termes exprès la nullité. La différence résulte de la rédaction de la loi, et il faut distinguer si sa disposition est conçue en termes *prohibitifs* ou simplement *impératifs.*

La loi 5, au code *de Legibus*, décide que la peine de nullité doit être sous-entendue *dans les lois prohibitives.*

Il est à remarquer, relativement à la nullité des procès-verbaux, en matière de contributions indirectes, qu'elle n'emporte pas avec elle l'extinction de l'action quant à l'objet saisi; l'action est éteinte seulement en ce qui concerne le *prévenu;* car le procès-verbal, qui faisait titre contre lui, étant anéanti, aucune peine de culpabilité n'existe à son égard; sa responsabilité cesse par là: il en est bien autrement quant à l'objet de la contravention; il porte avec lui son propre caractère de culpabilité, et il n'est nécessaire d'aucun titre extérieur pour le justifier. Ainsi la confiscation doit en être prononcée, tandis que le prévenu est déchargé de l'amende et du paiement des frais. C'est ce qui résulte de l'art. 34 du décret du 1ᵉʳ germinal an 13, lequel est ainsi conçu : « Dans le cas où le procès-verbal portant saisie d'objets prohibés serait annullé pour vices de forme, la confiscation desdits objets sera néanmoins prononcée sans amende, sur les conclusions du poursuivant et du procureur du roi. — La confiscation des objets saisis en contravention sera également prononcée, *nonobstant la nullité du procès-verbal*, si la contravention se trouve d'ailleurs suffisamment constatée par l'instruction. »

Le tribunal ne peut donc se refuser à continuer l'instruction, lorsque le procès-verbal a été déclaré nul par lui; mais il faut qu'il en soit expressément requis. *Arrêts des 22 mars 1807 et 17 novembre 1808, en matière de garantie.*

En effet, il est dans les principes de justice et d'ordre public que les tribunaux accueillent tous moyens de parvenir à la répression des délits ou contraventions, lorsque rien ne s'oppose à la constatation de leur existence. On ne peut ériger en principe l'impunité absolue d'un contrevenant par le seul fait d'un défaut de forme; si des moyens légaux d'éclairer la religion des magistrats leur sont présentés, ils doivent les accueillir et suppléer par là aux procès-verbaux entachés de nullité. *Arrêts des 8 juillet 1809 et 26 août 1813.*

§ X.⁵ *Initiative des poursuites.*

Les dispositions de la loi sur la surveillance des ouvrages d'or et d'argent intéressant principalement l'ordre social et la foi publique, le ministère public a incontestablement, sous ce rapport, le droit de pour-

suivre la répression des contraventions à ces dispositions. L'exercice de ce droit de poursuite n'a d'ailleurs
rien de contraire au droit que la loi donne à la régie,
de poursuivre, dans son intérêt, les contraventions aux
contributions indirectes ; qu'il en résulte, au contraire,
dans cette partie, une garantie de plus et pour l'ordre
social et pour la perception des droits attribués à la
régie. *Arrêt du 13 février 1806.*

Ce droit résulte de l'art. 102 de la loi du 19 brumaire an 6, de l'art. 31 du décret du 1er germinal an
13, et du décret du 28 floréal de la même année, qui
porte que la régie des contributions indirectes a le
droit, concurremment avec le ministère public, de
poursuivre en son nom la condamnation des peines encourues en matière de garantie, et que l'appel d'un
jugement interjeté par elle est régulier. *Arrêt du 22
mai 1807.*

§ XI. *Forme des poursuites. — Appel. — Compétence.*

Les dispositions du décret du 1er germinal an 13,
relatives à la forme des procédures, en matière de droits
réunis, ne sont pas applicables à la garantie, même
quand le procès-verbal a été rédigé par les employés
des contributions indirectes. Les poursuites en cette
matière doivent être réglées par la loi de brumaire,
combinées avec le code d'instruction criminelle; d'où
il résulte que l'appel d'un jugement de police correctionnelle doit être déclaré au greffe le dixième jour au
plus tard après celui qui a suivi le prononcé du juge
ment. *Arrêt du 9 juin 1819.*

Les juges, saisis de l'appel en matière correctionnelle, violent les règles de compétence, lorsque, hors

les cas prévus par la loi, ils prononcent un renvoi devant les premiers juges. *Arrêt du 27 août 1813.*

§ XII. *Délai pour les poursuites.*

L'inobservation des délais fixés par l'art. 102 de la loi du 19 brumaire an 6, pour la remise du procès-verbal et les poursuites à faire par le ministère public, ne peut donner lieu ni à la peine de nullité ni à celle de déchéance. Cette disposition de la loi est une simple injonction au ministère public, ayant pour objet l'accélération des poursuites ; mais leur retard ne peut mettre les contrevenans à l'abri des peines qu'ils auraient encourues. *Arrêt du 29 mai 1813.*

§ XIII. *Affiche du jugement. — Peines en cas de récidive. — Prescription.*

L'affiche du jugement, en matière de garantie, ne peut être prononcée pour une première contravention, mais seulement pour les récidives. *Arrêt du 9 vendémiaire an 8.*

L'orfévre, qui a déjà été condamné pour n'avoir pas inscrit sur son registre des ouvrages par lui vendus, et qui depuis est repris pour la même contravention, doit être condamné aux peines prononcées pour la première récidive par l'art. 80 de la loi du 19 brumaire an 6, bien qu'il se soit écoulé, depuis la première condamnation, un temps plus que suffisant pour les prescriptions ; la prescription ne pouvant s'appliquer qu'aux délits non poursuivis, et nullement aux délits déjà jugés et punis. *Arrêt du 4 octobre 1821.*

CHAPITRE II.

De la rédaction des procès-verbaux de saisie et de contravention aux lois de la garantie.

LES procès-verbaux de saisie et de contravention aux lois de la garantie seront dressés à l'instant et sans déplacer : ils contiendront les dires, déclarations et explications donnés par les prévenus pour leur justification, et seront signés de toutes les parties intéressées. *Loi du* 19 *brumaire an* 6, *art.* 102. Si la partie saisie s'y refuse, les employés feront mention de ce refus.

Dans le cas où la saisie porterait sur de faux poinçons, il serait nécessaire de désigner *l'espèce* de poinçons contrefaits, le signe caractéristique de chacun d'eux, et le lieu où ils ont été trouvés. On doit aussi faire mention des circonstances qui ont donné lieu à la saisie, soit des faux poinçons, soit des ouvrages qui en seraient marqués. Quant aux prévenus du crime de faux, c'est à l'officier public, présent à la saisie et à la rédaction du procès-verbal, à s'assurer de leurs personnes, et de les faire mettre à la disposition du procureur du roi de l'arrondissement.

TITRE PREMIER.

Énonciations à insérer dans les procès-verbaux.

Les procès-verbaux, dressés en conformité de la loi du 19 brumaire an 6, doivent énoncer la *date* et la *cause* de la saisie ; la *déclaration* qui en a été faite au prévenu ; les *noms*, *qualités* et *demeures* des saisissans, et la prestation de leur serment en justice ; la *présence* de l'officier public qui les accompagne ; la *nature*, l'*espèce* et autant que possible le poids des objets saisis ; la présence de *la partie saisie* à leur description et à l'apposition, sur la boîte ou enveloppe, du cachet des *employés*, de *l'officier public* et de *la partie saisie*, ou du refus qu'elle aurait fait de l'apposer, quoique de ce requise ; le lieu de la rédaction du procès-verbal, et la *sommation* qui aura été faite au contrevenant d'y assister, et enfin l'énonciation du *dépôt au greffe* des objets saisis, conformément à l'art. 103 de la loi précitée.

Toutes ces formalités doivent être remplies lors de la rédaction de ces actes ; mais nous croyons utile d'expliquer ici dans quel sens on doit les entendre, et ce qui peut résulter de leur omission.

1° La *date* de la saisie est l'une des formalités les plus essentielles, parce que son omission entraîne l'impossibilité de reconnaître si celles qui doivent être remplies dans les délais déterminés ont été observées, comme l'enregistrement du procès-verbal, qui doit avoir lieu dans les quatre jours de sa date (1), et le dépôt des objets saisis, qui doit être fait *sans délai* au greffe du tribunal de police correctionnelle. Quant à l'heure de la clôture de cet acte, la loi du 19 brumaire n'en fait aucune mention, et il n'y a que l'omission des formalités prescrites qui entraîne la nullité des procès-verbaux.

On remarquera que la copie du procès-verbal, tenant lieu d'original au prévenu, un procès-verbal dont la copie porterait une autre date que celle de l'original, serait frappé de nullité. *Arrêts du 31 juillet* 1807 *et 22 juillet* 1808. La date de l'original et de la copie doit être écrite en *toutes lettres*.

(1) Les procès-verbaux doivent être enregistrés *dans les quatre jours de leur date*, à peine de nullité. *Loi du 12 frimaire an 7, art.* 34.

2° La *cause* de la saisie consiste à énoncer, avec le plus de clarté possible, les faits qui constituent la contravention, et que les employés citent avec exactitude l'article de la loi auquel on est contrevenu. Cependant, s'il y avait erreur de leur part dans cette citation, ce ne serait pas une nullité; et il suffirait que les faits énoncés au procès-verbal constituassent une contravention à un article quelconque de la loi, pour que le procès-verbal fût valable. *Arrêt du* 18 *décembre* 1817.

Les employés doivent connaître combien il importe d'exposer, sans équivoque ni double sens, les faits qu'ils doivent constater, et les pensées qu'ils ont à communiquer par écrit aux autres, afin qu'on puisse distinguer et reconnaître facilement les diverses contraventions auxquelles peut avoir donné lieu l'inobservation des formalités prescrites par les lois et règlemens sur le commerce de l'orfévrerie. Le récit des faits doit donc être clair, précis, et surtout vrai (1).

3° La déclaration de saisie au *prévenu* n'est nécessaire qu'autant qu'il y a en effet saisie réelle d'un objet en fraude ou en contravention, et qu'aucun obstacle ne s'oppose à ce que les employés en fassent la saisie; mais si le contrevenant voulait soustraire, par la ruse ou par la violence, les objets en fraude à la saisie des employés, et que ceux-ci, ne pouvant les atteindre, n'aient pas voulu s'exposer aux suites d'une résistance prolongée, ils déclarent au prévenu qu'ils saisissent lesdits objets, sans cependant les saisir réellement; et,

_____

(1) Sera aussi puni de travaux forcés à perpétuité tout fonctionnaire ou officier public qui, en rédigeant des actes de son ministère, en aura frauduleusement dénaturé la substance ou les circonstances, soit en écrivant des conventions, autres que celles traitées ou dictées par les parties, soit *en constatant comme vrais des faits faux*, ou comme *avoués des* faits qui ne l'étaient pas. *Art.* 146 *du code pénal.*

attendu la résistance qu'on leur oppose, cette déclaration de saisie est valable.

4° Par ces mots, *qualités des saisissans*, on doit entendre l'emploi que chaque préposé verbalisant a dans la régie. Quant à la *demeure*, il suffit d'énoncer dans le procès-verbal le lieu de la résidence des employés.

Conformément aux dispositions du décret du 28 floréal an 13, et celles de l'ordonnance du 5 mai 1820, tous les employés de la régie sont aptes à constater les contraventions aux lois de la garantie ; mais, en l'absence du contrôleur chargé spécialement de cette partie du service, l'un des deux employés agissans doit avoir au moins le grade de receveur à cheval. *Circ. de la régie, du 8 octobre 1822.*

5° La *désignation* des objets saisis est nécessaire ; mais le défaut d'énonciation de leur poids n'est pas un motif de nullité, puisque cette formalité n'a pas été prescrite par la loi de brumaire an 6.

6° La *présence* de la partie à la description des objets saisis, ou la sommation qui lui a été faite d'y assister, doit être mentionnée dans le procès-verbal, lequel énoncera également que ces objets ont été renfermés dans une boîte ou enveloppe qui a été ficelée et scellée avec empreinte du cachet des employés, de celui de l'officier public (1), *présent à toutes les opérations*, et

---

(1) Le maire ou son adjoint, ou le commissaire de police.

Le ministre des finances, dans sa lettre du 8 floréal an 8, au sujet de la loi du 28 pluviôse même année, s'exprime en ces termes : « D'après les dispositions de cette dernière loi, les fonctions commises aux officiers municipaux par celle du 19 brumaire an 6 (art. 101), doivent être remplies par les commissaires de police dans les communes de cinq mille habitans et au-dessus, et par les maires et adjoints dans celles au-dessous de cinq mille habitans. »

Dans les communes où il y a plusieurs commissaires de police,

une empreinte du cachet de la partie saisie, ou du refus qu'elle aura fait de l'apposer. *Loi du 19 brumaire an 6, art.* 102. Le procès-verbal, devant être dressé *sans déplacer*, on ne peut se dispenser de désigner le lieu de sa rédaction.

7° L'*énonciation* du dépôt au greffe des objets saisis est d'autant plus nécessaire, que l'article 103 de la loi précitée prescrit formellement de faire ce dépôt *sans délai.* Cependant, comme il est possible que le greffe soit fermé, lors de la clôture du procès-verbal, il est indispensable alors d'attendre au lendemain : dans ce cas, les ouvrages restent déposés entre les mains de l'officier assistant, et il doit être fait mention, à l'acte de dépôt, des causes du retard (1).

Si le tribunal est établi dans une autre commune, les saisissans doivent s'y transporter dans le plus court

chacun d'eux peut exercer ses fonctions dans toute l'étendue de la commune, sans pouvoir alléguer que la contravention qu'il s'agit de constater a été commise hors de l'arrondissement particulier auquel il est préposé. *Code d'inst. crim.*, art. 2.—

« Ces officiers, dit l'administration des monnaies, dans son instruction du 1er prairial an 8, sont tenus de protéger les parties intéressées, c'est-à-dire, les employés dans le cas de refus ou de violence, et les orfèvres dans le cas où les employés s'écarteraient des dispositions de la loi ;

» D'être présens à la rédaction du procès-verbal, veiller à ce que les faits et dires y soient rapportés avec exactitude, et, dans le cas d'omission, faire établir les fautes ou dires omis ;

» Pour, après lecture du procès-verbal, le signer ou attester comme ils le jugent le plus convenable ; attendu que, sans l'une ou l'autre de ces formalités, le procès-verbal ne ferait foi en justice jusqu'à inscription de faux, ce qui ne peut avoir lieu lorsqu'il est attesté et signé par un fonctionnaire public, ayant pour ce qualité, et qui a assisté à l'opération ; enfin, pour accompagner les employés au greffe du tribunal correctionnel et être présens au dépôt des ouvrages saisis, et signer l'acte qui constate ce dépôt. »

(1) Voyez le modèle de cet acte, à la fin du volume.

délai ; l'éloignement du greffe dispense l'officier civil de les y accompagner.

8° Les procès-verbaux, en matière de garantie, doivent être remis au directeur de l'arrondissement, qui les remet lui-même au procureur du roi chargé de faire les poursuites dans les dix jours.

TITRE II.

Formalités non prescrites à peine de nullité, et simplement recommandées.

1° Les procès-verbaux doivent être écrits sur papier timbré, à peine d'une amende de 20 francs contre les employés rédacteurs du procès-verbal. *Loi du 16 juin 1824, art. 10 et 26.* Les procès-verbaux, rédigés sur papier non timbré, ne sont pas nuls; mais ils ne pourraient être produits en justice qu'après avoir été présentés au timbre, ce qui ne peut se faire qu'en payant l'amende et le droit de timbre. *Même loi, art. 24 et 31.*

2° Les procès-verbaux doivent être écrits autant que possible par l'un des employés saisissans; néanmoins, la loi n'imposant nulle part cette obligation aux employés, un procès-verbal qui serait écrit par une main étrangère, mais qui serait *signé et affirmé* par les employés y dénommés, serait valable. Ainsi jugé par arrêt du 8 décembre 1811, en matière de douanes.

3° On doit éviter, autant que possible, dans la rédaction des procès-verbaux, les renvois, ratures, surcharges, interlignes, additions et abréviations; et, lorsqu'il n'a pas été possible de les éviter, il faut les approuver par une mention expresse, et par la signature ou le paraphe des signataires du procès-verbal. Toutefois, lorsqu'un procès-verbal contient des ratures, surcharges, etc., non approuvées, celles-ci ne sont pas un motif de nullité, quand elles ne portent que sur des mots insignifians, et qu'elles sont étrangères aux parties substantielles du procès-verbal qui les renferme, c'est-à-dire aux énonciations prescrites, à peine de nullité. *Arrêt du 9 février 1811, en matière forestière.*

L'intitulé des procès-verbaux, en matière de garantie, doit être le même que celui des procès-verbaux ordinaires. *Circ. de la régie, n° 58, div. terr.* Voyez d'ailleurs le modèle qui est placé à la fin de cet ouvrage.

CHAPITRE III.

Des transactions.

LA garantie des matières et ouvrages d'or et d'argent n'étant point considérée comme les autres parties fiscales, il n'est pas permis aux employés de transiger sur les délits et contraventions à la loi du 19 brumaire an 6, conformément aux dispositions du décret du 28 floréal an 13, lequel est ainsi conçu : « Les dispositions de l'article 76 de la loi du 5 ventôse an 12, concernant les condamnations qui doivent être prononcées contre les contrevenans aux droits réunis (aujourd'hui les contributions indirectes), et celles de l'arrêté d'organisation de ces droits, du 5 germinal de la même année, relatives à la répartition du produit des amendes et confiscations, et à la faculté de transiger sur les procès-verbaux de saisie, ne sont point applicables aux délits et contraventions concernant la garantie des matières d'or et d'argent, à l'égard desquels la loi du 19 brumaire an 6, relative à la surveillance du titre des matières d'or et d'argent doit être exécutée, sauf en ce qui concerne la perception des droits de garantie, qui a été attribuée à la régie des droits réunis, dont les préposés peuvent néanmoins eux-mêmes, ou concurremment avec les employés des bureaux de garantie, constater les délits et contraventions à la loi du 19 brumaire an 6, et poursuivre la condamnation des peines encourues, en remplissant les formalités prescrites par cette loi, et sans qu'il puisse être transigé sur les délits et contraventions. »

Il s'est élevé la question de savoir si le directeur peut recevoir, de la part d'un contrevenant, la soumission volontaire à toutes les peines pécuniaires infligées par la loi à sa contravention, afin d'éviter le mauvais effet qu'un jugement pourrait porter à son crédit. L'affirmative n'est pas fondée, attendu que la loi prononce, en cas de récidive, de plus fortes peines que celles encourues lors d'une première contravention; et ce serait d'ailleurs transiger réellement, que d'admettre une pareille soumission. Cependant, il est des circonstances où le contrevenant mérite l'indulgence qu'il réclame, après le jugement de condamnation; voici la manière dont s'exprime à cet égard M. le directeur général, dans sa circulaire du 16 février 1823, droits divers. « Je n'ai pas besoin, au surplus, de vous rappeler l'espèce d'exception où se trouve, sous ce rapport, le service de la garantie, puisque la législation interdit à la régie la faculté de transiger pour les contraventions relatives à ce service. Mais S. Exc. le ministre des finances conserve le droit d'adoucir la rigueur des jugemens par la remise entière ou la modification des condamnations, lorsque des circonstances atténuantes justifient cette concession. »

FIN.

~~~~~~

LOI

Relative à la surveillance du titre et à la perception des droits de garantie des matières et ouvrages d'or et d'argent.

Du 19 brumaire an vi.

TITRE PREMIER.

SECTION Ire. — *Des titres des ouvrages d'or et d'argent.*

ART. 1er. Tous les ouvrages d'orfévrerie et d'argenterie fabriqués en France doivent être conformes aux titres prescrits par la loi, respectivement suivant leur nature.

2. Ces titres, ou la quantité de fin contenue dans chaque pièce, s'exprimeront en millièmes. Les anciennes dénominations de karats et de deniers, pour exprimer le degré de pureté des métaux précieux, n'auront plus lieu.

3. Il est cependant permis, pendant un an, à compter de la date de la présente loi, d'employer, dans les actes ou écrits qui sont dans le cas de passer sous les yeux d'un officier public, les anciennes expressions de *karats, deniers*, ou leurs subdivisions, mais seulement à la suite du nombre de millièmes qui devra exprimer la vraie qualité du métal précieux.

4. Il y a trois titres légaux pour les ouvrages d'or, et deux pour les ouvrages d'argent; savoir, pour l'or,

Le premier, de 920 millièmes (ou 22 karats $\frac{1}{32}$ et $\frac{1}{4}$ environ);

Le second, de 840 millièmes (20 karats $\frac{5}{7}$ et $\frac{1}{4}$);

Le troisième, de 750 millièmes (18 karats);

Et pour l'argent,

Le premier, de 950 millièmes (11 deniers 9 grains $\frac{5}{10}$);

Le second, de 800 millièmes (9 deniers 14 grains $\frac{1}{8}$).

5. La tolérance des titres pour l'or est de trois millièmes; celles des titres pour l'argent est de cinq millièmes.

6. Les fabricans peuvent employer, à leur gré, l'un des titres mentionnés en l'art. 4, respectivement pour les ouvrages d'or et d'argent, quelle que soit la grosseur ou l'espèce des pièces fabriquées.

Section II. — *Des poinçons.*

7. La garantie du titre des ouvrages et matières d'or et d'argent est assurée par des poinçons ; ils sont appliqués sur chaque pièce, ensuite d'un essai de la matière, et conformément aux règles établies ci-après.

8. Il y a, pour marquer les ouvrages, tant en or qu'en argent, trois espèces principales de poinçons ; savoir :

Celui du fabricant,

Celui du titre,

Et celui du bureau de garantie.

Il y a d'ailleurs deux petits poinçons, l'un pour les menus ouvrages d'or, l'autre pour les menus ouvrages d'argent trop petits pour recevoir l'empreinte des trois espèces de poinçons précédentes.

Il y a de plus un poinçon particulier pour les vieux ouvrages dits *de hasard* ;

Un autre pour les ouvrages venant de l'étranger ;

Une troisième sorte pour les ouvrages doublés ou plaqués d'or et d'argent ;

Une quatrième sorte, dite *poinçon de recense*, qui s'applique par l'autorité publique, lorsqu'il s'agit d'empêcher l'effet de quelque infidélité relative aux titres et aux poinçons ;

Enfin, un poinçon particulier pour marquer les lingots d'or ou d'argent affinés.

9. Le poinçon du fabricant porte la lettre initiale de son nom, avec un symbole : il peut être gravé par tel artiste qu'il lui plaît de choisir, en observant les formes et proportions établies par l'administration des monnaies.

10. Les poinçons de titre ont pour empreinte un coq, avec l'un des chiffres arabes 1, 2, 3, indicatif des premier, second et troisième titres fixés dans la précédente section. Ces poinçons sont uniformes dans toute la République ; chaque sorte de ces poinçons a d'ailleurs une forme particulière qui la différencie aisément à l'œil.

11. Le poinçon de chaque bureau de garantie a un signe caractéristique particulier, qui est déterminé par l'administration des monnaies.

Ce signe est changé toutes les fois qu'il est nécessaire, pour prévenir les effets d'un vol ou d'une infidélité.

12. Le petit poinçon, destiné à marquer les menus ouvrages d'or, a pour empreinte une tête de coq ; celui pour les menus ouvrages d'argent porte un faisceau.

13. Le poinçon de vieux, destiné uniquement à marquer les ouvrages dits *de hasard*, représente une hache.

Celui pour marquer les ouvrages venant de l'étranger contient les lettres E T.

14. Le poinçon de chaque fabricant de doublé ou de plaqué a une forme particulière déterminée par l'administration des monnaies. Le fabricant ajoute, en outre, sur chacun de ses ouvrages, les chiffres indicatifs de la quantité d'or et d'argent qu'il contient.

15. Le poinçon de recense est également déterminé par l'administration des monnaies, qui le différencie à raison des circonstances.

16. Le poinçon destiné à marquer les lingots d'or ou d'argent affinés est aussi déterminé par l'administration des monnaies : il est uniforme dans toute la France.

17. Tous les poinçons désignés dans les art. 10, 11, 12, 13, 15 et 16, sont fabriqués par le graveur des monnaies, qui les fait parvenir dans les divers bureaux de garantie, et en conserve les matrices. (*Depuis la loi du 26 frimaire an 6, l'administration des monnaies surveille la fabrication des poinçons, et les fait parvenir dans les divers bureaux de garantie*).

Le poinçon destiné pour les lingots affinés n'est déposé que dans les bureaux de garantie, dans l'arrondissement desquels il se trouve des affineurs à la chambre de délivrance de la monnaie de Paris, pour vérifier.

18. Lorsqu'on ne fait point usage de ces poinçons, ils sont enfermés dans une caisse à trois serrures, et sous la garde des employés des bureaux de garantie, comme il sera dit ci-après.

19. Les fabricans de faux poinçons, et ceux qui en feraient usage, seront condamnés à dix années de fers, et leurs ouvrages confisqués.

20. Les poinçons servant actuellement à constater les titres, et l'acquit des droits de marque, seront biffés immédiatement après que les poinçons ordonnés par la présente loi seront en état d'être employés.

TITRE II.

Des droits de garantie sur les ouvrages et matières d'or et d'argent.

21. Il sera perçu un droit de garantie sur les ouvrages d'or et d'argent de toute sorte, fabriqués à neuf.

Ce droit sera de vingt francs par hectogramme (trois onces deux

19 *

gros douze grains d'or), et d'un franc par hectogramme d'argent, noncompris les frais d'essai ou de touchaud.

22. Il ne sera rien perçu sur les ouvrages d'or et d'argent dits *de hasard*, remis dans le commerce; ils ne sont assujettis qu'à être marqués une seule fois du poinçon de vieux, ordonné par l'art. 8 de la présente loi.

23. Les ouvrages d'or et d'argent venant de l'étranger devront être présentés aux employés des douanes sur les frontières de la République, pour y être déclarés, pesés, plombés, et envoyés au bureau de garantie le plus voisin, où ils seront marqués du poinçon **E T**, et paieront des droits égaux à ceux qui sont perçus pour les ouvrages d'or et d'argent fabriqués en France.

Sont exceptés des dispositions ci-dessus, 1º les objets d'or et d'argent appartenans aux ambassadeurs et envoyés des puissances étrangères;

2º Les bijoux d'or à l'usage personnel des voyageurs, et les ouvrages en argent servant également à leur personne, pourvu que leur poids n'excède pas en totalité cinq hectogrammes (16 onces 2 gros 60 grains et demi).

24. Lorsque les ouvrages d'or et d'argent venant de l'étranger, et introduits en France en vertu des exceptions de l'article précédent, seront mis dans le commerce, ils devront être portés au bureau de garantie, pour y être marqués du poinçon destiné à cet effet; et il sera payé, pour lesdits ouvrages, le même droit que pour ceux fabriqués en France.

25. Lorsque les ouvrages neufs d'or et d'argent fabriqués en France, et ayant acquitté les droits, sortiront de la République comme vendus ou pour l'être à l'étranger, les droits de garantie seront restitués au fabricant, sauf la retenue d'un tiers.

26. Cette restitution sera faite par le bureau de garantie qui aura perçu les droits sur lesdits ouvrages, ou, à défaut de fonds, par une traite *sur le bureau de garantie de Paris*. Cette restitution n'aura lieu cependant que sur la représentation d'un certificat de l'administration des douanes, muni de son sceau particulier, et qui constate la sortie de France desdits ouvrages.

Ce certificat devra être rapporté dans le délai de trois mois.

27. Le directoire exécutif désignera les communes maritimes et continentales par lesquelles il sera permis de faire sortir de la République les ouvrages d'or et d'argent.

28. Les ouvrages déposés au Mont-de-Piété, et dans les autres

établissemens destinés à des ventes ou à des dépôts do ventes, sont assujettis à payer les droits de garantie, lorsqu'ils ne les ont pas acquittés avant le dépôt.

29. Les lingots d'or et d'argent affinés paieront un droit de garantie avant de pouvoir être mis dans le commerce.

Ce droit sera :

Pour l'or, de 8 francs 18 centimes par kilogramme (ou 2 francs par marc);

Et pour l'argent, de 2 francs 4 centimes par kilogramme (ou 10 sous par marc).

Les lingots, dits *de tirage*, ne paieront qu'un droit de 82 centimes par kilogramme (ou 4 sous par marc).

TITRE III.

Ce titre est relatif à la suppression des maisons communes d'orfévres.

TITRE IV.

Des bureaux de garantie.

34. Il y aura des bureaux de garantie établis pour faire l'essai, et constater les titres des ouvrages d'or et d'argent, ainsi que des lingots de ces matières qui y seraient apportés, et pour percevoir, lors de la marque de ces ouvrages ou matières, les droits imposés par la loi.

35. Ces bureaux seront placés dans les communes où ils seront le plus avantageux au commerce; le nombre en est fixé provisoirement à deux cents au plus pour toute la France. Le placement de ces bureaux et les lieux compris dans leur arrondissement seront déterminés par le directoire exécutif, sur la demande motivée des administrations de département, et sur l'avis de celle des monnaies.

36. Les bureaux de garantie seront composés de trois employés; savoir, un essayeur, un receveur et un contrôleur : mais à Paris et dans les autres communes populeuses, le ministre des finances pourra autoriser un plus grand nombre d'employés, à raison des besoins du commerce.

37. L'administration des monnaies surveillera les bureaux de garantie relativement à la partie d'art et au maintien de l'exactitude des titres des ouvrages d'or et d'argent mis dans le commerce.

38. La régie de l'enregistrement surveillera les bureaux de ga-

rantie relativement aux dépenses et aux recouvremens des droits à percevoir (1).

39. L'essayeur de chaque bureau de garantie sera nommé par l'administration du département où ce bureau est placé ; mais il ne pourra en exercer les fonctions, qu'après avoir obtenu de l'administration des monnaies un certificat de capacité, aux mêmes conditions prescrites par l'art. 59 de la loi du 22 vendémiaire sur l'organisation des monnaies.

40. La régie de l'enregistrement nommera le receveur de chaque bureau de garantie, ou en fera faire les fonctions par l'un de ses préposés, dans les communes où cette cumulation de fonctions ne serait nuisible ni à l'un ni à l'autre service.

41. Les contrôleurs des bureaux de garantie seront nommés par le ministre des finances, sur la proposition de l'administration des monnaies.

42. Les essayeurs n'auront d'autre rétribution que celle qui leur est allouée pour les frais de chaque essai d'or et d'argent, ainsi qu'il sera dit dans le titre suivant.

43. Les traitemens des receveurs et des contrôleurs seront gradués à raison de l'importance et de l'étendue de leurs fonctions : ces traitemens ne pourront excéder ; savoir, 5,000 fr. à Paris, 2,400 fr. dans les communes au-dessus de cinquante mille âmes, et 1,800 fr. dans les autres.

44. L'essayeur se pourvoira, à ses frais, de tout ce qui est nécessaire à l'exercice de ses fonctions ; l'administration des monnaies fournira au bureau les poinçons et la machine à estamper ; les frais de registres et autres seront réglés par la régie de l'enregistrement, sous l'approbation du ministre des finances ; l'administration du département procurera un local convenable au bureau, qui devra être placé, autant que possible, dans celui de la municipalité du lieu.

(1) Depuis la loi du 5 ventôse an 12, l'administration des droits réunis (aujourd'hui des contributions indirectes) est chargée de toutes les attributions de la régie de l'enregistrement en matière de garantie. Elle nomme le receveur de chaque bureau, et surveille la perception du droit de marque. Une ordonnance royale, du 5 mai 1820, charge la même administration de diriger le service et de surveiller les redevables assujettis aux exercices de la garantie, et maintient la disposition de l'art. 80 de la loi de ventôse précitée.

45. L'essayeur, le receveur et le contrôleur du bureau de garantie auront chacun une des clefs de la caisse dans laquelle seront renfermés les poinçons.

46. Les employés des bureaux qui calqueraient les poinçons, ou qui en feraient usage sans observer les formalités prescrites par la loi, seront destitués, et condamnés à un an de détention.

47. Aucun employé aux bureaux de garantie ne laissera prendre de calque, ni ne donnera de description, soit verbale, soit par écrit, des ouvrages qui sont apportés au bureau, sous peine de destitution.

TITRE V.

Des fonctions des employés des bureaux de garantie.

48. L'essayeur ne recevra les ouvrages d'or et d'argent qui lui seront présentés pour être essayés et titrés, que lorsqu'ils auront l'empreinte du poinçon du fabricant, et qu'ils seront assez avancés pour qu'en les finissant ils n'éprouvent aucune altération.

49. Les ouvrages provenant de différentes fontes, devront être envoyés au bureau de garantie, dans des sacs séparés, et l'essayeur en fera l'essai séparément.

50. Il n'emploiera dans ses opérations que les agens chimiques et substances provenant du dépôt établi dans l'hôtel des monnaies de Paris ; mais les frais de transport de ces substances et matières seront compris dans les frais d'administration du bureau.

51. L'essai sera fait sur un mélange des matières prises sur chacune des pièces provenant de la même fonte. Ces matières seront grattées ou coupées tant sur les corps des ouvrages que sur les accessoires, de manière que les formes et les ornemens n'en soient pas détériorés.

52. Lorsque les pièces auront une languette forgée ou fondue avec leur corps, c'est en partie sur cette languette, et en partie sur le corps de l'ouvrage, que l'on fera la prise d'essai.

53. Lorsque les ouvrages d'or et d'argent seront à l'un des titres prescrits respectivement pour chaque espèce par l'art. 4 de la présente loi, l'essayeur en inscrira la mention sur un registre destiné à cet effet, et qui sera coté et paraphé par l'administration départementale : lesdits ouvrages seront ensuite donnés au receveur, avec un extrait du registre de l'essayeur, indiquant le titre trouvé.

54. Le receveur pèsera les ouvrages qui lui seront ainsi transmis,

et percevra le droit de garantie qu'ils doivent conformément à la loi. Il fera ensuite mention sur son registre, qui sera coté et paraphé comme celui de l'essayeur, de la nature des ouvrages, de leur titre, de leur poids, et de la somme qui lui aura été payée pour l'acquittement du droit; enfin il inscrira, sur l'extrait du registre de l'essayeur, le poids des ouvrages, la mention de l'acquittement du droit, et remettra le tout au contrôleur.

55. Le contrôleur aura un registre coté et paraphé comme ceux de l'essayeur et du receveur; il y transcrira l'extrait du registre accompagnant chaque pièce à marquer, et, conjointement avec le receveur et l'essayeur, il tirera de la caisse à trois serrures le poinçon du bureau, et celui indicatif du titre, soit de l'or, soit de l'argent, ou le poinçon dont les menus ouvrages doivent être revêtus, et il les appliquera en présence du propriétaire.

56. Les ouvrages d'or et d'argent qui, sans être au-dessous du plus bas des titres fixés par la loi, ne seraient pas précisément à l'un d'eux, seront marqués au titre légal immédiatement inférieur à celui trouvé par l'essai, ou seront rompus si le propriétaire le préfère.

57. Lorsque le titre d'un ouvrage d'or ou d'argent sera trouvé inférieur au plus bas des titres prescrits par la loi, il pourra être procédé à un second essai, mais seulement sur la demande du propriétaire.

Si le second essai est confirmatif du premier, le propriétaire paiera le double essai, et l'ouvrage lui sera remis, après avoir été rompu en sa présence.

Si le premier essai est infirmé par le second, le propriétaire n'aura qu'un seul essai à payer.

58. En cas de contestation sur le titre, il sera fait une prise d'essai sur l'ouvrage, pour être envoyée, sous les cachets du fabricant et de l'essayeur, à l'administration des monnaies, qui la fera essayer dans son laboratoire, en présence de l'inspecteur des essais.

59. Pendant ce temps, l'ouvrage présenté sera laissé au bureau de garantie, sous les cachets de l'essayeur et du fabricant; et lorsque l'administration des monnaies aura fait connaître le résultat de son essai, l'ouvrage sera définitivement titré et marqué conformément à ce résultat.

60. Si c'est l'essayeur qui se trouve avoir été en défaut, les frais de transport et d'essai seront à sa charge: au cas contraire, ils seront supportés par le propriétaire de l'objet.

61. Lorsqu'un ouvrage d'or, d'argent ou de vermeil, quoique marqué d'un poinçon indicatif de sou titre, sera soupçonné de n'être pas au titre indiqué, le propriétaire pourra l'envoyer à l'administration des monnaies, qui le fera essayer avec les formalités prescrites pour l'essai des monnaies.

Si cet essai donne un titre plus bas, l'essayeur sera dénoncé aux tribunaux, et condamné pour la première fois à une amende de deux cents francs, pour la seconde à une amende de six cents fr., et la troisième fois il sera destitué.

62. Le prix d'un essai d'or, de doré, et d'or tenant argent, est fixé à trois francs, et celui d'argent à quatre-vingts centimes (seize sous).

63. Dans tous les cas, les cornets et boutons d'essai seront remis au propriétaire de la pièce.

64. L'essai des menus ouvrages d'or par la pierre de touche, sera payé neuf centimes par décagramme (deux gros quarante-quatre grains et demi environ) d'or.

65. Si l'essayeur soupçonne aucun des ouvrages d'or, de vermeil ou d'argent, d'être fourré de fer, de cuivre, ou de tout autre matière étrangère, il le fera couper en présence du propriétaire. Si la fraude est reconnue, l'ouvrage sera saisi et confisqué, et le délinquant sera dénoncé aux tribunaux et condamné à une amende de vingt fois la valeur de l'objet.

Mais, dans le cas contraire, le dommage sera payé sur-le-champ au propriétaire, et passé en dépense comme frais d'administration.

66. Les lingots d'or et d'argent non affinés, qui seraient apportés à l'essayeur du bureau de garantie pour être essayés, le seront par lui, sans autres frais que ceux fixés par la loi pour les essais. Ces lingots, avant d'être rendus au propriétaire, seront marqués du poinçon de l'essayeur, qui en outre insculpera son nom, les chiffres indicatifs du vrai titre, et un numéro particulier.

L'essayeur fera mention de ces divers objets sur son registre, ainsi que du poids des matières essayées.

67. L'essayeur qui contreviendrait au précédent article, serait condamné à une amende de cent francs pour la première fois, de deux cents francs pour la seconde, et la troisième fois il serait destitué.

68. L'essayeur d'un bureau de garantie peut prendre sous sa responsabilité autant d'aides que les circonstances l'exigeront.

69. Le receveur et le contrôleur du bureau de garantie feront respectivement mention, sur leurs registres, de l'apposition qu'ils

auront faite, soit du poinçon de vieux, soit de celui d'étranger, soit de celui de recense, sur les ouvrages qui auront dû en être revêtus, ainsi que du poinçon de garantie sur les lingots affinés, de la perception des droits qui aura pu en résulter, et du poids de chaque objet.

70. Le contrôleur visera les états de recettes et de dépenses du bureau.

71. Les employés des bureaux de garantie feront les recherches, saisies ou poursuites, dans les cas de contravention à la présente loi, comme il sera dit au titre VIII.

TITRE VI.

Section Ire. — Des obligations des fabricans et marchands d'ouvrages d'or et d'argent.

72. Les anciens fabricans d'ouvrages d'or et d'argent, et ceux qui voudront exercer cette profession, sont tenus de se faire connaître à l'administration de département, et à la municipalité du canton où ils résident, et de faire insculper dans ces deux administrations leur poinçon particulier, avec leur nom, sur une planche de cuivre à ce destinée. L'administration de département veillera à ce que le même symbole ne soit pas employé par deux fabricans de son arrondissement.

73. Quiconque se borne au commerce d'orfévrerie, sans entreprendre la fabrication, n'est-tenu que de faire sa déclaration à la municipalité de son canton, et est dispensé d'avoir en poinçon.

74. Les fabricans et marchands d'or et d'argent ouvré ou non ouvré auront, un mois au plus tard après la publication de la présente loi, un registre coté et paraphé par l'administration municipale, sur lequel ils inscriront la nature, le nombre, le poids et le titre des matières et ouvrages d'or et d'argent qu'ils achèteront ou vendront, avec les noms et demeures de ceux de qui ils les auront achetés.

75. Ils ne pourront acheter que de personnes connues, ou ayant des répondans à eux connus.

76. Ils seront tenus de présenter leurs registres à l'autorité publique toutes les fois qu'ils en seront requis.

77. Ils porteront au bureau de garantie, dans l'arrondissement duquel ils sont placés, leurs ouvrages, pour y être essayés, titrés et marqués, ou, s'il y a lieu, être simplement revêtus de l'une des empreintes de poinçons prescrites à la deuxième section du titre premier.

78. Ils mettront, dans le lieu le plus apparent de leur magasin o boutique, un tableau énonçant les articles de la présente loi relatifs aux titres et à la vente des ouvrages d'or et d'argent.

79. Ils remettront aux acheteurs des bordereaux énonciatifs de l'espèce, du titre et du poids des ouvrages qu'ils leur auront vendus, et désignant si ce sont des ouvrages neufs ou vieux.

Ces bordereaux, préparés d'avance, et qui seront fournis au fabricant ou marchand par la régie de l'enregistrement, auront, dans toute la République, le même formulaire, qui sera imprimé : le vendeur y écrira à la main la désignation de l'ouvrage vendu, soit en or, soit en argent, son poids et son titre, distingué par ces mots, *premier, second* ou *troisième*, suivant la réalité ; il y mettra de plus le nom de la commune où se fera la vente, avec la date et sa signature.

80. Les contrevenans à l'une des dispositions prescrites dans les huit articles précédens, seront condamnés, pour la première fois, à une amende de deux cents francs ; pour la seconde, à une amende de cinq cents francs, avec affiche, à leurs frais, de la condamnation, dans toute l'étendue du département ; la troisième fois, l'amende sera de mille francs, et le commerce de l'orfévrerie leur sera interdit, sous peine de confiscation de tous les objets de leur commerce.

81. Les art. 73, 74, 75, 76, 78, 79 et 80 sont applicables aux fabricans et marchands de galons, tissus, broderies, ou autres ouvrages en fils d'or ou d'argent.

Ceux qui vendraient pour fins des ouvrages en or ou argent faux, encourront, outre la restitution de droit à celui qu'ils auraient trompé, une amende qui sera de deux cents francs pour la première fois ; de quatre cents francs, pour la seconde fois, avec affiche de la condamnation, aux frais du délinquant, dans tout le département ; et la troisième fois, une amende de mille francs, avec interdiction de tout commerce d'or et d'argent.

82. Les fabricans et marchands orfévres sont tenus, dans le délai de six mois, à compter de la publication de la présente loi, de porter au bureau de garantie de leur arrondissement leurs ouvrages neufs d'or, d'argent et de vermeil, marqués des anciens poinçons, pour y faire mettre l'empreinte d'un poinçon de recense, qui sera déterminé à cet effet par l'administration des monnaies.

Ces ouvrages d'ancienne fabrication ne seront soumis à d'autre vérification préalable que celle de la marque et des poinçons anciens, et cette vérification sera sans frais ; mais, le délai expiré, les ouvrages seront soumis à l'essai, titrés s'il y a lieu, et paieront le droit de garantie.

83. Les ouvrages, non revêtus de l'ancien poinçon qui opérait la décharge, seront pareillement présentés au bureau de garantie de l'arrondissement, à l'effet d'être marqués du poinçon du titre et de celui du bureau. Ces ouvrages paieront alors le droit de garantie.

84. Ces droits seront pareillement exigibles pour les ouvrages dits *de hasard*, qui, après le même délai fixé par l'art. 82, ne se trouveraient marqués que des anciens poinçons.

85. La loi garantit les conditions des engagemens respectifs des orfévres et de leurs élèves.

86. Les joailliers ne sont pas tenus de porter aux bureaux de garantie les ouvrages montés en pierres fines ou fausses, et en perles, ni ceux émaillés dans toutes les parties, ou auxquels sont adaptés des cristaux ; mais ils auront un registre coté et pharaphé comme celui des marchands et fabricans d'ouvrages d'or et d'argent, à l'effet d'y inscrire jour par jour les ventes et les achats qu'ils auront faits.

87. Ils seront tenus, comme les fabricans et marchands orfévres, de donner aux acheteurs un bordereau qui sera également fourni par la régie de l'enregistrement, et sur lequel ils décriront la nature, la forme de chaque ouvrage, ainsi que la qualité des pierres dont il sera composé, et qui sera daté et signé par eux.

88. La contravention aux deux articles précédens sera punie des mêmes peines portées en pareil cas contre les marchands orfévres.

89. Il est aussi interdit aux joailliers de mêler dans les mêmes ouvrages des pierres fausses avec les fines, sans le déclarer aux acheteurs, à peine de restituer la valeur qu'auraient eue les pierres si elles avaient été fines, et de payer en outre une amende de trois cents francs : l'amende sera triple la seconde fois, et la condamnation affichée dans tout le département, aux frais du délinquant ; la troisième fois, il sera déclaré incapable d'exercer la joaillerie, et les effets composant son magasin seront confisqués.

90. Lorsqu'un orfévre mourra, son poinçon sera remis, dans l'espace de cinq décades après le décès, au bureau de garantie de son arrondissement, pour y être biffé de suite.

Pendant ce temps, le dépositaire du poinçon sera responsable de l'usage qui en serait fait, comme le sont les fabricans en exercice.

91. Si un orfévre ou fabricant quitte le commerce, il remettra son poinçon au bureau de garantie de l'arrondissement, pour y être

biffé devant lui; s'il veut s'absenter pour plus de six mois, il dépo-
sera son poinçon au bureau de garantie, et le contrôleur fera poinçonner les ouvrages fabriqués chez lui en son absence.

SECTION II.—*Des obligations des marchands d'ouvrages d'or et d'argent*
ambulans.

92. Les marchands d'ouvrages d'or et d'argent ambulans, ou
venant s'établir en foire, sont tenus, à leur arrivée dans une commune, de se présenter à l'administration municipale, ou à l'agent
de cette administration dans les lieux où elle ne réside pas, et de
lui montrer les bordereaux des orfévres qui leur auront vendu les
ouvrages d'or et d'argent dont ils seront porteurs.

A l'égard des ouvrages qu'ils auraient acquis antérieurement à a
présente loi, ou seulement deux mois après sa publication, ils
seront tenus de les déclarer au bureau de garantie de l'arrondissement, pour les faire marquer de suite, soit du poinçon de vieux,
soit de celui de recense, suivant l'espèce des objets; et cette obligation remplie les dispensera de justifier l'origine desdits ouvrages.

93. La municipalité ou l'agent municipal fera examiner les
marques de ces ouvrages par des orfévres, ou, à défaut, par des
personnes connaissant les marques et poinçons, afin d'en constater
la légitimité.

94. L'administration municipale, ou son agent, fera saisir et remettre au tribunal de police correctionnelle du canton les ouvrages d'or et d'argent qui ne seraient point accompagnés de bordereaux, ou ne seraient pas marqués du poinçon de vieux ou de
recense, ainsi qu'il est prescrit à l'article 92, ou les ouvrages dont
les marques paraitraient contrefaites, ou enfin ceux qui n'auraient
pas été déclarés conformément audit art. 92.

Le tribunal de police correctionnelle appliquera aux délits des
marchands ambulans les mêmes peines portées dans la présente
loi, contre les orfévres, pour des contraventions semblables.

TITRE VII.

De la fabrication du plaqué et doublé d'or et d'argent sur tous
métaux.

95. Quiconque veut plaquer ou doubler l'or et l'argent sur le
cuivre ou sur tout autre métal, est tenu d'en faire la déclaration
à sa municipalité, à l'administration de son département, et à celle
des monnaies.

96. Il peut employer l'or et l'argent dans telle proportion qu'il le juge convenable.

97. Il est tenu de mettre sur chacun de ses ouvrages son poinçon particulier, qui a dû être déterminé par l'administration des monnaies, ainsi qu'il est dit article 14 de la présente loi. Il ajoutera à l'empreinte de ce poinçon celle des chiffres indicatifs de la quantité d'or ou d'argent contenue dans l'ouvrage, sur lequel il sera en outre empreint, en toutes lettres, le mot *doublé*.

98. Le fabricant de doublé transcrira jour par jour les ventes qu'il aura faites, sur un registre coté et paraphé par l'administration municipale. Il lui sera fourni par la régie de l'enregistrement, des bordereaux en blanc, comme aux orfèvres et joailliers; et il sera tenu de remettre à chaque acheteur un de ces bordereaux, daté et signé par lui, et rempli de la désignation de l'ouvrage, de son poids, et de la quantité d'or et d'argent qui y est contenue.

99. En cas de contravention aux deux articles précédens, les ouvrages sur lesquels portera la contravention seront confisqués, et en outre le délinquant sera condamné à une amende qui sera, pour la première fois, de dix fois la valeur des objets confisqués; pour la seconde fois, du double de la première, avec affiche de la condamnation dans toute l'étendue du département, aux frais du délinquant; enfin, la troisième fois, l'amende sera quadruple de la première, et le commerce, ainsi que la fabrication d'or et d'argent seront interdits au délinquant, sous peine de confiscation de tous les objets de son commerce.

100. Le fabricant de doublé est assujetti, comme le marchand orfèvre, et sous les mêmes peines, à n'acheter des matières ou ouvrages d'or et d'argent que de personnes connues ou ayant des répondans à eux connus.

TITRE VIII.

Des formes à observer dans les recherches, saisies et poursuites relatives aux contraventions à la présente loi.

101. Lorsque les employés d'un bureau de garantie auront connaissance d'une fabrication illicite de poinçons, le receveur et le contrôleur, accompagnés d'un officier municipal, se transporteront dans l'endroit ou chez le particulier qui leur aura été indiqué, et y saisiront les faux poinçons, les ouvrages et lingots qui en seraient marqués, ou enfin les ouvrages achevés et dépourvus de marque qui s'y trouveraient : ils pourront se faire accompagner, au besoin, par l'essayeur ou par un de ses agens.

102. Il sera dressé à l'instant, et sans déplacer, procès-verbal de la saisie et de ses causes, lequel contiendra les dires de toutes les parties intéressées, et sera signé d'elles : ledit procès-verbal sera remis, dans le délai d'une décade au plus, au commissaire du directoire exécutif près le tribunal de police correctionnelle, qui demeure chargé de faire la poursuite, également dans le délai d'une décade.

103. Les poinçons, ouvrages ou objets saisis, seront mis sous les cachets de l'officier municipal, des employés du bureau de garantie présens, et de celui chez lequel la saisie aura été faite, pour être déposés sans délai au greffe du tribunal de police correctionnelle.

104. Dans le cas où le tribunal prononcerait la confiscation des objets saisis, ils seront remis au receveur de la régie de l'enregistrement, pour être vendus.

Il sera prélevé, sur le prix qui en proviendra, un dixième, qui sera donné à celui qui aura le premier dénoncé le délit, et un second dixième partageable, par portions égales, entre les employés du bureau de garantie.

Le surplus, ainsi que les amendes, seront versés dans la caisse du receveur de l'enregistrement.

105. Les mêmes formes et dispositions prescrites par les quatre articles précédens auront lieu également pour toutes les recherches, saisies et poursuites relatives aux contraventions à la présente loi.

106. Les recherches ne pourront être faites qu'en se conformant à l'art. 369 de la constitution.

107. Tout ouvrage d'or et d'argent achevé et non marqué trouvé chez un marchand ou fabricant sera saisi, et donnera lieu aux poursuites par-devant le tribunal de police correctionnelle. Les propriétaires des objets saisis encourront la confiscation de ces objets, et en outre les autres peines portées par la loi.

108. Seront saisis également et confisqués tous les ouvrages d'or et d'argent sur lesquels les marques des poinçons se trouveront entées, soudées ou contre-tirées en quelque manière que ce soit ; et le possesseur avec connaissance sera condamné à six années de fers.

109. Les ouvrages marqués de faux poinçons seront confisqués dans tous les cas ; et ceux qui les garderaient ou les exposeraient en vente avec connaissance, seront condamnés, la première fois, à une amende de deux cents francs ; la deuxième, à une amende de quatre cents francs, avec affiche de la condamnation dans tout le département, aux frais du délinquant ; et la troisième fois, à une

amende de mille francs, avec interdiction de tout commerce d'or et d'argent.

110. Tous citoyens, autres que les préposés à l'application des poinçons légaux, qui en emploiraient même de véritables, seront condamnés à un an de détention.

TITRE IX.

SECTION Ire — *De l'affinage.*

111. La ferme de l'affinage national, qui comprend l'affinage de Paris et celui de Lyon, est et demeure supprimée.

112. La profession d'affiner et de départir les matières d'or et d'argent est libre dans toute l'étendue de la république.

113. Quiconque voudra départir et affiner l'or et l'argent pour le le commerce, est tenu d'en faire la déclaration tant à sa municipalité qu'à l'administration du département, et à celle des monnaies; il sera tenu registre desdites déclarations, et délivré copie au besoin.

114. L'affineur ne pourra recevoir que des matières qui auront été essayées et titrées par un essayeur public, autre que celui qui devra juger des lingots affinés.

115. L'affineur délivrera au porteur de ces matières une reconnaissance qui en désignera la nature, le poids, le titre tel qu'il aura été indiqué par l'essayeur et le numéro.

116. Les affineurs tiendront un registre coté et paraphé par l'administration de département, sur lequel ils inscriront jour par jour, et par ordre de numéros, la nature, le poids et le titre des matières qui leur seront apportés à affiner, et de même pour les matières qu'ils rendront après l'affinage.

117. Ils seront tenus d'insculper leurs noms en toutes lettres sur les lingots affinés provenant de leurs travaux; et, avant de les rendre aux propriétaires, ils porteront lesdits lingots affinés au bureau de garantie, pour y être essayés, marqués, et y acquitter le droit prescrit par la loi.

118. Les lingots affinés, apportés au bureau de garantie, ne seront passés en délivrance que dans le cas où ils ne contiendraient pas plus de cinq millièmes d'alliage si c'est de l'or, et vingt millièmes si c'est de l'argent.

119. Lorsque les lingots seront reconnus bons à passer en délivrance, le receveur, après avoir perçu les droits, et le contrôleur, tireront le poinçon de garantie de la caisse où il doit être renfermé,

et ce poinçon sera appliqué par le contrôleur, en multipliant les empreintes de manière que l'une des grandes surfaces de chaque lingot en soit entièrement couverte.

120. L'affineur acquittera les frais d'essai et les droits au bureau de garantie, et en prendra récépissé, pour pouvoir s'en faire rembourser par les propriétaires des lingots.

121. L'affineur qui contreviendrait aux dispositions des art. 113, 114, 115 et 116, encourra les mêmes peines portées en l'art. 80 contre les marchands orfèvres.

122. Les lingots et matières d'or et d'argent affinés qui seraient trouvés dans le commerce sans être revêtus du poinçon du bureau de garantie, seront confisqués; et l'affineur qui les aurait délivrés, sera condamné à cinq cents francs d'amende.

123. Le contrôleur du bureau de garantie est autorisée à prélever des prises d'essai sur les matières fines apportées au bureau; ces prises d'essai seront mises en réserve sous une enveloppe portant le numéro du lingot d'où elles proviennnent, et scellées du cachet de l'affineur et de celui de l'essayeur.

Le contrôleur aura la garde du paquet contenant ces prises d'essai.

124. Si dans le courant d'un mois il ne s'élève aucune réclamation sur la validité du titre indiqué par l'essayeur du bureau de garantie, le contrôleur remettra le paquet cacheté contenant des prises d'essai, à l'affineur, qui lui en donnera décharge : dans le cas contraire, le paquet sera adressé à l'administration des monnaies, qui fera vérifier l'essai sans délai.

125. Si cette vérification fait connaître une erreur sur le titre indiqué, l'essayeur qui aura commis cette erreur sera tenu de payer à la personne lésée la totalité de la différence de valeur qui en sera résultée.

L'essayeur d'un bureau de garantie qui aura été pris trois fois en faute de cette manière, sera destitué.

SECTION II. — *De l'affinage national.*

126. L'affinage national est conservé à Paris pour le service des monnaies; le public a la faculté d'y faire affiner ou départir des matières d'or et d'argent contenant or.

Le directoire exécutif pourra établir d'autres affinages nationaux, si les besoins de la fabrication des monnaies l'exigent, et sur la demande de l'administration chargée de ce service.

127. L'affineur national sera nommé par l'administration des monnaies, sous l'approbation du ministre des finances.

128. Les matières apportées à l'affinage national seront inscrites sur un registre coté et paraphé par le commissaire du directoire exécutif près l'administration des monnaies.

129. L'affineur national se conformera, relativement à l'affinage des matières qui lui seraient apportées par des particuliers, à tout ce qui est prescrit dans la section précédente, aux affineurs libres pour le commerce : les peines portées contre ceux-ci, en cas de contravention, seront applicables à l'affineur national.

130. L'affineur national sera tenu d'avoir un fonds en matières d'or et d'argent, capable d'assurer le service national.

131. Il ne pourra garder les lingots à affiner plus de cinq jours, non compris les jours d'entrée et de sortie de ces lingots.

132. L'affineur national fournira un cautionnement en immeubles de la valeur de cent mille francs, pour répondre des matières d'or et d'argent qui lui seront livrées.

133. Lesdites matières, affinées par l'affineur national, seront portées à la chambre de délivrance des monnaies, et remises au caissier, où elles seront empreintes du poinçon national dans toute l'étendue de l'une des grandes surfaces du lingot.

134. Les lingots affinés, appartenant à la république, porteront le nom d'affineur national, et le titre en sera déterminé suivant la forme prescrite par l'article 51 de la loi sur l'organisation des monnaies.

135. L'affineur national est autorisé à porter en compte, pour frais d'affinage, ou départ des matières nationales ; savoir :

Pour les lingots d'or (et sont réputés tels ceux qui contiennent plus que la moitié de leur poids en or), 24 francs 53 centimes par kilogramme d'or fin passé en délivrance ;

Pour les matières d'argent doré contenant or, 10 francs 22 centimes par kilogramme de matière brute, c'est-à-dire telle qu'elle était avant l'affinage ;

Et pour les lingots d'argent, 3 francs 27 centimes par kilogramme d'argent pur.

Lesdits frais seront acquittés par le caissier de la monnaie.

TITRE X.

De l'argue.

136. Il y a, dans l'enceinte de l'hôtel des monnaies de Paris, une argue destinée à dégrossir et tirer les lingots d'argent et de doré.

Lorsque les besoins de la fabrication l'exigeront, le directoire exécutif pourra établir des argues dans d'autres lieux, sur la demande motivée de l'administration de département, et sur l'avis de celle des monnaies.

137. Les tireurs d'or et d'argent sont tenus de porter leurs lingots aux argues nationales, pour y être dégrossis, marqués et tirés.

138. Ils y paieront pour prix de ce travail; savoir :

Pour les lingots de doré, et lorsque les propriétaires auront leurs filières, 5o centimes par hectogramme (trois onces deux gros douze grains) ; et, lorsqu'ils n'auront pas de filières, 75 centimes ;

Pour les lingots d'argent, 12 centimes par hectogramme, lorsque les propriétaires auront des filières ; et, quand ils n'en auront pas, 25 centimes.

139. L'administration des monnaies est chargée de l'établissement et entretien du service de l'argue, sans cependant pouvoir ajouter de nouveaux préposés à ceux qu'elle a déjà sous son autorité : elle passera en dépenses les frais de l'argue, et en fera verser les produits dans la caisse du caissier de la monnaie ; et, chaque année, elle rendra sur le tout un compte séparé au ministre des finances, qui le mettra sous les yeux du directoire exécutif pour être transmis au corps législatif.

MODÈLE DE PROCÈS-VERBAL.

L'an mil huit cent   et le   du mois de
à   heures   au nom de la loi, et en exécution de celle
du 19 brumaire an 6, concernant les matières et ouvrages d'or et
d'argent mis dans le commerce, et à la requête de M. le directeur général des contributions indirectes, dont les bureaux sont établis à Paris,
hôtel de l'administration, rue Sainte-Avoye, poursuite et diligence de
M.   directeur de la même régie, lequel, pour les suites du présent, élit son domicile en ses bureaux, et demeure à   rue
     n°   nous soussignés   du bureau de
garantie établi à   y demeurant, ayant serment en justice,
assistés de M.   commissaire de police, revêtu du signe de
la loi (s'il y a un indicateur, il faut en faire mention, et dire qu'il
s'est fait connaître du directeur), nous sommes transportés au domicile du sieur   (spécifier le genre de commerce qu'il exerce),
demeurant à   rue   n°   où, étant et parlant à (spécifier le nom et les prénoms de la personne à qui l'on parle),
nous lui avons fait connaître nos qualités, ainsi que l'objet de notre visite,
et l'avons sommé de nous mettre en évidence tous les ouvrages d'or et
d'argent en sa possession, afin d'en faire l'examen en sa présence et
celle de M. le commissaire de police ci-dessus dénommé (maire ou adjoint),
et nous assurer s'ils sont empreints des marques qui constatent le titre
prescrit par la loi, ainsi que des poinçons de garantie et de contre-
marque. Le sieur   satisfaisant à notre sommation, nous
avons, en sa présence et celle de M. le commissaire de police, procédé à
l'examen desdits ouvrages d'or et d'argent, parmi lesquels nous avons
trouvé (il s'agira ici d'expliquer, pièce par pièce, les objets achevés qui
ont été trouvés dépourvus de marque, ou marqués seulement d'anciens poinçons), ayant observé audit sieur   que, pour les objets
sus énoncés, il a contrevenu aux lois de la garantie, et qu'il est passible
des peines qu'elles prononcent, il a déclaré (relater avec la plus scrupuleuse exactitude les dires du prévenu).

Vu ce que dessus et pour le sieur   avoir en sa possession
des ouvrages d'or (ou d'argent) en contravention aux articles
nous lui avons, du tout, parlant et présence que dit est, déclaré procès-

verbal et la saisie, comme de fait nous avons saisi le tout sus lui, et tous autres qu'il appartiendra, aux fins de droit.

Nous avons à l'instant renfermé le tout dans une boîte (ou enveloppe) qui a été ficelée et scellée de cire rouge, avec empreinte de notre cachet, de celui de M. le commissaire de police présent, et de celui du sieur　　　　　partie saisie (ou bien de celui du sieur
qui a refusé de le mettre, quoique requis), *lui ayant déclaré que nous allions faire de suite le dépôt desdits ouvrages au greffe du tribunal civil, conformément aux dispositions de l'art.* 103 *de la loi du* 19 *brumaire an 6, et à l'instant* (désigner l'endroit où l'on se trouve), *présence du sieur　　　　　　et toujours en celle de M. le commissaire de police, nous avons dressé le présent procès-verbal, dont nous avons fait lecture au sieur　　　　avec sommation de le signer en tout son contenu* (faire mention de son refus ou acceptation de signer), *et lui en avons de suite remis copie. Fait et clos les jour, mois et an que dessus, à heure　　　　à　　　　midi.*

‹‹

ACTE DE DÉPÔT.

Et de suite, sans nous distraire à autres actes, nous contrôleur et　　　　dénommés au procès-verbal ci-dessus, toujours accompagnés de M. le commissaire de police, soussignés, nous sommes transportés au greffe du tribunal civil sis, à　　　　où étant et parlant a　　　　nous lui avons remis et déposé les ouvrages saisis et renfermés comme dit est, au procès-verbal, desquels ledit sieur nous a déclaré se charger à titre de dépôt judiciaire ; et a signé avec nous le présent acte de dépôt, fait en sa présence, et toujours en celle de M. le commissaire de police.

Nota. Dans le cas où le greffe serait fermé au moment de la clôture du procès-verbal, ou que le tribunal serait établi dans une autre commune, voyez ce qui est dit page 285 de ce volume.

ERRATA.

Page 28, section 1re, ligne 3, leur arrivée *de* la résidence : *lisez* leur arrivée *dans* la résidence,

Page 57, ligne 7, blanc d'Espagne en poudre, 10 parties : *lisez aussi* quelques chimistes préfèrent la chaux vive (19 parties).

Page 86, titre II : *lisez* titre IV.

Page 100, ligne 21, *suivant* les articles : *lisez suivent* les articles.

Page 145, ligne 22, loi du 5 brumaire an 5 : lisez *loi du* 10 *brumaire an* 5.

Page 201. Dans la tête de la quatrième colonne du tarif des ouvrages d'argent, au lieu du *gros* : lisez l'*once*.

ᴧᴧᴧ

SUPPLÉMENT.

Page 84, titre II. La décision du 3 mai 1822 ne concerne pas les montres de hasard, qui peuvent être vendues dans la forme ordinaire, lorsque la confiscation en a été prononcée. *Interprétation du Ministre des finances, du* 13 *février* 1824.

Page 130. Il n'y a pas lieu de rien changer au mode actuellement suivi pour la restitution des deux tiers du droit de garantie sur les ouvrages vendus à l'étranger, et qui consiste à n'admettre la déclaration d'exportation que quand elle est faite au bureau même où les ouvrages ont été poinçonnés, et par l'intermédiaire du fabricant. *Décis. du Minist. des fin., du* 3 *juillet* 1822.

341.

TABLE SOMMAIRE
DES MATIÈRES.

LIVRE TROISIÈME.

LIVRE QUATRIÈME.

LIVRE CINQUIÈME.

LIVRE SIXIÈME.

FIN DE LA TABLE.

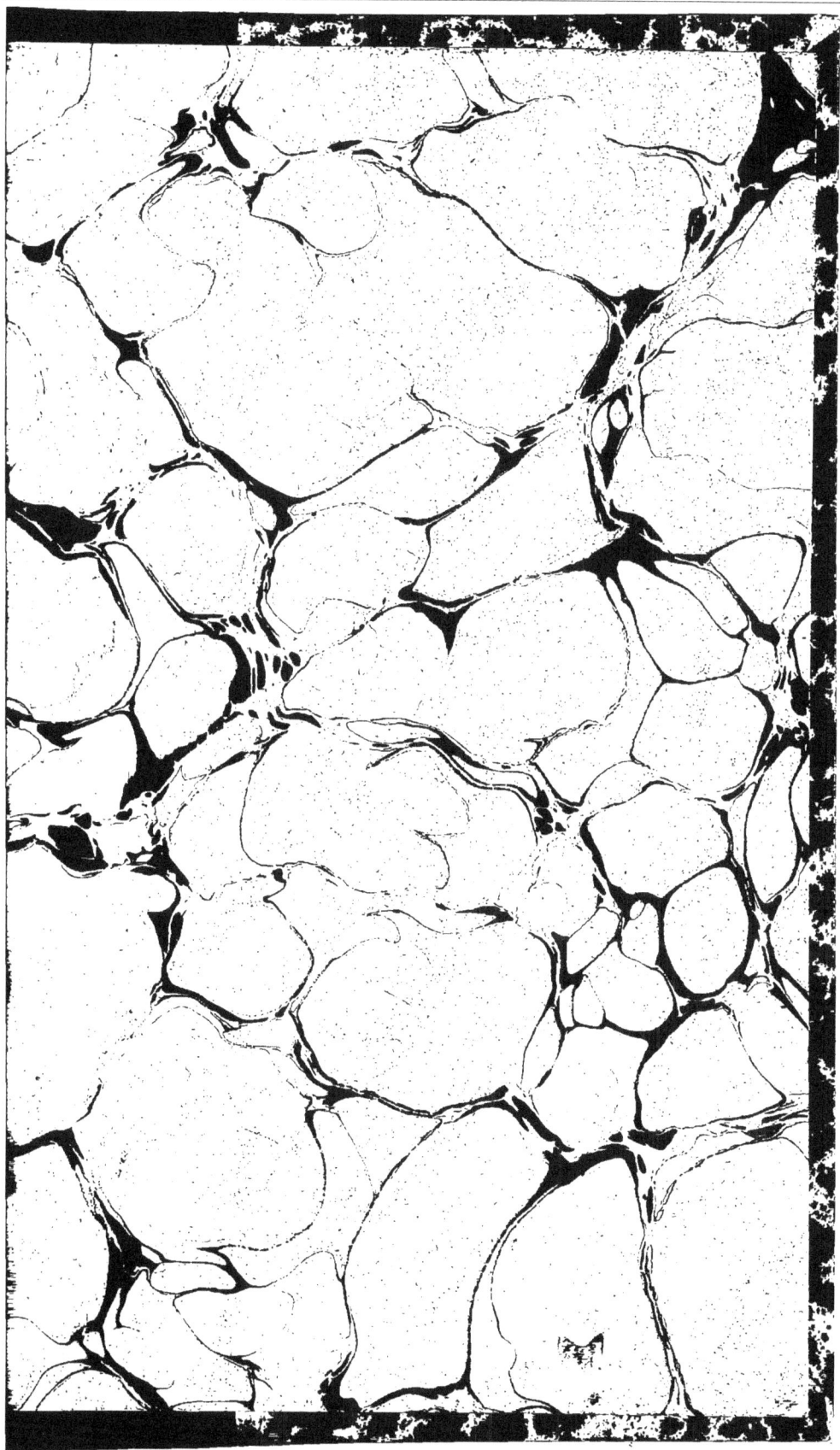

www.ingramcontent.com/pod-product-compliance
Lightning Source LLC
Chambersburg PA
CBHW060135200326
41518CB00008B/1040